Managementwissen
für Studium und Praxis

Herausgegeben von

Professor Dr. Dietmar Dorn und
Professor Dr. Rainer Fischbach

Bisher erschienene Werke:

Bradtke, Mathematische Grundlagen für Ökonomen
Busse, Betriebliche Finanzwirtschaft, 4. Auflage
Dorn · Fischbach, Volkswirtschaftslehre II, 2. Auflage
Fischbach, Volkswirtschaftslehre I, 10. Auflage
Koch, Marktforschung, 2. Auflage
Lebefromm, Controlling – Einführung mit Beispielen
aus SAP®/R3®
Lebefromm, Produktionsmanagement, 3. Auflage
Piontek, Controlling
Piontek, Global Sourcing
Scharnbacher · Kiefer, Kundenzufriedenheit
Steger, Kosten- und Leistungsrechnung

Marktforschung

Begriffe und Methoden

Von
Professor
Dr. Jörg Koch

Zweite, erweiterte Auflage

R. Oldenbourg Verlag München Wien

Die Deutsche Bibliothek - CIP-Einheitsaufnahme

Koch, Jörg:
Marktforschung : Begriffe und Methoden / von Jörg Koch. - 2., erw.
Aufl. - München ; Wien : Oldenbourg 1997
   (Managementwissen für Studium und Praxis)
   ISBN 3-486-24428-0

© 1997 R. Oldenbourg Verlag
Rosenheimer Straße 145, D-81671 München
Telefon: (089) 45051-0, Internet: http://www.oldenbourg.de

Gedruckt auf säure- und chlorfreiem Papier
Druck: Grafik + Druck, München
Bindung: R. Oldenbourg Graphische Betriebe GmbH, München

ISBN 3-486-24428-0

Vorwort zur 1. Auflage

Das vorliegende Kompendium ist in erster Linie für Studierende mit dem Schwerpunkt Marketing gedacht. Es soll in komprimierter Form die wesentlichen Begriffe und Methoden der Marktforschung vermitteln. Dabei hat sich der Autor insbesondere auf jene Forschungs- und Anwendungsbereiche konzentriert, die in der Marketingpraxis von Bedeutung sind. Insofern ist der Inhalt auch für Praktiker im Marketing und Vertrieb von Interesse. Es wurde bewußt auf eine leicht verständliche Darstellung Wert gelegt, die z.B. keine statistischen oder mathematischen Kenntnisse voraussetzt.

Dank gebührt Frau Christa Weinmann vom Gong Verlag, Nürnberg, für die sorgfältige textliche Bearbeitung. Über Hinweise und Anregungen aus dem Kreise der Nutzer würde sich der Autor freuen.

Prof. Dr. J. Koch

Vorwort zur 2. Auflage

Da seit Erscheinen der ersten Auflage erst ein relativ kurzer Zeitraum vergangen ist, hat der Autor davon abgesehen, Konzept und Inhalt des Buches zu verändern. Die große Bedeutung der Absatzprognose für die Entscheidungsfindung im Marketing hat ihn aber bewogen, das Buch um das Thema „Prognoseverfahren" zu erweitern.

Die positive Aufnahme des Buches im Markt läßt hoffen, daß auch die erweiterte zweite Auflage einen nützlichen Beitrag für Wirtschaft und Praxis liefern kann.

Prof. Dr. J. Koch

Inhaltsverzeichnis

1 GRUNDLAGEN DER MARKTFORSCHUNG

1.1 BEGRIFFE UND ABGRENZUNGEN

1.1.1 Definition

Marktforschung ist die Lehre von der Gewinnung (Erhebung), Ordnung und Nutzung von Informationen sowie deren Analyse und Interpretation. Die Vorgehensweise (Prozeß) der Marktforschung ist systematisch und zielorientiert.

Die Marktforschung ist somit eine angewandte (empirische) Wissenschaft. Ihre Untersuchungs-, Erhebungs- und Auswertungsmethoden entlehnt sie aus angrenzenden Wissenschaftsbereichen, wie Soziologie, Psychologie, Statistik.

1.1.2 Aufgaben der Marktforschung

Die Aufgabe der Marktforschung besteht darin, Informationen für unternehmerische, betriebliche Entscheidungen zu beschaffen. Es gibt vier wesentliche Funktionen der Marktforschung:

* Informationsversorgung des Unternehmens vom bzw. über den Markt (Beschaffungs- und Absatzmarkt). Alle relevanten Umweltbedingungen des Unternehmens können dabei Ziel der Untersuchung sein!

* Laufende Entscheidungsprozesse im Unternehmen sollen durch einen besseren Informationsgrad sicherer gemacht werden.

* Unklare Sachverhalte sollen durch Informationen präzisiert und objektiviert werden.

* Chancen und Risiken in den Märkten sollen frühzeitig erkannt und berechenbar gemacht werden.

1.1.3 "Marktforschung" und "Marketingforschung"

* Marktforschung (market research):
Marktforschung befaßt sich mit der systematischen Erhebung von externen Informationen in den Absatz- und Beschaffungsmärkten (Hüttner).

* Marketingforschung (marketing-research):
Die Marketingforschung befaßt sich mit der systematischen Erhebung von externen und internen Informationen, speziell in den Absatzmärkten. Man spricht deshalb auch von "Absatzforschung".

Die folgende Grafik erläutert die Abgrenzung der beiden Begriffe!

Marktforschung		
Externe Informationen		Interne Informationen
Beschaffungs-marktforschung	Absatzmarkt-forschung	
	Marketingforschung	

1.1.4 Einsatzgebiete der Marktforschung

Die Einsatzgebiete der Marktforschung umfassen alle relevanten Umweltfaktoren des Unternehmens, u.a.:

* Erforschung von Märkten:
    - Marktvolumen / -potential
    - Marktstrukturen / -segmente
    - Marktentwicklungen / -prognosen
* Produktforschung:
    - Produktakzeptanztests (für bestehende und neue Produkte)
    - Handhabungstests (incl. Verpackung)
    - Markenzeichen- / Namenstests
    - Imageuntersuchungen
* Werbeforschung:
    - Werbemitteltests (pre- und posttests)
    - Werbewirkungsanalysen
    - Werbeträgeranalysen
    - Imageanalysen
* Preispolitik:
    - vergleichende Preisanalysen
    - Preisreagibilität
* Absatzmittlerforschung:
    - Distributionsanalysen
    - Handelspanels
    - Storetests
* Käuferforschung:
    - Käuferstrukturen / -segmente
    - Käufereinstellungen / -verhalten
    - Verbraucherpanels
    - Käuferwanderungen

Bedeutung der Forschungsbereiche

Untersuchungen zur **Problemlösung**, die von den antwortenden Unternehmen selbst oder in ihrem Auftrag durchgeführt worden sind*

	Prozentsatz der Firmen, die hierzu Studien erstellen bzw. erstellen lassen	diese Studien wurden anteilig (in %) durchgeführt von:		
		Eigenen Abteilungen für Marketing-forschung	Anderen Abteilungen	Externen Instituten
Produktforschung				
Studien über Konkurrenz-produkte	63	75	13	12
Akzeptanz und Potential neuer Produkte	64	75	16	9
Tests von bereits angebotenen Produkten	57	57	32	11
Untersuchungen zur Sortimentsgestaltung	44	47	35	18
Verpackungsstudien	51	67	30	3
Preisforschung	56	55	42	3
Werbe- und Verkaufsforschung				
Auftragsanalysen, Fest-legung von Sollvorgaben und Verkaufsbezirken	57	39	59	2
Untersuchungen zur Werbewirkung	49	48	13	39
Studien zur Entlohnung des Außendienstes	45	24	72	4
Analysen der Verkaufs-förderung (Zugaben, Sonderangebote usw.)	39	56	30	14
Werbemittelforschung	37	41	15	44
Mediaanalysen	44	34	21	45
Distributionsforschung				
Analysen der Distributionskanäle	48	57	37	6
Studien zur Standortwahl von Fertigungsstätten und Lagerhäusern	47	37	57	6

*   Es antworteten 1.322 Unternehmen

Quelle: entnommen aus D. W. Twedt: A Survey of Marketing Research. Chicago 1973, S. 41

1.1.5 Formen der Marktforschung

Je nach Untersuchungszweck und Zielsetzung lassen sich sehr unterschiedliche Formen der Marktforschung unterscheiden:

* nach Art der *Untersuchungsgebiete*
  - internationale Marktforschung = Erhebung von Informationen aus internationalen Märkten
  - nationale / regionale Marktforschung = Erhebung von Informationen aus Heimmärkten

* nach Art des *Untersuchungsobjektes* (Behrens)
  - ökoskopische Marktforschung = Erhebung „objektiver", sachbezogener Marktgrößen, z.B. Umsätze, Preise, Marktanteile usw.
  - demoskopische Marktforschung = Erhebung „subjektiver", verhaltensbezogener Marktinformationen, z.B. Einstellungen / Motive / Verhalten der Verbraucher

* nach Art des *Bezugszeitraumes* (Schäfer)
  - Absatzbeobachtung = laufende Beobachtung von Entwicklungen im Markt (Zeitreihenanalysen)
  - Absatzanalyse = zeitpunktbezogene Erhebung von Daten (ad-hoc-Untersuchungen)

* nach Art der *Informationsgewinnung*:
  - Sekundärforschung (desk research) = Auswertung bereits vorliegender Ergebnisse aus internen und externen Datenquellen
  - Primärforschung (field research) = Gewinnung originärer Daten unter Vorgabe eines definierten Untersuchungszwecks

* nach *Häufigkeit der Erhebung:*
  - ad hoc-Untersuchungen = einmalige Erhebung zu einem bestimmten Untersuchungszweck
  - Wiederholungsbefragungen = wiederholte Befragung der selben (Panel) oder verschiedener Stichproben (Omnibus)

* nach Art der eingesetzten *Untersuchungsmethoden:*

    - quantitative Marktforschung = Datenerhebung anhand standardisierter Untersuchungsmethoden, die statistische Repräsentanz der Ergebnisse gewährleisten (große Stichproben!)

    - qualitative Marktforschung (psychologische Marktforschung) = Datenerhebung von subjektiven Tatbeständen anhand spezifischer (psychologischer) Methoden mit dem Ziel typisierender Ergebnisse (kleine Stichproben!)

* nach Art der *Objekte / Funktionen:*

    - marktbezogene Marktforschung = Untersuchung von Konsumgütern, Investitionsgütern, Dienstleistungen

    - funktionsbezogene Marktforschung = Untersuchung von Marketingfunktionen, wie Produkt-, Preis-, Distributions-, Kommunikationspolitik

* nach der *Ausrichtung:*

    - retrospektive Marktforschung = Beschaffung vergangenheitsbezogener Daten (back data)

    - prospektive Marktforschung = Beschaffung zukunftsbezogener Daten, die eine Prognose auf zukünftige Entwicklungen ermöglichen

1.2 BEDEUTUNG VON INFORMATIONEN IM MARKETING-ENTSCHEIDUNGSPROZEß

1.2.1 Phasen des Marketing-Entscheidungsprozesses

Die Entscheidungsprozesse des Managements laufen nach einem mehr oder weniger vorgegebenen Schema ab, das sich in 4 Phasen gliedern läßt:

1. *Situationsanalyse / Suchphase:*

   In dieser Phase sollen Probleme erkannt und definiert werden.

2. *Planungsphase / Optimierungsphase:*

   In dieser Phase werden Ziele gesteckt und Strategien formuliert, wobei es darauf ankommt, die besten Alternativen zu finden.

3. *Realisierungsphase / Durchsetzungsphase:*

   In dieser Phase werden konkrete Maßnahmen zur Zielerreichung bestimmt und im Markt umgesetzt.

4. *Kontrollphase / feed back:*

   In dieser Phase geht es um einen Soll/Ist-Vergleich, der den Grad der Zielerreichung oder -abweichung aufdecken soll.

In jeder dieser Phasen werden Informationen zur Entscheidungsfindung und Willensbildung benötigt, die von der Marktforschung bereitgestellt werden müssen. Je nachdem, ob Informationen für strategische (langfristige) oder operative (kurzfristige) Marketing-Entscheidungen benötigt werden, spricht man von *strategischer* oder *operativer* Marktforschung.

1.2.2 Informationsgrad

Durch die sich schnell ändernden Marktsituationen ist in den meisten Fällen der Informationsstand der Unternehmen bzw. des Marketings unvollkommen.

Je nach dem Grad des Informationsstandes lassen sich vier typische Entscheidungssituationen unterscheiden:

* ***unter Sicherheit:***
  Alle erforderlichen Informationen liegen exakt und vollständig vor; die Entscheidung birgt kein Risiko mehr! Kommt in der Praxis kaum vor!

* ***unter Risiko:***
  Bestimmte Informationen liegen vor, aber nicht komplett. Es gibt Wahrscheinlichkeiten, mit denen (bei Nutzung der vorhandenen Informationen) Ergebnisse eintreffen werden, die Gegenstand der Entscheidungssituation waren.

* ***unter Unsicherheit:***
  Es liegen teilweise Informationen vor, die aber nicht geeignet sind, Voraussagen über das Eintreffen bestimmter Ergebnisse zu machen. Die Entscheidungen sind deshalb durch Unsicherheit geprägt!

* ***unter vollkommener Uninformation:***
  Es liegen keinerlei Informationen für Marketing-Entscheidungen vor. Dieser Fall ist in der Praxis kaum gegeben!

Marketing-Entscheidungen fallen deshalb meistens unter Risiko bzw. Unsicherheit, da der Informationsstand unvollkommen ist.

Der Grad des jeweiligen Informationsstandes wird als "Informationsgrad" bezeichnet, der sich durch folgenden Quotienten ausdrücken läßt:

Informationsgrad (I): $\dfrac{\text{tatsächlich vorhandene Information}}{\text{notwendige Informationen}}$

Der Quotient kann sich zwischen den Extremwerten

Null = vollkommenes Fehlen von Informationen und

Eins = Vorhandensein aller notwendigen Informationen

bewegen.

Je nach Entscheidungssituation im Unternehmen wird der Quotient zwischen den beiden Extremwerten variieren.

Inwieweit ein Unternehmen einen möglichst hohen Informationsgrad anstrebt, ist u.a. auch eine Frage der Kosten. Mit höherem Informationsbedarf wachsen die Kosten der Informationsbeschaffung überproportional an.

1.2.3 Bewertungskriterien für Informationen

Informationen sind zweckbezogene Nachrichten, die für den Empfänger neu sind. Sollen die Informationen für den Empfänger sinnvoll und nützlich sein, so müssen bestimmte Anforderungen erfüllt sein.

* *Relevanz:*
  Von Interesse sind nur solche Informationen, die für den Entscheidungstatbestand relevant sind.

* *Vollständigkeit:*
  Es ist ein möglichst hoher, aber vertretbarer Informationsgrad anzustreben.

* *Aktualität:*
  Möglichst aktuelle, keine veralteten Informationen verwenden, die in der Planung zu Fehlentscheidungen führen können.

* *Zuverlässigkeit (Reliabilität):*
  Ist gefordert in bezug auf die formale Genauigkeit von Informationen. D.h. Ergebnisse müssen bei wiederholter Messung stabil sein bzw. unabhängig sein von einem einmaligen Meßvorgang. Man spricht auch von der "Reproduzierbarkeit" eines Ergebnisses unter identisch gehaltenen Versuchs- und Meßbedingungen. Zur Überprüfung der Reliabilität werden drei Methoden eingesetzt:
  - *Paralleltest* (zwei vergleichbare Meßinstrumente werden an einer Stichprobe überprüft)
  - *Test-Retest* (Überprüfung der Daten mit einem Meßinstrument an einer Stichprobe zu zwei verschiedenen Zeitpunkten)
  - *Split-half-Methode* (ein Meßinstrument wird in zwei Hälften zerlegt, so daß daraus gewissermaßen zwei Paralleltests halber Länge resultieren)

Bei allen drei Methoden erfolgt nach der Erhebung der Daten die Korrelation der Ergebnisreihen.

* **Gültigkeit (Validität):**

Bezeichnet die materielle Genauigkeit von Informationen, d.h. inwieweit ein Meßergebnis auch tatsächlich den zu untersuchenden Sachverhalt beschreibt und inwieweit inhaltlich jene Information wiedergegeben wird, die man zu messen beabsichtigt.

Interne Validität: Bezieht sich auf die Eindeutigkeit der Messung im Experiment. Diese wird dadurch erreicht, daß alle Störeinflüsse ausgeschaltet werden, so daß die Veränderung der abhängigen Variablen allein auf die Änderung der unabhängigen Variablen zurückzuführen ist.

Externe Validität: Bezieht sich auf die Generalisierbarkeit von experimentellen Ergebnissen auf andere Gruppen, veränderte Situationen und andere Zeitpunkte.

In der Praxis führt eine hohe interne Validität häufig zu einer Verschlechterung der externen Validität, da künstliche Testbedingungen (Laborexperimente) weniger Realitätsnähe aufweisen als z.B. Feldexperimente.

* **Objektivität:**

Informationen sind dann objektiv, wenn sie unbeeinflußt und neutral von Untersuchungsleitern erhoben werden. Die Forderung nach Objektivität bezieht sich auf die Erhebung, Auswertung und Interpretation von Informationen und Ergebnissen.

* **Sicherheit:**

Möglichst solche Informationen verwenden, die die Unsicherheit der Entscheidung mindern, d.h. eine höhere Wahrscheinlichkeit eines prognostizierten Eintritts garantieren.

1.3   DER MARKTFORSCHUNGSPROZEß

1.3.1 Idealtypischer Ablauf

Marktforschung bzw. eine Marktforschungsstudie läuft normalerweise in Phasen oder Stufen ab. Entsprechend des allg. Kommunikationsprozesses (Analyse - Erhebung - Übermittlung - Verarbeitung - Speicherung - Verwertung) vollzieht sich auch der Marktforschungsprozeß. In idealtypischer Form läuft er in 5 Phasen ab: Man spricht auch von den "5 D´s" in der Marktforschung:

```
1. Phase: Definition
2. Phase: Design
3. Phase: Datengewinnung
4. Phase: Datenanalyse
5. Phase: Dokumentation
```

Je nach Aufgabenstellung und Problem können die fünf Phasen inhaltlich unterschiedlich gestaltet sein.

1.3.2 Erläuterung der Ablaufphasen

1. Phase: *Definition*:
Im Rahmen oder Ablauf des Marketingentscheidungsprozesses tauchen Fragen auf, die ohne zusätzliche Informationen nicht gelöst werden können. Der notwendige Informationsbedarf muß nach Art und Umfang möglichst präzise definiert werden. Außerdem sollte ein Terminplan für die Bereitstellung der Informationen aufgestellt werden.

2. Phase: *Design*
Es ist zu klären, ob die notwendigen Informationen bereits in internen oder externen Informationsquellen vorliegen oder ob Primärforschung betrieben werden muß. Trifft letzteres zu, so muß über das Auswahlverfahren (Random / Quota), die Zielgruppe und die Erhebungsmethode (Befragung, Beobachtung, Test) entschieden werden. Falls eine Befragung geplant wird, ist ein Fragebogen zu entwickeln.

3. Phase: *Datengewinnung*

Je nach der gewählten Erhebungsmethode ist entweder eine Beobachtungs- / Test-situation zu planen oder ein "Feld" (Interviewer) zu organisieren.

4. Phase:*Datenanalyse*

Die Daten sind zu erfassen (EDV) und je nach Bedarf mit verschiedenen Auswertungs-verfahren zu analysieren.

5. Phase:*Dokumentation*

Die vorliegenden Daten sind entsprechend des Informationsbedarfes zu interpretieren, darzustellen und in einem Bericht niederzulegen.

1.4   STAND UND ENTWICKLUNG DER MARKTFORSCHUNG

1.4.1 Stand der Marktforschung

Der momentane Stand der Marktforschung ist dadurch gekennzeichnet, daß sie sich in zwei Bereiche gliedert, in die

-   qualitativ / psychologische / morphologische Marktforschung
-   quantitativ / repräsentative Marktforschung

Im ersten Bereich geht es um die qualitative Untersuchung von "subjektiven" Sachverhalten unter Verwendung psychologischer, projektiver und assoziativer Methoden. Im Vordergrund steht das weite Feld der Einstellungs-, Motiv- und Verhaltensforschung. Untersuchungsbasis sind Gruppen und kleine Stichproben bis ca. 200 Fällen.

Im zweiten Bereich geht es um die Erhebung "objektiver" Sachverhalte auf der Basis repräsentativer Stichproben. Typische Bereiche dieser Forschung sind die Umfrageforschung, die Testmarktforschung und die Verbraucher- bzw. Handels-Panels.

Die nachfolgende Aufstellung zeigt die Methoden-Entwicklung in der Marktforschung seit Anfang dieses Jahrhunderts. Auffallend ist der verstärkte Einsatz apparativer und EDV-technischer Methoden in den letzten 30 Jahren.

ENTWICKLUNG NEUER METHODEN IM RAHMEN DER MARKETINGFORSCHUNG

(entwickelt und fortgeschrieben nach Kotler, Ph., Marketing Management, New York 1988)

Zeitraum	Methoden
vor 1910	unmittelbare Beobachtungen einfache Umfragen
1910 - 1920	Verkaufsanalysen Betriebskostenanalysen
1920 - 1930	Fragebogen Survey-Technik
1930 - 1940	Quotenverfahren einfache Korrelationsanalysen Distributionskostenanalysen Verkaufsstellenprüfungen
1940 - 1950	Wahrscheinlichkeitsverfahren Regressionsmethoden weitergehende statistische Ableitungen Verbraucher- und Laden-Panel
1950 - 1960	Motivforschung Operations Research multiple Regressionen und Korrelationen experimentelle Forschung Instrumente der Einstellungsmessung
1960 - 1970	Faktoren- und Diskriminanzanalyse mathematische Modelle Bayessche statistische Analysen und Entscheidungstheorie Skalierungstheorie computerisierte Datenverarbeitung und -analyse Marketingsimulation Informationsspeicherung und -abrufung
ab 1970	nicht-metrische multidimensionale Skalierung ökonometrische Modelle umfassende Marketing-Planungsmodelle Labortests Telefoninterviews und computergest. Interviews Datenerfassung durch Scanner
ab 1995	Datenerfassung und -übertragung durch Multimedia-Systeme

1.4.2 Zukünftige Entwicklung der Marktforschung

(nach Weis / Steinmetz: Marktforschung, Ludwigshafen 1991)

* Marktforschung wird noch stärker als heute in das Marketing integriert werden, so daß ein sog. *"Informationsmanager"* entstehen wird, der sowohl von der Anforderungsseite (Problemseite) als auch von der Informationsbereitstellungsseite optimal vorgeht.

* Neue und leistungsfähigere *Marketing-Informationssysteme* werden aufgrund leistungsfähigerer Modelle und Techniken zur Verfügung stehen. (Datenbanken)

* Die Kooperation zwischen der betrieblichen Marktforschung und den Marktforschungsinstituten wird sich in der Weise verändern, daß die *Informationsnachfrage einen stärkeren Einfluß hat* und größere Bedeutung gewinnt.

* Die neuen Kommunikationstechniken werden zunehmend dazu beitragen, die externen *Datenbanken* intensiver zu nutzen, um das Informationsangebot für das Marketing zu erhöhen.

* Es steht in Zukunft eine immer größere Datenfülle, die durch *höhere Fallzahlen, größere Informationstiefe und kürzere Untersuchungszeiträume* gekennzeichnet sind, zur Verfügung.

* Hochentwickelte professionelle Forschung und Marktforschung durch *Spezialisten* gewinnt zunehmend an Bedeutung.

* Die *Scanner-Technik* trägt u.a. dazu bei, die Panelerhebung quantitativ und qualitativ zu verbessern. Haushalts- und Einzellhandelspanelforschung wachsen zusammen (national und international).

* Face to face-Erhebungen werden im Vergleich zu *telefonischen Erhebungen* immer mehr abnehmen.

* Zug um Zug werden "Paper and pencil Methoden" durch *elektronische Erfassungs- und Analysesysteme* ersetzt. Stärkere Nutzung von digitalen Multimediasystemen!

1.4.3 Probleme des Datenschutzes

Grundlage für den Datenschutz der betrieblichen und der Institutsmarktforschung ist das "Bundes-Datenschutz-Gesetz" (BDSG), speziell Abschnitt 3 und 4.

Grundsätzlich geht das Gesetz davon aus, daß *"personenbezogene Daten"* nur verarbeitet werden dürfen, wenn kein Grund zur Annahme besteht, daß dadurch schutzwürdige Belange des Betroffenen beeinträchtigt werden. Für die Institute gilt (4. Abschnitt BDSG), daß personenbezogene Daten nur mit schriftlicher Einwilligung der Betroffenen gespeichert werden dürfen, ansonsten müssen sie anonymisiert werden.

Da ein vorheriges Einholen der schriftlichen Einwilligung in der Marktforschung praktisch nicht realisierbar ist, haben die Berufsverbände der Markt- und Sozialforscher mit den zuständigen Landesbehörden eine praktikable Regelung ausgehandelt ("Schweinoch-Abkommen"). Darin wird festgestellt, daß auf die vorherige schriftliche Einwilligung der Auskunftspersonen verzichtet werden kann. Voraussetzungen sind aber:

- bei Befragungen dürfen Adreßteil und Fragenteil nie physisch miteinander verbunden sein, d.h. Namen und Adressen von Befragten sind nicht auf den Fragebögen zu vermerken!

- die Befragten sind, falls gewünscht, über ihre Rechte zu informieren (z.B. durch Aushändigen eines Datenschutzmerkblattes)

- es gilt der E.S.O.M.A.R.-Kodex, in dem die ethischen Grundsätze der Marktforschung niedergelegt sind

1.5 TRÄGER / ORGANE DER INFORMATIONSBESCHAFFUNG

1.5.1 Eigenmarktforschung

Wird Marktforschung durch die Unternehmen selbst bzw. deren Organe (z.B. Marktforschungsabteilung) durchgeführt, so sprechen wir von Eigenmarktforschung. Dabei handelt es sich häufig um die Analyse betriebsinterner und externer Daten in Form der Sekundärforschung. Aber auch die Durchführung von Primäruntersuchungen ist möglich, z.B. in Form schriftlicher Befragungen bei Lieferanten, Kunden und Endverbrauchern.

Funktionale Einordnung

*   Stabsstelle, zugeordnet z.B.
    der Geschäftsführung
    der Marketingabteilung
    dem Produktmanagement
    der betriebswirtschaftlichen Abteilung

*   Linienabteilung
    entweder als Zentralabteilung für alle Bereiche des Unternehmens
    oder
    als Spartenabteilung den jeweiligen Unternehmens-Bereichen zugeordnet.

Ablauftechnische Einordnung

*   als Serviceabteilung nach Bedarf
*   als Teil eines Management-Informations-Systems (MIS)

M I S
=======

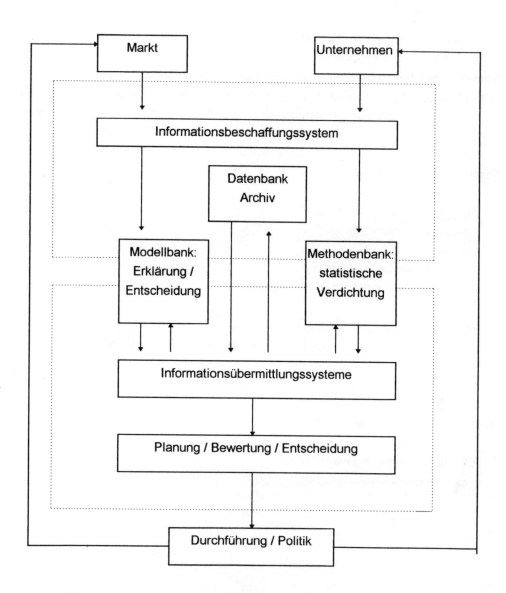

Quelle: H. J. Rogge, Marktforschung, München / Wien 1981

1.5.2 Fremdmarktforschung

Von Fremdmarktforschung sprechen wir dann, wenn die Unternehmen Marktforschungsprojekte von Fremdfirmen (Marktforschungsinstituten oder Marktforschungsberatern) durchführen lassen. Dies ist immer dann opportun, wenn keine eigene Marktforschungsabteilung existiert und/oder man nicht über eine Feldorganisation verfügt.

In Deutschland gibt es zwischen 120 und 150 Marktforschungsinstitute, die einen Jahresumsatz von gut 1 Mrd. DM erwirtschaften. Die bedeutendsten Institute haben sich im "Arbeitskreis Deutscher Marktforschungsinstitute (ADM)" zusammengeschlossen.

Marktforschungsberater und Marktforscher aus Betrieben und Instituten sind im "Berufsverband Deutscher Markt- und Sozialforscher (BVM)" vereinigt (persönliche Mitgliedschaft).

Nachfolgend eine Aufstellung der bedeutendsten deutschen Institute nach Umsatzgrößen geordnet:

Institut	Umsätze 1994 in Mio. DM
GfK - Gruppe Nürnberg	389,0
Infratest-Gruppe, München	193,0
Nielsen, Frankfurt a.M.	150,5
IMS, Frankfurt a.M.	99,0
GfM-Getas, Hamburg	41,5
IVE, Hamburg	34,6
Sample, Mölln	30,0
Infas, Bonn	25,0
EMNID, Bielefeld	23,8
Icon, Nürnberg	20,3
Quelle: "context" 95	

1.5.3 Vor- und Nachteile der Fremd- bzw. Eigenmarktforschung

Fremdmarktforschung	
Vorteile +	*Nachteile ./.*

* Größere Objektivität
* Im Prinzip alle
  Erhebungsmethoden
* Schnelle Durchführung
* Keine Betriebsblindheit
* Einsatz von Experten
* Höhere Fachkenntnis im
  Hinblick auf Erhebungs-
  möglichkeiten
	* Einarbeitungszeit erforderlich
	* Höhere Kosten
	* Geheimhaltung eher gefährdet
	* Eventuell mangelnde
	  Branchenkenntnisse
	* Kommunikationsprobleme

entnommen aus: Weis / Steinmetz, Marktforschung, Ludwigshafen 1991

Eigenmarktforschung	
Vorteile +	*Nachteile ./.*

* Keine Einarbeitungszeit
* Mit Problematik vertraut
* In der Regel geringere
  Kosten
* Datenschutz eher
  gewährleistet
	* Eigene Erhebung in der
	  Regel nicht möglich (z.B.
	  bei Panels)
	* Betriebsblindheit
	* Self-fullfilling prophecy
	* Eventuell subjektiv geprägt
	* Fehlen von Experten und
	  Mitarbeitern
	* Flächendeckende Groß-
	  erhebungen in der Regel
	  nicht möglich
	* Evtl. lange Bearbeitungszeit

Entnommen aus: Weis / Steinmetz, Marktforschung, Ludwigshafen 1991

2 AUSWAHLVERFAHREN

2.1 GRUNDGESAMTHEIT UND REPRÄSENTANZ

2.1.1 Grundgesamtheit

Das folgende Kapitel befaßt sich mit der Frage, ob bei einer Untersuchung alle relevanten Erhebungssubjekte einbezogen werden sollen oder nicht. Aus methodischer Sicht ist eine **Vollerhebung** (alle Erhebungssubjekte werden untersucht) in jedem Falle einer **Teilerhebung** (nur ausgewählte Subjekte werden untersucht) vorzuziehen, da sie die größere Sicherheit des Ergebnisses garantiert. Aus forschungsökonomischen Gründen ist es aber sehr häufig sinnvoll, sich auf Teilerhebungen (Stichprobenerhebungen) zu beschränken, weil sie kostengünstiger und organisatorisch besser zu gestalten sind.

Bevor ein Auswahlverfahren angewendet werden kann, muß zunächst der Kreis von Personen bestimmt werden, der im Sinne der Untersuchung relevant und aussagefähig ist. D.h. es muß zunächst die **Grundgesamtheit / Gesamtmasse / Universum** bestimmt, definiert und abgegrenzt werden.

z.B. Untersuchung zur Einstellung der Wähler -->
Grundgesamtheit = Deutsche Bevölkerung ab 18 Jahre

z.B. Untersuchung der Leserstruktur einer Abonnementzeitschrift -->
Grundgesamtheit = alle Abonnenten

z.B. Imageanalyse eines Einzelhandelsgeschäftes -->
Grundgesamtheit = alle aktuellen und potentiellen Kunden

2.1.2 Grundgesamtheit und Auswahlverfahren

Generell können wir feststellen:
Je kleiner die Grundgesamtheit, desto eher kommt eine Vollerhebung in Frage;
je größer die Grundgesamtheit, desto eher kommt eine Teilerhebung in Frage.

**Zusammenhänge zwischen der Beschaffenheit der Grundgesamtheit und Aus-
wahlverfahren**

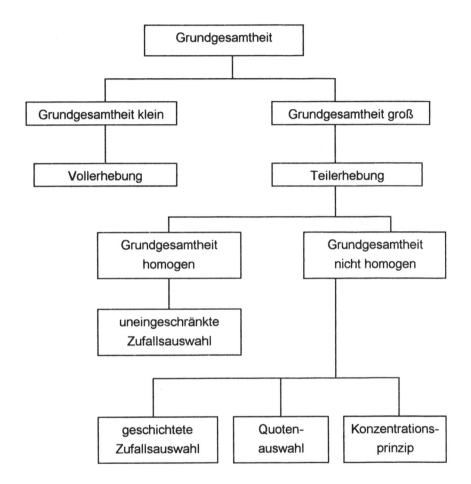

Quelle: Weis / Steinmetz, Marktforschung, Ludwigshafen 1991

2.1.3 Begriff der "Repräsentanz"

Ziel aller Bemühungen bei Teilerhebungen ist es, durch das gewählte Auswahlverfahren sicherzustellen, daß die untersuchte Teilmasse (Stichprobe) in ihrer Struktur der Grundgesamtheit, so weit wie möglich entspricht, d.h. "repräsentativ" ist. Dies ist erreicht, wenn sie ein verkleinertes, aber sonst **wirklichkeitsgetreues Abbild der Grundgesamtheit** darstellt.

Auf diese Weise will man garantieren, daß sich die Ergebnisse aus der Stichprobe auf die Grundgesamtheit übertragen lassen.

2.1.4 Grundformen der Auswahlverfahren

Soweit wir es mit Teilerhebungen (Stichprobenerhebungen) zu tun haben, unterscheiden wir grundsätzlich zwei Verfahren

* Verfahren der Zufallsauswahl
* Verfahren der bewußten Auswahl

Diese Verfahren differenzieren sich in noch speziellere Formen

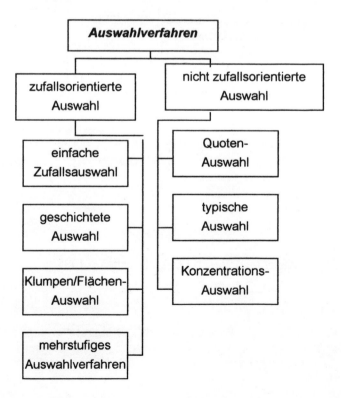

2.2 ZUFALLSAUSWAHLVERFAHREN

2.2.1 Prinzip der Randomverfahren

Das Prinzip der Zufallsauswahl beruht auf der Wahrscheinlichkeitstheorie. Es geht von der Vorstellung aus, daß grundsätzlich jedes Element in der Grundgesamtheit dieselbe (bzw. eine berechenbare) Chance hat, in die Stichprobe aufgenommen zu werden (Urnenmodell). *Über den Auswahlprozeß entscheidet allein der Zufall* (keine subjektive Beeinflussung von außen). *Zufallsfehler lassen sich mathematisch berechnen* (Standardabweichung!).

Mit zunehmender Größe der Stichprobe (Annäherung an die Grundgesamtheit) steigt die Repräsentanz.

2.2.2 Einfache, reine Zufallsauswahl

* **Lotterieauswahl:**
  Bedeutet, daß die Elemente für die Stichprobe direkt aus der Grundgesamtheit (sog. Urnenmodell) gezogen werden. Voraussetzung dafür ist aber, daß die Grundgesamtheit (als Datei) vollständig vorliegt und (nach dem Prinzip des Zufalls) durchmischt ist.
  Da diese Voraussetzungen in der Praxis häufig nicht gegeben sind, greift man auf andere Methoden zurück.

* **Schlußziffernverfahren:**
  Entnommen werden aus einer durchnumerierten Datei alle Elemente, die eine bestimmte Endziffer aufweisen. Für die ausgewählten Endziffern können Auswahlsätze festgelegt werden.

* **Systematische Zufallsauswahl:**
  Man legt fest, daß jedes s-te Element aus einer Grundgesamtheit N gezogen wird, um eine Stichprobe vom Umfang n zu erhalten; dabei wird der Startpunkt t per Zufall ausgewählt.

  Es gilt: $\qquad\qquad s = \dfrac{N}{n} \quad$ z.B. t = 2, n = 6, N = 120

  $\qquad\qquad\qquad s = \quad$ 2, 22, 42, 62, 82, 102

* **Auswahl mit Zufallszahlentabellen:**

Die als Datei vorliegende Grundgesamtheit (z.B. Namenslisten) wird durchnume-
riert und die Zufallsauswahl der Nummern künstlich (z.B. durch ein EDV-
Programm) simuliert. Die zu ziehenden Nummern (bzw. Namen) werden dann
entsprechenden Tabellen entnommen (siehe Abb.).

Beispiel: Zufallszahlentabelle N = < 10.000

Startpunkt = **5476**

Beispiel: Stichprobe = n = 700

547 - 687 - (707) - 390 - 233 - 526 (774) - 597 usw.

8572	8448	9060	0079	5633	0388	9623	1694	6614	2802
7245	8673	9770	8346	9333	9368	4390	5368	8324	6624
0787	2616	6460	9258	4275	9127	7982	4834	4933	7102
5476	8770	7390	2335	2677	4597	7797	8760	5522	0374
7715	3563	4950	3707	8933	3102	1587	7336	7943	2301
3454	5165	5122	7100	5089	1244	5316	2230	3731	4669
5173	2842	5529	0841	7762	4943	5279	4453	6010	7884
6982	3868	0176	8023	7819	4782	5676	7465	8792	7513
0130	3536	0034	6191	0704	7602	3990	2271	8877	6844
1198	3035	9335	9699	4403	3048	8234	1416	3706	9143
4999	4950	4053	6294	0680	3117	4294	2768	1003	1568
3922	9964	3487	8903	6533	5209	2952	5523	0274	9608
0974	3689	7763	5119	6602	4891	5275	5181	2128	5327
4153	8232	9981	9184	2291	5232	6985	4320	2048	9300
3392	6048	5311	1391	8125	9314	5933	6146	7525	2079
3621	5593	7559	8211	6141	8419	3933	7992	6591	6890
7087	2714	8663	8057	1587	7347	9831	0485	7876	3919
9456	8382	2860	2270	9033	5050	5825	5589	8277	1817

* **_Geburtstagsverfahren:_**

Es werden die Elemente aus einer Datei gezogen, die ein bestimmtes Geburtsdatum (z.B. 3.12.) aufweisen.

* **_Buchstabenauswahl:_**

Es werden die Elemente aus einer Datei gezogen, bei denen z.B. der Familiennamen einen bestimmten Anfangsbuchstaben aufweist.

VOR- UND NACHTEILE DER REINEN ZUFALLSAUSWAHL:

Vorteile:

* Keine Kenntnis der Merkmalsstruktur der Grundgesamtheit notwendig
* Keine subjektive Manipulation durch den Interviewer bei der Auswahl möglich
* Berechenbarkeit der Zufallsfehler bei gegebenem Signifikanzniveau und Stichprobenumfang

Nachteile:

* Höherer Aufwand bei Planung und Durchführung (Kosten!)
* Ein ausgewähltes Element kann nicht durch ein anderes ersetzt werden. (Problem bei Nichterreichbarkeit oder Auskunftsverweigerung von Personen!)
* Die Grundgesamtheit muß vollständig vorliegen und vollständig "durchmischt" sein. (Ausschaltung von Gesetzmäßigkeiten!)

2.2.3 Klumpenauswahlverfahren (cluster sampling)

Voraussetzung für dieses Verfahren ist es, daß sich die Grundgesamtheit in Elemente-Gruppen ("Klumpen") zerteilen läßt.
Derartige Klumpen können sein: Betriebe, Haushalte, Vereine, Behörden usw! Auswahleinheit ist der "Klumpen", nicht die Erhebungseinheit (Person). D.h. in die Stichprobe gehen die ausgewählten Klumpen mit allen Einzelelementen ein! Die Auswahl der Klumpen unterliegt dem Zufallsprinzip.

Ein Spezialfall des Klumpenauswahlverfahrens ist das sog. *Flächenstichprobenverfahren* (area sampling). Dabei wird der Untersuchungsraum (bzw. dessen Fläche) in geografische Klumpen zerlegt, z.B. Regierungsbezirke, Planquadrate, Stadtquartiere, Häuserblocks usw.
Die ausgewählten geografischen Klumpen gehen dann mit allen in diesen Gebieten lebenden Einwohnern in die Stichprobe ein!

VOR - UND NACHTEILE DES KLUMPEN-AUSWAHLVERFAHRENS

Vorteile:

* Die Grundgesamtheit muß nicht vollständig vorliegen
* Das Verfahren ist sehr anwendungsfreundlich und wirtschaftlich
* Es brauchen keine Einzelpersonen per Adresse aufgefunden werden, stattdessen können alle Personen des Klumpens (räumliche Konzentration) befragt werden.

Nachteile:

* Probleme tauchen bei diesem Verfahren durch den sog. *"Klumpeneffekt"* auf.
* D.h. in den Klumpen sind zu viele Elemente mit gleichen Merkmalen (hohe Homogenität nach innen), wie dies bei reiner Zufallsauswahl zu erwarten gewesen wäre. (Beispiel: Wohngebiet mit ausschließlich Beamtenwohnungen, Institut mit überwiegend Wissenschaftlern)

Voraussetzung deshalb:
Klumpen sollten untereinander möglichst homogen, nach innen möglichst heterogen sein!

2.2.4 Geschichtete Zufallsauswahl (stratified sampling)

Dieses Verfahren bietet sich an, wenn die Grundgesamtheit verschiedene Teilgruppen enthält, die weitgehend homogene Elemente enthalten. Diese Teilgruppen / Teilgesamtheiten bezeichnet man als *"Schichten"*. Aus jeder Schicht werden dann nach dem Zufallsprinzip Stichproben gezogen. Ziel der Schichtenbildung ist die Reduzierung des Stichprobenfehlers / Standardabweichung!

Voraussetzungen für die Anwendung des Verfahrens:

* die Schichten sind in sich möglichst homogen (bei heterogener Gesamtmasse)
* die Verteilung der interessierenden Merkmalsdimensionen muß bekannt sein, um eine Schichtbildung vornehmen zu können. Merkmalsdimensionen zur Schichtenbildung sind überwiegend soziodemografische Merkmale wie Alter, Geschlecht, Einkommen, Beruf, Stadt usw.

Prozeß der Schichtenauswahl für die Stichprobenziehung

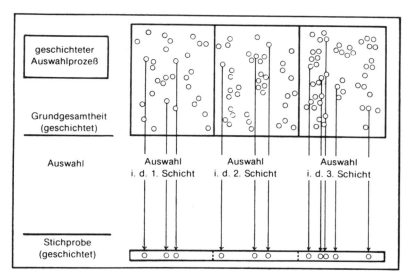

Entnommen WETTSCHURECK, 1974a, S. 195

ARTEN DER SCHICHTUNG

* **proportional** =
Jede Schicht ist im gleichen Verhältnis vertreten wie in der Grundgesamtheit (Stichprobenwerte aufaddierbar!)

* **disproportional** =
Schichten haben einen von der Gesamtheit abweichenden Anteil (die Ergebnisse der Schichten sind mit dem reziproken Auswahlsatz zu multiplizieren).

Beispiel:
Umsatzstärkere Betriebe werden stärker gewichtet als ihnen nach der zahlenmäßigen Gesamtverteilung zustünde.

* **optimal** =
Unterfall der disproportionalen Schichtung. Man versucht, den Stichprobenumfang (bei angenommenem Zufallsfehler!) zu reduzieren.

Prinzip:
Aus homogenen Schichten werden kleinere, aus heterogenen Schichten entsprechend größere Teilstichproben gezogen!

BEISPIEL FÜR BERECHNUNG DES SCHICHTANTEILES
(proportionale Schichtung)

Die Auswertung einer Reichweitenuntersuchung zeigt, daß ein lokaler Radiosender folgende Zusammensetzung seiner Hörerschaft hat: 35 % zwischen 14 und 29 Jahren, 40 % zwischen 30 und 39 Jahren, 20 % zwischen 40 und 49 Jahren und 5 % mit 50 Jahren und älter. Der Programmchef möchte eine Hörerbefragung durchführen.
Würde man eine reine Zufallsstichprobe ziehen, so wäre die Altersklasse über 50 Jahre im Vergleich zu den anderen Klassen unterrepräsentiert. Man betrachtet deshalb jede Altersklasse bzw. Schicht als eigenständige Grundgesamtheit und zieht daraus entsprechende Stichproben. Bei einer Stichprobe von 1.000 Hörern z.B.:

    350 Personen aus der Altersklasse 14 bis 29 Jahre
    400 Personen aus der Altersklasse 30 bis 39 Jahre
    200 Personen aus der Altersklasse 40 bis 49 Jahre
     50 Personen aus der Altersklasse 50 Jahre und älter

VOR- UND NACHTEILE DER GESCHICHTETEN AUSWAHL

Vorteile:
*   Die Streuung des Zufallsfehlers ist bei einer geschichteten Stichprobe kleiner als bei einer reinen Zufallsstichprobe, also Reduzierung des Stichprobenfehlers.

Nachteile:
*   Ist nur anwendbar, wenn die Verteilung der relevanten Merkmalsdimensionen in der Grundgesamtheit bekannt sind.
*   Es müssen Teilgesamtheiten (Schichten) vorliegen, die weitgehend homogene Elemente enthalten.

Unterschiede zwischen "Schichten"- und "Klumpen"-Auswahlverfahren
(vgl. Weis / Steinmetz, Marktforschung, Ludwigshafen 1991)

Schichten-Stichprobe	Klumpen-Stichprobe
	* Es wird durch Zufallsauswahl bestimmt, welche Klumpen in die Stichprobe einbezogen werden. Von den ausgewählten Klumpen werden alle Einheiten in die Erhebung einbezogen.
* Jede Schicht wird in die Erhebung einbezogen. Innerhalb jeder Schicht wird durch Zufallsauswahl bestimmt, welche Einheiten in die Erhebung mit einbezogen werden.	
* Die Streuung von x bei einer geschichteten Stichprobe ist ***kleiner*** als die Streuung der Zufallsstichprobe.	* Die Streuung von x bei einer Klumpen-Stichprobe ist ***größer*** als die Streuung der Zufallsstichprobe.
* Der Genauigkeitsgewinn (d.h. die Verringerung der Varianz) ist umso größer, je homogener die einzelnen Schichten und je größer die Unterschiede zwischen den einzelnen Schichten sind.	* Der Genauigkeitsverlust (d.h. die Vergrößerung der Varianz) ist umso kleiner, je inhomogener die einzelnen Klumpen und je kleiner die Untershciede zwischen den einzelnen Klumpen sind.

2.2.5 Mehrstufige Verfahren (multistage sampling)

In der Praxis werden die vorher beschriebenen Verfahren je nach Notwendigkeit miteinander kombiniert. So stellt z.B. der Arbeitskreis Deutscher Marktforschungsinstitute (ADM) Musterstichproben zur Verfügung, die u.a. für Mediaanalysen genutzt werden.

VORSTUFE:
Anlage einer Flächenstichprobe

Die Bundesrepublik ist in ca. 80.000 Wahlstimmbezirke eingeteilt, die als Grundlage für eine Flächenstichprobe dienen. Dies ist notwendig, da vollständige, aktuelle Daten über die Bevölkerung nicht vorliegen.

1. STUFE: AUSWAHL VON SAMPLING-POINTS

Aus dem "Gitternetz" werden nach der systematischen Zufallsauswahl **Sampling-Points** (Klumpen) gezogen (mit 200 bis 2.000 Einwohnern). Die Sampling-Points bzw. Stimmbezirke werden nach Gemeindegrößenklassen geschichtet (Boustedt-Ortsgrößenklassen).

2. STUFE: AUSWAHL VON HAUSHALTEN

In den Sampling Points erfolgt ab einem zufällig gewählten Startpunkt eine Begehung **(random route / random walk)**. Von diesem Startpunkt aus werden nach festen Regeln fortlaufend ca. 50 Adressen aufgelistet. Aus diesen werden mittels systematischer Zufallsauswahl 4 Adressen gezogen. Insgesamt werden auf diese Weise über 20.000 Adressen als Stichprobe bereitgestellt.

3. STUFE: AUSWAHL VON ZIELPERSONEN

Entweder die Zielperson liegt fest (z.B. Hausfrau) oder es wird nach dem Geburtstagsverfahren eine Person ausgewählt, die befragt wird (z.B. die Person, die zuletzt im Haushalt Geburtstag hatte).

2.2.6 Vor- und Nachteile der Random-Verfahren

Vorteile:

* Berechnung der Zufallsfehler bei gegebenem Signifikanzniveau und Stichprobenumfang möglich

* Einfluß des Interviewers auf die Auswahl der zu befragenden Personen reduziert

* Abgesehen vom Schichtenverfahren ist eine Kenntnis über die Verteilung relevanter Merkmale nicht notwendig

* Der Einsatz von statistischen Prüfverfahren (z.B. Chi-Quadrat-Test) ist möglich

Nachteile:

* Sehr kosten- und zeitaufwendig, insbesondere bei mehrstufigem Verfahren

* Kein Redressment möglich, d.h. eine nicht erreichte (nach dem Zufallsprinzip bestimmte) Person fällt für die Befragung aus und kann nicht ersetzt werden

2.3 VERFAHREN DER BEWUßTEN AUSWAHL (QUOTEN-VERFAHREN)

2.3.1 Voraussetzungen

Im Gegensatz zu den Random-Verfahren wird bei den Verfahren der bewußten Auswahl die Stichprobe gewissermaßen nach bestimmten Regeln gezielt "konstruiert". Auch hier zählt als oberstes Prinzip, daß die Stichprobe in ihrer Struktur der Grundgesamtheit entsprechen soll, also repräsentativ ist.

Die bekanntesten Verfahren der bewußten Auswahl sind:

* das Quoten-Verfahren
* Auswahl nach dem Konzentrationsprinzip
* die typische Auswahl

2.3.2 Quoten-Verfahren (quota sampling)

Das Quota- oder Quoten-Verfahren beruht auf der Überlegung, daß man eine Stichprobe entwickeln kann, wenn man die Verteilung aller Elemente oder Merkmalsausprägungen in der Grundgesamtheit kennt. D.h. man müßte die Stichprobe so zusammensetzen, *daß die Anteile der Elemente / Merkmale (sprich: Quoten)* in der Stichprobe exakt denen in der Grundgesamtheit entsprechen. Dies ist in der Praxis kaum möglich, da eine Kenntnis über die Verteilung *aller* Elemente selten vorliegt und auch organisatorisch kaum nachvollzogen werden kann. Man beschränkt sich deshalb auf die Auswahl weniger relevanter Dimensionen, die für den Untersuchungsgegenstand von Bedeutung sind (z.B. bei einer Untersuchung über die Mediennutzung spielen Geschlecht, Alter, Bildung, Standort eine Rolle!).

In der Regel sind sozio-demografische Merkmale die Grundlage für die Vorgabe von Quoten. Dies setzt allerdings voraus, daß die Verteilung der relevanten Merkmale in der Grundgesamtheit bekannt ist, damit die Quoten bestimmt werden können (z.B. 49 % Männer / 51 % Frauen).

In der Praxis werden ca. 4 - 5 relevante Quoten in einem **Quotierungsplan** festgelegt und per Quotenanweisung dem Interviewer vorgegeben. Dieser hat darauf zu achten, daß nach Abschluß seines Interviews alle vorgegebenen Quoten erfüllt sind (siehe Quotenanweisung!).

Quotenanweisung

Umfrage: _372_

Interviewer: _Gscheidle, Otto_ Interviewerausweis: _1210_

Gesamtzahl der Interviews: _12_ Fragebogen-Nummern von _578_ bis _589_

Stadtteil: _Wilmersdorf_ 1 2 3 4 5 6 7 8 9 10 11 12 13 14 15 16 17 18 19 20
Dahlem 1 2 3 4 5 6 7 8 9 10 11 12 13 14 15 16 17 18 19 20
_____ 1 2 3 4 5 6 7 8 9 10 11 12 13 14 15 16 17 18 19 20

Alter:

16 bis 19 Jahre	1 2 3 4 5 6 7 8 9 10 11 12 13 14 15 16 17 18 19 20
20 bis 29 Jahre	1 2 3 4 5 6 7 8 9 10 11 12 13 14 15 16 17 18 19 20
30 bis 39 Jahre	1 2 3 4 5 6 7 8 9 10 11 12 13 14 15 16 17 18 19 20
40 bis 49 Jahre	1 2 3 4 5 6 7 8 9 10 11 12 13 14 15 16 17 18 19 20
50 bis 59 Jahre	1 2 3 4 5 6 7 8 9 10 11 12 13 14 15 16 17 18 19 20
60 bis 69 Jahre	1 2 3 4 5 6 7 8 9 10 11 12 13 14 15 16 17 18 19 20
70 Jahre und älter	1 2 3 4 5 6 7 8 9 10 11 12 13 14 15 16 17 18 19 20

_5_ männlich   _7_ weiblich

Berufsstellung:
berufstätig als:

Arbeiter	1 2 3 4 5 6 7 8 9 10 11	1 2 3 4 5 6 7 8 9 10 11
Angest./Beamter	1 2 3 4 5 6 7 8 9 10 11	1 2 3 4 5 6 7 8 9 10 11
Selbst./Freiberufl.	1 2 3 4 5 6 7 8 9 10 11	1 2 3 4 5 6 7 8 9 10 11

nicht berufstätig aus:

Arbeiterkreisen	1 2 3 4 5 6 7 8 9 10 11	1 2 3 4 5 6 7 8 9 10 11
Mittelstandskreisen	1 2 3 4 5 6 7 8 9 10 11	1 2 3 4 5 6 7 8 9 10 11

Wochentag:

Montag bis Freitag	1 2 3 4 5 6 7 8 9 10 11 12 13 14 15 16 17 18 19 20
Sonnabend	1 2 3 4 5 6 7 8 9 10 11 12 13 14 15 16 17 18 19 20
Sonntag	1 2 3 4 5 6 7 8 9 10 11 12 13 14 15 16 17 18 19 20

Quelle: Weis / Steinmetz, Marktforschung, Ludwigshafen 1991

2.3.3 typische Auswahl (purpursive sampling)

Elemente der Grundgesamtheit werden nach freiem Ermessen ausgewählt, da man sie gewissermaßen als "typisch" ansieht.

Man schließt von den erzielten Ergebnissen entsprechend auf die Grundgesamtheit.

Sehr bedenklich in der Anwendung: Wer sagt, was "typisch" ist, wer bestimmt den Umfang der Stichprobe?

2.3.4 Auswahl nach dem Konzentrationsprinzip (cut-off-Verfahren)

Man beschränkt sich auf die Erhebung solcher Elemente, die für den Untersuchungs-gegenstand besonders relevant sind und besonderes Gewicht haben! Wird häufig in der Investitionsgütermarktforschung angewandt!

D.h. wenige Elemente liefern einen hohen Erklärungsbeitrag für den zu untersuchen-den Sachverhalt in der Grundgesamtheit.

Z.B., man will das Einkaufsverhalten im Großhandel untersuchen. Man befragt einige Einkaufsleiter aus Groß-, Mittel- und Kleinbetrieben!

2.3.5 Vor- und Nachteile des Quotenverfahrens

Vorteile:

* schnell und elastisch durchführbar
* relativ geringe Kosten
* schnelle Anpassung an geänderte Quoten (Redressment)
* totale Stichprobenausschöpfung
* keine Wiederholungsbesuche notwendig
* normalerweise können Personen anonym bleiben
* schwierige Quoten können nach dem „Schneeballverfahren" (linkage Sampling) gefunden und erfüllt werden

Nachteile:

* mathematisch-statistische Fehlerberechnung nicht möglich
* qualitative Merkmale sind häufig nicht zu quotieren
* Zusammenhang zwischen Quotenmerkmal und Untersuchungsgegenstand liegt häufig nicht vor
* es kann nur eine beschränkte Anzahl von Merkmalen quotiert werden
* "leichte Merkmalskombinationen" werden bevorzugt befragt
* Quotenvorgaben werden nicht eingehalten

2.4 BERECHNUNG VON ZUFALLSFEHLERN UND STICHPROBEN-GRÖßEN

2.4.1 Systematische und Zufallsfehler

* **Systematische Fehler** (nicht berechenbare Fehler!)

  sind solche Fehler, die **nicht** den Gesetzen der Wahrscheinlichkeitstheorie unter-liegen. Solche Fehler sind statistisch nicht berechenbar. Sie streuen im Regelfall nicht gleichmäßig um einen Mittelwert, sondern können unterschiedliche Ausprä-gungen aufweisen (sich z.B. in einer bestimmten Richtung konzentrieren). Syste-matische Fehler können durch fehlerhafte Anlage, Durchführung und Auswertung von Marktforschungsuntersuchungen bedingt sein (z.B. Fragebogenfehler!)

* **Zufallsfehler** (berechenbare Fehler)

  sind solche Fehler, die in statistischen Massen auftreten und nach den Gesetzen der Wahrscheinlichkeit **um einen "Wahren Wert" streuen**, so daß sie sich per Saldo (fast) ausgleichen. Man bezeichnet sie als "berechenbare" Fehler, da sie sich statistisch in ihrer Abweichung vom "Wahren Wert" berechnen lassen! Zu-fallsfehler in random-Stichproben sind deshalb statistisch quantifizierbar!

2.4.2 Parameter von Häufigkeitsverteilungen

* **Lageparameter** (Mittelwerte)

  Mit einem Lageparameter wird der in einer Merkmalsverteilung "typischste" Wert (Durchschnittswert!) gekennzeichnet! Normalerweise ist das der **arithmetische Mittelwert $\overline{X}$.**

  Der Mittelwert ermöglicht es, die Position mehrerer Merkmalswerte (X_1, X_2, ... Xn) auf einer Merkmalsposition durch einen einzigen Wert zu charakterisieren. Es gilt:

$$X \quad = \quad \frac{1}{n} \sum_{i=1}^{n} X_i$$

$\overline{X}$	=	Mittelwert
Xi	=	Merkmalsträger
n	=	Zahl der Merkmalsträger
Xi	=	1, 5, 6
$\overline{X}$	=	$1/3 \cdot \sum 1 + 5 + 6 = 12/3 = 4$

*   Streuparameter

Streuparameter sagen aus, in welchem Maße Merkmalswerte (Xi) in einer Häufig-keitsverteilung um einen Mittelwert ($\overline{X}$) streuen.

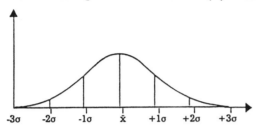

Ein wichtiger Streuparameter ist die **"Varianz"**. Sie ergibt sich aus der Summe der durchschnittlichen quadratischen Abweichungen (Xi - $\overline{X}$)² vom Mittelwert ($\overline{X}$) dividiert durch die Anzahl der Merkmalswerte (n).

Die Formel lautet:

$$\delta^2 = \frac{\sum_{i=1}^{n} (X_i - \overline{X})^2}{n} \qquad \text{Varianz (Grundgesamtheit)}$$

Die Quadratwurzel aus der Varianz wird als **"Standardabweichung"**, Streuung oder mittlere Abweichung bezeichnet. Mit ihrer Hilfe lassen sich Fehler-Intervalle um das arithmetische Mittel ($\overline{X}$) kennzeichnen.

$$\delta = \sqrt{\text{Varianz}} = \sqrt{\frac{\sum_{i=1}^{n} (X_i - \overline{X})^2}{n}} \qquad \text{Standardabweichung (Grundgesamtheit)}$$

Die Streuparameter haben eine große Bedeutung bei den Berechnungen von Häufig-keitsverteilungen vieler Merkmalswerte (in Grundgesamtheiten). Sie haben aber eine besondere Bedeutung bei der Berechnung von Fehlerabweichungen (Abweichungen vom "Wahren Wert") in Stichproben.

2.4.3 Berechnung von Streumaßen in Stichproben

Wie oben schon ausgeführt, unterliegt die Entstehung von Random (Zufalls-) Stichproben der Wahrscheinlichkeitstheorie. Jedes Element der Grundgesamtheit hat eine berechenbare von Null verschiedene Wahrscheinlichkeit, in die Stichprobe zu gelangen. Hierdurch wird es möglich, anhand von Stichprobenwerten innerhalb bestimmter Streubereiche die "Wahren Werte" in der Grundgesamtheit zu bestimmen. D.h. Stichprobenwerte ergeben nie ein 100 % sicheres Ergebnis, wie das in einer Vollerhebung möglich wäre.

Für den Marktforscher ist es deshalb wichtig zu wissen, wie groß die ***Abweichung des Stichprobenergebnisses vom "Wahren Wert" ist!***

Zieht man z.B. eine Stichprobe aus einer recht homogenen Grundgesamtheit, so wird der Stichprobenwert sehr nah beim "Wahren Wert" liegen (z.B. anhand einer Stichprobe von 10 Waschmittelpaketen soll auf das durchschnittliche Füllgewicht aller Pakete ein Loses geschlossen werden).

Ist die Grundgesamtheit sehr groß und heterogen, so werden sich von Stichprobe zu Stichprobe sehr unterschiedliche Werte ergeben, die weit um den "Wahren Wert" streuen werden (z.B. soll durch eine Stichprobe bei 10 Lebensmittelgeschäften auf den Durchschnittsumsatz aller Lebensmittelgeschäfte geschlossen werden).

Im Rahmen von Zufallsstichproben unterscheidet man 2 Fälle:

* ***heterograder Fall:***
   Das zu untersuchende Merkmal ist <u>metrisch skaliert</u> (z.B. Alter, Einkommen, Umsatz, Marktanteil usw.).

* ***homograder Fall:***
   Das zu untersuchende Merkmal ist <u>dichotom</u> (z.B. Geschlecht) oder <u>multichotom</u> (z.B. Familienstand).

Der Zusammenhang zwischen "Wahrem Wert" und Stichprobenergebnis läßt sich am besten an einem Beispiel darstellen:

Aus einer Lotterietrommel mit 10.000 gemischten schwarzen und weißen Kugeln (Grundgesamtheit) sollen mehrere Stichproben (z.B. n = 500) gezogen werden, um den Anteil der weißen Kugeln in der Grundgesamtheit zu bestimmen. Die Ergebnisse der Stichproben werden um einen <u>"Wahren Wert"</u> (z.B. P) streuen, wobei sich spätestens nach n > 30 eine Normalverteilung einstellen wird. Die Häufigkeit der Stichprobenergebnisse wird durch die "Glockenkurve" dokumentiert.

Wir können somit davon ausgehen, daß die Gesamtfläche zwischen x-Achse und der "Glockenkurve" 100 % aller möglichen Stichprobenwerte umfaßt. Der Bereich P ± 1Sp deckt demnach 68,3 % der Gesamtfläche ab (siehe Abb.). Auf die Stichprobe übertragen, bedeutet dies, daß 68,3 % aller denkbaren Stichprobenergebnisse in den <u>Fehlerbereich / Sicherheitsbereich</u> (Vertrauensbereich) P ± 1Sp fallen.

Die Wahrscheinlichkeit / Sicherheit, daß das Ergebnis der Stichprobe in den angegebenen Sicherheitsbereich fällt, läßt sich steigern, wenn der Sicherheitsbereich nach rechts und links erweitert wird. Der Sicherheitsbereich wird um den Faktor t erweitert, d.h. P ± 1Sp x t! Erweitert man z.B. den Sicherheitsbereich um das Doppelte (t = 2), so steigt die Wahrscheinlichkeit, daß die Stichprobenergebnisse in diesen Bereich fallen, auf 95,5 % an.

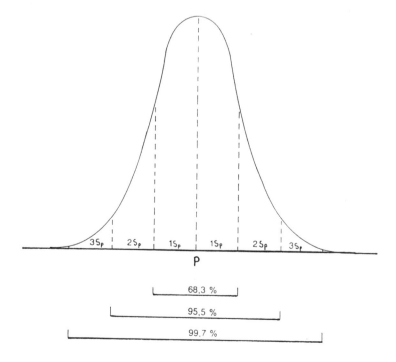

Flächenanteile der Normalverteilung

Damit steht fest, daß den verschiedenen t-Werten (Sicherheitsfaktoren) bestimmte Wahrscheinlichkeiten zugeordnet werden können; dies stellt sich wie folgt dar!

Sicherheitsfaktor t	Vertrauenswahrscheinlichkeit / Sicherheitswahrscheinlichkeit (Signifikanzniveau)
0,67	50,0 %
1,00	68,3 %
1,64	90,0 %
1,96	95,0 %
2,00	95,5 %
2,58	99,0 %
3,00	99,7 %
3,29	99,9 %

Unser Problem besteht nun darin, bei vorgegebenem t (bzw. bei vorgegebener Sicherheitswahrscheinlichkeit) die Abweichung des gefundenen Stichprobenwertes vom "Wahren Wert" zu bestimmen! (Homograder Fall)

In unserem oben genannten Beispiel sind:

p   =   Anteil weißer Kugeln

q   =   Anteil schwarzer Kugeln = (100 - p)

N   =   Grundgesamtheit (10.000)

n   =   Stichprobengröße (500)

P   =   Wahrer Wert

Die Stichprobe hat einen Anteil der weißen Kugeln von 30 % ergeben. **Wie groß ist die Abweichung vom "Wahren Wert"** bei einer 95,5 %-igen Sicherheitswahrscheinlichkeit?

Es gilt die Formel für die Standardabweichung (homograder Fall!):

$$Sp = \sqrt{\frac{p \cdot q}{n}}$$

$$Sp = \sqrt{\frac{30 \cdot 70}{500}} = \sqrt{4,2} = 2,05$$

Für den Fehlerbereich (Sicherheitsbereich) gilt:

$$p - t \cdot Sp = p = p + t \cdot SP$$

$$30 - 2 \cdot 2{,}05 = p = 30 + 2 \cdot 2{,}05$$

$$30 - 4{,}1 = p = 30 + 4{,}1$$

$$25{,}9 = p = 34{,}1$$

D.h. der Anteil der weißen Kugeln befindet sich mit 95,5 %-iger Wahrscheinlichkeit im Bereich zwischen 25,9 % und 34,1 %!

Die Formel für Varianz und Standardabweichung im heterograden Fall (metrische Daten!) lautet:

* **Varianz =** $\quad \delta^2 \; = \; \dfrac{1}{n-1} \cdot \sum\limits_{i=1}^{n} (Xi - \overline{X})^2$

$Xi \quad = \quad$ i ter Stichprobenwert
$\overline{X} \quad = \quad$ arithmetisches Mittel aller Stichprobeneinzelwerte
$n \quad = \quad$ Anzahl der Stichproben (Einzelwerte)

* **Standardabweichung =** $\quad \delta \; = \; \sqrt{\dfrac{1}{n-1} \cdot \sum\limits_{i=1}^{n} (Xi - \overline{X})^2}$

2.4.4 Bestimmung des Stichprobenumfanges

In der Praxis taucht für den Marktforscher vor Beginn einer Untersuchung die Frage auf:

Wie groß muß der Stichprobenumfang (n) sein, wenn ein bestimmter Sicherheitsbereich (Fehlertoleranzbereich) eingehalten werden soll (bei einer vorgegebenen Sicherheitswahrscheinlichkeit)?

Bezeichnet man den größten zulässigen Fehler als e = t • sp, dann gilt:

* beim *homograden* Fall:

$$e = t \cdot \sqrt{\frac{p \cdot q}{n}} \quad (\text{wenn } \frac{n}{N} < 0,05)$$

    durch Umformung

$$n = \frac{t^2 \cdot p \cdot q}{e^2}$$

* beim *heterograden* Fall:

$$n = \frac{t^2 \cdot \delta^2}{e^2}$$

Auswirkungen von *Fehlertoleranz* (e) und *Signifikanzniveau* (t) auf den *Stichprobenumfang* (Beispiel):

Im Rahmen einer Werbeträgeranalyse soll der Bekanntheitsgrad einer Zeitschrift erhoben werden. Das Signifikanzniveau soll 99 % betragen. Die Fehlertoleranz soll nicht größer als ± 3 % sein. Wieviele Stichproben müssen gezogen werden?

p = 50 %
e = 3 %
t = 2,58

$$n = \frac{t^2 \cdot p \cdot q}{e^2} = \frac{2,58^2 \cdot 50 \cdot 50}{3^2} = \underline{\underline{1.849}}$$

Der Umfang der Stichprobe muß in diesem Fall n = 1.849 sein.

Vertrauensbereich bei einem Signifikanzniveau von 68,269 % t = 1

n = Stichprobenumfang
p = Häufigkeit eines Merkmals in der Grundgesamtheit
(in %)

n	50	40	30	25	20	15	10	8	5	2
	50	60	70	75	80	85	90	92	95	98
100	5,00	4,90	4,60	4,33	4,00	3,57	3,00			
150	4,08	4,00	3,76	3,54	3,26	2,91	2,45	2,20		
200	3,55	3,47	3,26	3,07	2,84	2,53	2,13	1,91	1,55	
250	3,16	3,10	2,91	2,75	2,53	2,26	1,90	1,71	1,38	0,89
300	2,90	2,84	2,65	2,50	2,32	2,07	1,74	1,57	1,26	0,81
400	2,50	2,45	2,30	2,16	2,00	1,78	1,50	1,35	1,09	0,70
500	2,24	2,20	2,06	1,94	1,80	1,60	1,34	1,21	0,97	0,63
600	2,05	2,00	1,89	1,78	1,64	1,46	1,23	1,11	0,89	0,57
700	1,89	1,85	1,74	1,64	1,51	1,35	1,13	1,02	0,82	0,53
800	1,77	1,73	1,63	1,53	1,42	1,26	1,06	0,95	0,77	0,50
1.000	1,58	1,55	1,45	1,37	1,26	1,13	0,95	0,85	0,69	0,44
1.200	1,45	1,42	1,33	1,25	1,16	1,03	0,87	0,78	0,63	0,41
1.400	1,35	1,31	1,23	1,16	1,07	0,96	0,81	0,72	0,59	0,38
1.600	1,25	1,22	1,15	1,08	1,00	0,90	0,75	0,68	0,55	0,35
1.800	1,18	1,16	1,09	1,02	0,95	0,84	0,71	0,64	0,51	0,33
2.000	1,12	1,10	1,03	0,97	0,90	0,80	0,67	0,60	0,49	0,31
2.500	1,00	0,98	0,92	0,86	0,80	0,71	0,60	0,54	0,44	0,28
3.000	0,92	0,90	0,84	0,79	0,73	0,65	0,55	0,50	0,40	0,26
4.000	0,79	0,77	0,73	0,69	0,63	0,56	0,47	0,43	0,34	0,22
5.000	0,70	0,69	0,65	0,61	0,56	0,50	0,42	0,38	0,31	0,20
6.000	0,65	0,64	0,60	0,56	0,52	0,46	0,39	0,35	0,28	0,18
7.000	0,60	0,59	0,55	0,52	0,48	0,43	0,36	0,32	0,26	0,17
8.000	0,56	0,55	0,52	0,48	0,45	0,40	0,34	0,30	0,24	0,16
10.000	0,50	0,49	0,46	0,43	0,40	0,36	0,30	0,27	0,22	0,14
15.000	0,41	0,40	0,38	0,35	0,33	0,29	0,24	0,22	0,18	0,11

Vertrauensbereich bei einem Signifikanzniveau von 95,45 %   t = 2

n	50	40	30	25	p 20	15	10	8	5	2
	50	60	70	75	80	85	90	92	95	98
100	10,00	9,80	9,20	8,66	8,00	7,14				
150	8,16	8,00	7,52	7,08	6,52	5,82				
200	7,10	6,94	6,52	6,14	5,68	5,06	4,26			
250	6,62	6,20	5,82	5,50	5,06	4,52	3,80	3,42		
300	5,80	5,68	5,30	5,00	4,64	4,14	3,48	3,14		
400	5,00	4,90	4,60	4,32	4,00	3,56	3,00	2,70	2,18	
500	4,48	4,40	4,12	3,88	3,60	3,20	2,68	2,42	1,94	
600	4,10	4,00	3,78	3,56	3,28	2,92	2,46	2,22	1,78	
700	3,78	3,70	3,48	3,28	3,02	2,70	2,26	2,04	1,64	
800	3,54	3,46	3,26	3,06	2,84	2,52	2,12	1,90	1,54	1,00
1.000	3,16	3,10	2,90	2,64	2,52	2,26	1,90	1,70	1,38	0,88
1.200	2,90	2,84	2,66	2,50	2,32	2,06	1,74	1,56	1,26	0,82
1.400	2,70	2,62	2,46	2,32	2,14	1,92	1,62	1,44	1,18	0,76
1.600	2,50	2,44	2,30	2,16	2,00	1,80	1,50	1,36	1,10	0,70
1.800	2,36	2,32	2,18	2,04	1,90	1,68	1,42	1,28	1,02	0,66
2.000	2,24	2,20	2,06	1,94	1,80	1,60	1,34	1,20	0,98	0,62
2.500	2,00	1,96	1,84	1,72	1,60	1,42	1,20	1,08	0,88	0,56
3.000	1,84	1,80	1,68	1,58	1,46	1,30	1,10	1,00	0,80	0,52
4.000	1,58	1,54	1,46	1,38	1,26	1,12	0,94	0,86	0,68	0,44
5.000	1,40	1,38	1,30	1,22	1,12	1,00	0,84	0,76	0,62	0,40
6.000	1,30	1,28	1,20	1,12	1,04	0,92	0,78	0,70	0,56	0,36
7.000	1,20	1,18	1,10	1,04	0,96	0,86	0,72	0,64	0,52	0,34
8.000	1,12	1,10	1,04	0,96	0,90	0,80	0,68	0,60	0,48	0,32
10.000	1,00	0,98	0,92	0,87	0,80	0,71	0,60	0,54	0,44	0,28
15.000	0,82	0,80	0,75	0,71	0,65	0,58	0,49	0,44	0,36	0,23

NOMOGRAMM

In der Praxis wird statt einer Berechnung häufig das sog. Nomogramm eingesetzt, um den Stichprobenumfang aus Merkmalsanteilswert (p) und Fehlertoleranz (e) zu bestimmen.

Dabei geht man vom angenommenen Merkmalsanteilswert (z.B. p = 20 %) horizontal nach rechts bis zur Stelle, wo sich diese Zeile mit der schrägen Linie der Fehlertoleranz (z.B. e = ± 4 %) kreuzt. Von diesem Schnittpunkt geht es senkrecht nach oben, dort können wir den Stichprobenumfang (z.B. n = 400) ablesen!

(Das dargestellte Nomogramm unterstellt ein Signifikanzniveau von 95,5 %)

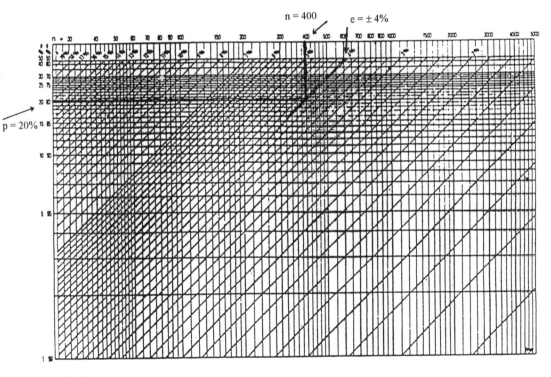

Abb. Nomogramm

3 METHODEN DER INFORMATIONSGEWINNUNG.................................**55**

3 METHODEN DER INFORMATIONSGEWINNUNG

3.1 INFORMATIONSQUELLEN

3.1.1 Vorgehensweise bei der Suche von Informationsquellen

Bei der Anlage eines Marktforschungsprojektes ist zunächst zu klären, aus welchen Informationsquellen Daten geschöpft werden können. Dabei stellt sich die Frage:

* liegen bereits Informationen / Daten vor oder
* müssen Informationen / Daten erhoben werden?

Aus ökonomischen Gründen empfiehlt sich dabei folgende Vorgehensweise:

* zunächst Erfassung und Bewertung von internen und externen Datenquellen
  -> Sekundärforschung
* dann erst Formulierung einer Studie zur Erhebung noch fehlender Informationen
  -> Primärforschung

Wir unterscheiden demnach zwei Informationsquellen:

Sekundärforschung	**Primärforschung**
(desk research)	(field research)
bereits früher	Erhebung
für ähnliche oder	originärer Daten
andere Zwecke	unter festge-
erhobene Daten	legten Zielvorgaben

3.1.2 Sekundärforschung

Unter Sekundärforschung versteht man die Analyse und Auswertung von Daten, die bereits erhoben sind. Da die Informationen bereits vorliegen, ist die Sekundärforschung in der Regel schneller und kostengünstiger als die Primärforschung.

Leider wird dieser Teil der Forschung sehr häufig vernachlässigt oder unterbewertet, obwohl aus dieser Quelle häufig Daten geschöpft werden können, die für viele Entscheidungen ausreichend sind.

Grundsätzlich unterscheiden wir zwischen

- **internen** Datenquellen (z.B. innerbetriebliche Statistiken, Außendienstberichte, Kostenrechnungen usw.)
  oder
- **externen** Datenquellen (z.B. amtliche Statistiken, Veröffentlichungen, Datenbanken usw.)

Überblick über die möglichen **internen** Datenquellen:
* **Umsatz- und Absatzstatistiken**
    - nach Produkten, Produktgruppen
    - nach Kunden
    - nach Verkaufsgebieten
    - nach Distributionswegen
* **Kostenrechnungen**
    - nach Kostenarten
    - nach Kostenstellen
    - nach Deckungsbeiträgen
* **Außendienstberichte**
    - über Besuche
    - über Angebote
    - über Aufträge
* **Statistiken**
    - über Reklamationen
    - über Produktionszahlen
    - über Lagerbestände
* **Marketinginformationssysteme**
    - gespeicherte Daten über Marktgrößen + Entwicklungen
    - Marktanteile
    - Distributionszahlen
    - Werbeaufwendungen
    - Auswertungen aus Primärerhebungen

Überblick über die möglichen *externen* Datenquellen:

* **Amtliche Statistiken**
  - Statistisches Bundesamt
  - Statistische Landesämter
  - Statistische Ämter der Städte
  - Gemeindestatistik
  - Statistiken der Internationalen Behörden / Institution Europäische Gemeinschaft (EG, UNO, GATT, OECD, FAO usw.)

* **Verbandsstatistiken**
  - Bundesverband der Deutschen Industrie (BDI)
  - Centrale Marketing-Gesellschaft der Deutschen Agrarwirtschaft (CMA)
  - Verbände wie VDMA, ZVEI, VDA usw.

* **Statistiken der Industrie- und Handelskammern und Handwerkskammern**

* **Statistiken und Veröffentlichungen der wirtschaftswissenschaftlichen Institute**
  - Ifo-Institut für Wirtschaftsforschung, München
  - Hamburger Weltwirtschaftsarchiv (HWWA)
  - Institut für Weltwirtschaft, Kiel
  - Institut für Handelsforschung an der Universität zu Köln
  - Forschungsstelle für den Handel, Berlin

* **Veröffentlichungen der Verlage in Form von**
  - Fachbüchern
  - Fachzeitschriften
  - Forschungsberichten
  - Mediadaten usw.

* **Veröffentlichungen der Unternehmen**
  - Geschäftsberichte
  - Firmenzeitschriften
  - Kataloge

* **Informationen von**
  - Nachschlagewerken
  - Informationsdiensten
  - Adressenverlagen (Adreßbücher)
  - Auskunfteien usw.

* **Backdaten von Marktforschungsinstituten**
  - GfK / Nielsen Panels
  - Nielsen S + P-Daten

* **Externe Datenbanken**

Vor- und Nachteile der Sekundärforschung

vgl.: Weis / Steinmetz, Marktforschung, Ludwigshafen 1991

Vorteile:	**Nachteile:**
* Schnelle Informationsbeschaffung	* Informationen sind nicht immer genau für das Problem geeignet
* Kostengünstige Informationsbeschaffung	* dauert lange Zeit bis zur Verfügbarkeit
* kann Primärforschung unterstützen	* auch Konkurrenz hat Zugriff darauf
* weist oft die genaueren Werte aus	* Daten sind oft veraltet
* gibt einen schnellen Einblick	

Datenbanken des Hosts "GENIOS-Wirtschaftsdatenbanken"

HB	Handelsblatt
HOP	Hoppenstedt Austria
IFAX	INTERFAX - Nachrichtenagentur
IFO	ifo-Literatur-Datenbank
IFOL	ifo Osteuropa - Dokumentation
IMS	ims - Automotive Update Weekly
INVEST	INVESTEXT/PLUS (Firmen- und Branchenanalysen)
IWH	Institut für Wirtschaftsforschung Halle
KSA	KSA - Brancheninformation
KSV	Kreditschutzverband Austria von 1870 (APA)
LAN	LANOST Länderprofile Ost (APA)
LETF	Firmendatenbank Lettland
LITF	Firmendatenbank Litauen
LPI	Lebensmittel Praxis international
MA	m + a Messe-Planer
MAER	BfAI - Märkte im Ausland
MARK	MarkIntel - internationale Branchenübersichten und Firmenreports
MID	Motor-Informations-Dienst
MTI	MTI - Econews (Meldungen zu Ungarn)
OST	Ost-Datenbank (APA)
PRO	BfAI-Projektfrühinformationen
PROM	PROMT - Predicasts Overview of Markets and Technology
QED	Quest Economics Database
RNS	Russian News Service
SHZ	Schweizer Handelszeitung
SWB	Schweizer Banken/Economic Research
TW	Textil-Wirtschaft
VCA	Creditreform Austria (APA)
VWD	Vereinigte Wirtschaftsdienste
WHO	WHO'S WHO Edition European Business Industry
WSJE	The Wall Street Journal Europe
WW	WirtschaftsWoche

Quelle: *GENIOS-Wirtschaftsdatenbanken (Hrsg.): GENIOS-ASSISTANT für Windows - Das Datenbankenlexikon, Düsseldorf, 2. Halbjahr 1994*

Datenbanken des Hosts "GENIOS-Wirtschaftsdatenbanken"

ADVE	S-Advertise Kooperation
AFP	afp Nachrichtendienst
ANF	BfAI - Auslandsanfragen
APA	Nachrichten und Meldungen der Austria Presse Agentur
ASW	Absatzwirtschaft
AUS	BfAI - Auslandsausschreibungen
BBEF	BBEF - Firmenprofile Handel, Franchise, Filialisten und Versender
BBEO	BBE Firmenprofile Osteuropa
BELO	Belorussian Business Herald, Finvest, Military News Bulletin
BUSI	International Business Opportunities
CFAR	CFAR - Bilanzen und Kennzahlen internationaler Unternehmen
CHB	Schweizerische Banken/Research-Publikationen
CHI	"Chemischen Industrie" mit "Europa Chemie" und "packung & transport"
CID	Computer-Informations-Dienst
COKO	COMDATA - Datenbank für Kommunikation, Marketing, PR und Werbung
CSF	CSF - Firmenprofile tschechoslowakischer Unternehmen
CWD	Chemie-Wirtschafts-Dokumentation
DIWW	DIW-Wochenberichte
DPA	Deutsche Presse Agentur
ESTF	Estland-Firmenprofile
EURO	EURO-Kooperationsbörse
FAKT	Markt- und Wirtschaftsinformationen in Tabellen und Übersichtsartikeln
FAZL	FAZ Informationsdienste - Länderanalysen
GLOB	S-GLOBO-Länderberichte
GLOBAL	Global Scan Firmenprofile weltweit

3.1.3 Primärforschung

Sind die durch Sekundärforschung ausgewerteten Informationen nicht ausreichend, so müssen Daten originär beschafft werden, d.h. noch nicht vorhandene Daten durch Primärforschung erhoben werden.

Bei der Anlage und Konzeption von Primärforschung sind folgende Punkte zu beachten:

- welche Daten werden benötigt (Informationsbedarf)?

- welche Aufgabe soll die Untersuchung erfüllen (Untersuchungsziel)?

- bei welchen Personen / Gruppen sollen die Daten erhoben werden (Zielgruppe)?

- wie groß soll der Kreis der Befragten sein (Stichprobe)?

- mit welcher Methode soll die Erhebung durchgeführt werden (Erhebungsinstrument)?

- wie soll die Untersuchung durchgeführt werden (Feld, Studio, Test)?

- wie oft und wie lange soll die Untersuchung stattfinden (Untersuchungsfrequenz / zeitraum)?

- wie werden die Daten ausgewertet und analysiert (Auswertungstechnik)?

In der Primärforschung sind grundsätzlich drei Erhebungsmethoden üblich:

- Befragung
- Beobachtung
- Experiment / Test

Auf diese Methoden soll im folgenden näher eingegangen werden.

3.2 BEFRAGUNG

Die Befragung ist die mit Abstand wichtigste Erhebungsmethode im Rahmen der Primärforschung. Es handelt sich um eine Erhebungsmethode, bei der man durch mündliche oder schriftliche Fragen und andere Stimuli (z.B. Bildvorlagen) Informationen von ausgewählten Zielgruppen erhalten will.

Je nach Gestaltungsform lassen sich verschiedene Formen der Befragung unterscheiden. Im folgenden sind die wichtigsten aufgeführt.

3.2.1 Formen der Befragung

* *nach der Zielperson / -gruppe:*
    - Einzelpersonen
    - Gruppen
    - Experten
    - Haushalte
    - Unternehmen (Industrie / Dienstleistung)
* *nach der Kommunikationsweise:*
    - mündlich face-to-face
    - mündlich per Telefon
    - schriftlich
    - computer- oder bildschirmgestützt
* *nach der Befragungsart:*
    - direkte Befragung
    - indirekte Befragung
* *nach dem Standardisierungsgrad:*
    - Leitfaden / offenes Gespräch / freies Interview
    - strukturiertes Interview
    - standardisiertes Interview
* *nach der Befragungshäufigkeit:*
    - Einmal- / ad hoc-Befragung
    - Wiederholungsbefragung
    - Panelbefragung
* *nach dem Themenumfang:*
    - Einthemenbefragung
    - Mehrthemenbefragung / Omnibus

3.2.2 Befragungsinstrumente in der Praxis

Ein wesentliches Differenzierungsmerkmal für die Befragung ist die Art und Weise, wie man mit den Befragten / Probanden kommuniziert. Die Art der Kommunikation ist u.a. vom Untersuchungsziel abhängig, d.h. interessieren eher qualitativ subjektive Informationen oder quantitativ objektive Informationen!

Als wichtigste *Kommunikationsformen* bieten sich an:

- qualitativ offenes Interview / psychologische Exploration / Tiefeninterview
- Gruppendiskussion
- standardisiertes Interview (incl. Omnibus)
- schriftliche Befragung
- telefonisches Interview
- computergestütztes Interview
- bildschirmgestütztes Interview

FREIES INTERVIEW / QUALITATIVES/MORPHOLOGISCHES INTERVIEW

ist eine persönliche, mündliche Befragung, bei der seitens des Interviewers die Fragen und -abläufe nicht oder nur ansatzweise vorformuliert sind. Die Durchführung solcher Interviews erfordert eine fundierte Ausbildung der Interviewer (häufig Psychologen). Ziel solcher Interviews ist die Erhebung psychologischer, motivationaler Zusammenhänge.

Einsatzgebiete:
Qualitative Studien im Bereich der Motiv- und Einstellungsforschung. Insbesondere in bezug auf Image, Produktanmutungen, Markenpräferenzen, Kauf- und Verwendungsverhalten usw.! Häufig im Rahmen von sog. Pilot-Studien eingesetzt.

Stichproben:
30 bis ca. 200 Fälle

Vorteile:

optimale Anpassung des Interviewers an die Gesprächsführung

Erfassung spontaner Eindrücke und Hintergrundinformationen

Erarbeitung schwieriger Themenkomplexe

Nachteile:

Interviewereinflüsse in der Gesprächsführung

Probleme bei der Protokollierung

Probleme bei der Auswertung und Typisierung von Ergebnissen

Interpretation der Ergebnisse

E. F. Salcher differenziert das freie Interview in drei Formen, wobei der Grad der Strukturierung von Bedeutung ist:

* _qualitativ-offenes Interview:_
  möglichst "offene Fragen" (unter Nutzung eines "Leitfadens"), kleine Stichprobe, ideal für Pilot-Studien, geschulte Interviewer

* _psychologische Exploration:_
  nur "offene Fragen", Anwendung assoziativer und projektiver Verfahren, kleine Stichprobe, psychologisch geschulte oder ausgebildete Interviewer
  Assoziation:
  Wie stellen Sie sich den Verwender dieses Produktes vor?
  Was fällt Ihnen zum Thema "Müll" spontan ein?
  Projektion:
  Sie sehen hier einige Bildvorlagen von Personen! Welche Eigenschaften würden Sie diesen jeweils zurechnen?
  Hier unterhalten sich zwei Personen miteinander. Bitte geben Sie Ihre Antwort auf die Frage der einen Person (z.B. Personen mit Sprechblasen!)

* _Tiefeninterview:_
  Offenes, intensives Gespräch zwischen Befragten und Interviewer über ein vor-gegebenes Thema. Kleine Stichprobe, psychologisch ausgebildete Interviewer. Interviewer lenkt das Gespräch und hält es in Fluß; der aktive Teil ist der Befrag-te. Die Aussagen des Befragten werden auf Toncassette aufgenommen!
  (hat nichts mit Tiefenpsychologie und Psychoanalyse zu tun; dabei geht es um die Aufdeckung unbewußter Sachverhalte!)

GRUPPENDISKUSSION

ist ein Instrument, mit dem man in relativ kurzer Zeit ein breites Spektrum von Meinungen und Einstellungen über ein Thema bzw. Produkte erheben kann. Möglichst freie Diskussion unter Leitung eines Moderators.

Einsatzgebiete:
als Pilotgespräch zur Themensammlung repräsentativer Untersuchungen
bei heiklen Themen (Politik, Drogen, Hygiene usw.)

Stichprobe:
6 - 10 Personen (plus qualifiziertem Moderator)

Vorteile:
spontane Reaktionen, Erörterung vieler Aspekte, positive Gruppendynamik, Aufzeichnungsmöglichkeiten der Gruppen per Video

Nachteile:
negative Gruppeneffekte (Meinungsführer), Steuerung des Moderators zu intensiv, Gesprächsbarrieren durch situative Elemente

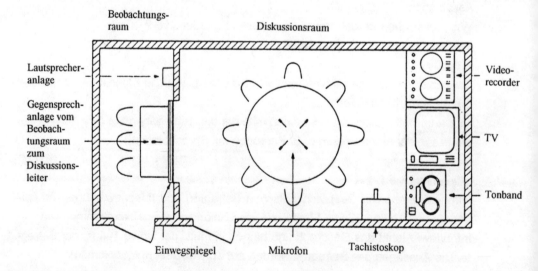

Teststudio für Gruppenexplorationen

STANDARDISIERTES INTERVIEW

ist eine persönliche Befragung (ad-hoc-Befragung) anhand eines schriftlich vorformulierten Fragebogens. Wortlaut, Reihenfolge und Zahl der Fragen sind exakt festgelegt. Der Interviewer ist an Inhalt und Ablauf des Fragebogens gebunden und darf nicht davon abweichen. Diese Art von Interview ist das wichtigste Instrument der Umfrageforschung.

Einsatzgebiete:
insbesondere Repräsentativumfragen mit dem Ziel zeitpunktbezogener Querschnittsinformationen (insbesondere quantitativer Daten)

Stichprobe:
200 bis 20.000 Fälle

Vorteile:
hohe Vergleichbarkeit der Einzelergebnisse der Interviews
leichte Datenerfassung und Auswertung über EDV
je größer der Standardisierungsgrad, desto höher die Reliabilität (Gültigkeit) der Ergebnisse

Nachteile:
Probleme der Fragebogengestaltung
Rolle des Interviewers (Interview-Bias) bei nur teilstrukturierten Fragebögen

OMNIBUSBEFRAGUNG (MEHRTHEMENBEFRAGUNG)

ist eine Sonderform des standardisierten Interviews. Dabei wird ein ausgewählter Personenkreis zu mehreren Untersuchungsthemen befragt.
Wird von den Instituten als ständige Einrichtung zu festgelegten Terminen durchgeführt (siehe Omnibus-Fahrplan der GfK)

Einsatzgebiete:
schnelle, aktuelle ad-hoc-Untersuchungen

Stichproben:
üblicherweise 1.000 bis 2.000 Fälle (kumulierbar)

Vorteile:

relativ kostengünstig

schnelle Vorlage der Ergebnisse

klare Terminierung

keine Lerneffekte durch Themenwechsel

Probleme:

Fragebogenumfang

"Pufferung" der Fragenkomplexe

Omnibus-Termine

Januar bis Juni

	Reg.-Nr.	Red.-Schluß	Befragung	Ergebnisse
	011	02.01.	10.01.–23.01.	12.02.
2000 Männer und Frauen	012	09.01.	17.01.–30.01.	19.02.
1000 Männer und Frauen				
1000 Männer	013	16.01.	24.01.–06.02.	26.02.
1000 Frauen	021	23.01.	31.01.–13.02.	05.03.
	022	30.01.	07.02.–20.02.	12.03.
	023	06.02.	13.02.–26.02.	16.03.
	024	13.02.	21.02.–06.03.	26.03.
Hausfrauen	031	20.02.	01.03.–14.03.	02.04.
Mütter mit Kindern				
PKW-Fahrer	032	28.02.	08.03.–21.03.	10.04.
Raucher	033	06.03.	14.03.–27.03.	18.04.
Hausbesitzer	034	13.03.	21.03.–03.04.	25.04.
Garten-Besitzer	041	20.03.	28.03.–10.04.	03.05.
Heimwerker				
Verwender/Käufer/Besitzer	042	27.03.	04.04.–21.04.	14.05.
bestimmter	043	03.04.	11.04.–28.04.	18.05.
Marken/Produkte/Geräte				
etc.	044	10.04.	19.04.–03.05.	23.05.
	051	18.04.	26.04.–10.05.	31.05.
	052	24.04.	03.05.–16.05.	06.06.
Kinder-Omnibus	053	02.05.	10.05.–23.05.	13.06.
Kinder im Alter von 8 – 15 Jahren	054	08.05.	16.05.–30.05.	20.06.
Senioren-Omnibus				
Personen ab 60 oder 70 Jahren	055	15.05.	23.05.–06.06.	27.06.
Schnelldienst	061	22.05.	31.05.–15.06.	05.07.
Repräsentative Befragungen				
in kürzester Zeit	062	29.05.	07.06.–21.06.	11.07.
	063	05.06.	13.06.–27.06.	17.07.
	064	12.06.	21.06.–04.07.	24.07

SCHRIFTLICHE BEFRAGUNG

Bei der schriftlichen Befragung werden den Auskunftpersonen die Fragen in strukturierter, schriftlicher Form vorgelegt und von diesen schriftlich beantwortet.
Fragebogenversand per Post / persönliche Verteilung / als Beilage z.B. zu Werbemitteln.

Einsatzgebiete:
überall da, wo eine Feldorganisation (Interviewer) nicht zur Verfügung steht oder Feldkosten gespart werden sollen.
Voraussetzung ist, daß die Adressen der Zielpersonen vorliegen (können z.T. über Adreßverlage bezogen werden!)

Stichprobe:
beliebiger Umfang (u.a. abhängig von den Versandkosten)

Vorteile:
geringe Kosten, gute Abdeckung in der Fläche

Nachteile:
geringe Rücklaufquoten,
methodische Probleme bei der Bearbeitung / Beantwortung des Fragebogens (siehe folgende Seite!)

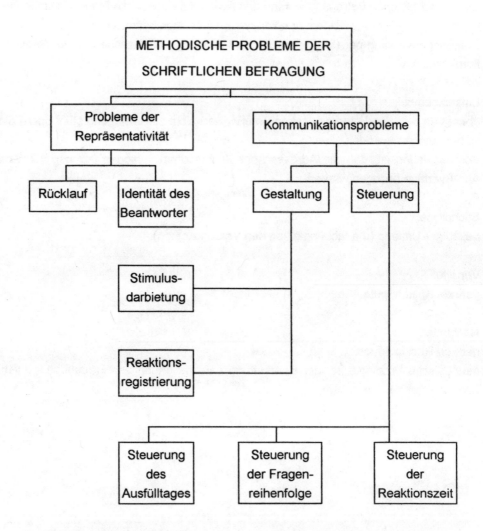

Vgl.: Berekoven u.a., Marktforschung, Wiesbaden 1993

TELEFONBEFRAGUNG

Kontakt zur Auskunftperson wird per Telefon hergestellt und diese dann befragt. Diese Möglichkeit ist gegeben, da über 90 % der deutschen Haushalte ein Telefon besitzen.

Einsatzgebiete:
ähnlich wie beim standardisierten Interview

Stichprobe:
siehe standardisiertes Interview

Vorteile:
schnelle Durchführung
Kontaktierung auch schwieriger Personengruppen
Dialog möglich
geringe Kosten (30 - 80 % weniger als face to face-Interview)
kann durch Computer gestützt werden (Cati-System)

Nachteile:
Begrenzung der Gespräche in der Regel auf ca. 20 Minuten!
keine Vorlage von Bildmaterial möglich
schwieriges Handling bei Skalierungen
Situations-Reaktionen nicht erfaßbar

COMPUTERGESTÜTZTE DATENERHEBUNGSSYSTEME

Mit Hilfe von Computern soll der Befragungs- und Auswertungsaufwand reduziert werden. Dies geschieht durch Unterstützung des Interviewers mittels Bildschirmmaske und Eingabetastatur oder durch direkte Eingabe der Antworten durch den Befragten in den Computer.
Man unterscheidet zwischen computergestützten Befragungssystemen (CBS) und Bildschirmbefragungssystemen (BBS).

Einsatzgebiete:
insbesondere standardisierte Umfragen

Stichprobe:
beliebig großer Umfang

Vorteile:

schnelle Erfassung

keine Übertragungsfehler

schnelle Auswertung

Kostenreduzierung

Nachteile:

Erhebung situativer und qualitativer Aspekte häufig unmöglich

Schwierigkeiten bei der Abfrage von Vorlagen

Begrenzung der Befragungszeit

COMPUTERGESTÜTZTE BEFRAGUNGSSYSTEME (CBS)

(Interviewer notwendig!)

* **Simultane Mehrpersonenbefragung:**

   In einem Studio werden meherere Personen durch einen Interviewer befragt. Die Antworten werden von den Befragten über eine Eingabetastatur (numerisch) direkt in den Computer eingegeben.

* **Unabhängige Mehrpersonenbefragung:**

   Die Befragten werden gleichzeitig in verschiedenen Kabinen voneinander getrennt befragt. Der Interviewer liest die Fragen vor, der Befragte oder der Interviewer geben die Antworten per Tastatur in den Computer ein.

* **Mobiles Datenerfassungssystem (Modag):**

   Die Befragten werden in ihrer natürlichen Umgebung vom Interviewer mit Hilfe eines Laptops befragt. Die Fragen erscheinen auf dem Bildschirm, die Antworten werden in den Computer direkt eingegeben. Die Auswertung der Disketten erfolgt im Institut.

* **Computergestützte Telefoninterviews (CATI):**

   Die z.Zt. am stärksten in Entwicklung begriffene Erhebungsmethode, bei der die Telefoninterviewer durch einen Computer in ihrer Arbeit unterstützt werden. Der gesamte Interviewablauf (Computer Assisted Telephone Interviewing) wird interaktiv gesteuert; d.h. Telefonregister, Selbstwählautomatik, Fragebogenmasken per Bildschirm, Dateneingabe per Lichtgriffel, sofortige Auswertung stehen dem Interviewer zur Nutzung zur Verfügung (siehe Darstellung nächste Seite!)

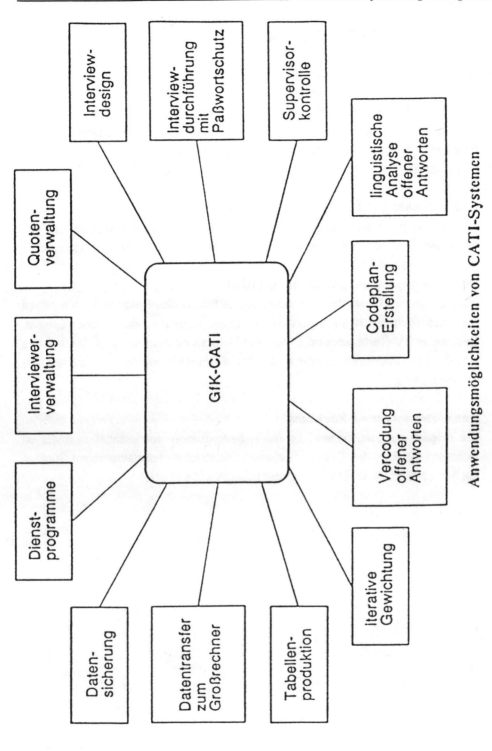

Anwendungsmöglichkeiten von CATI-Systemen

Quelle: Berekoven/Eckert/Ellenrieder, Marktforschung, Wiesbaden 1993

BILDSCHIRMBEFRAGUNGSSYSTEME (BBS)
(kein Interviewer nötig!)

*   ***Befragung mittels Videobildschirm***

    Die Fragen werden dem Befragten per Videobildschirm zugespielt. Es findet, wie auch bei den folgenden Verfahren, ein reiner "Mensch-Maschine-Dialog" statt. Die Probanden geben die Antworten mittels einer einfachen Eingabetastatur in den Computer ein.

*   ***Computerbefragung i. e. Sinn***

    Hier werden die Fragen über den Bildschirm des Computers zugespielt und die Antworten über die alphanumerische Tastatur des Computers direkt eingegeben.

*   ***Online-Befragung per Bildschirmtext (Btx)***

    Nur möglich mit Haushalten, die Btx-Anschluß haben. Der Datenaustausch erfolgt über das Fernsprechnetz zwischen befragtem Haushalt und Institut (Spezial-Decoder im TV-Gerät eingebaut, der eine Verbindung zum Rechner des Instituts schafft). Die Dateneingabe erfolgt über die Fernbedienung (numerisch) der TV-Fernbedienung.

*   ***Online-Befragung mit Rückkanal***

    Nur möglich mit Haushalten, die mit Kabelfernsehen ausgestattet sind. Es ist technisch möglich, den Dialog über einen zusätzlichen schmalbandigen Rückkanal herzustellen. Ansonsten erfolgt der Dialog wie beim Btx!

Vor- und Nachteile computergestützter Befragungssysteme gegenüber den herkömmlichen Befragungsmethoden
(entnommen aus: Berekoven u.a., Marktforschung, Wiesbaden 1993)

Vorteile

* Zeit- und Kostenersparnis durch Wegfall der Datenübertragung

* Einsparung von Personalkosten bei der Datenerhebung, da bei vollstandardisierten Fragen weniger Interviewer benötigt werden

* Unmittelbare, integrierte Auswertung der Befragungen

* Frühzeitige Abbruchmöglichkeit bei Untersuchungen durch zwischenzeitliche Signifikanzprüfungen

* Sichere Datenerfassung (keine Übertragungsfehler vom Fragebogen auf die Datenträger)

* Minimierung des Interviewer-Bias

* Ständige Plausibilitätskontrollen der Eingabedaten

* Möglichkeit des synchronen Anschlusses anderer Testsystem (z.B. Blickregistrierung, Hautwiderstandsmessung)

Nachteile

* Relativ hohe Investitionskosten

* Bislang nur wenig Software erhältlich

* Programmieraufwand entsteht bei jedem zu erstellenden Fragebogen

* Eingeschränkte Untersuchungsmöglichkeiten durch weitgehende Beschränkung auf standardisierte Fragen

* Noch nicht hinreichend gesichert

* Validität der Ergebnisse bisher durchgeführter Untersuchungen

* Eingeschränkte Möglichkeit der Vorlage von Bildern und Skalen

* Derzeit noch eingeschränkte Repräsentanz aufgrund geringer Verbreitung von Kabel und Fax

3.2.3 Frageformen

Bevor ein Fragebogen gestaltet werden kann, muß eine Entscheidung darüber gefällt werden, mit welcher Form von Fragen man den Untersuchungsinhalt erheben will. Die Wahl der richtigen Frageform hängt vom Untersuchungszweck ab (stehen z.B. eher qualitative oder quantitative Sachverhalte zur Untersuchung an).

Grundsätzlich können wir 2 Gruppen von Frageformen unterscheiden;
entweder es steht die **Fragemethode** oder die **Befragungssteuerung** im Vordergrund.

* **Fragemethode steht im Vordergrund**

- *Offene Fragen:*
  sehen keine feste Antwortvorgabe vor, der Befragte antwortet nach eigenem Verständnis, der Interviewer notiert möglichst wörtlich mit. Beispiel:
  Was sind die wichtigsten Gründe zum Kauf der Marke X?

- *Geschlossene Fragen:*
  Antwortkategorien sind vorgesehen. Dabei gibt es verschiedene Möglichkeiten

  ° ja/nein-Frage:
  Sind Sie Käufer der Marke X?

  ° Alternativ-Frage:
  Aus welchen Gründen kaufen Sie die Marke X, wegen des Preises, der Aufmachung, des Images, der Produkteigenschaften?

  ° Skala-Frage:
  Ist der Preis der Marke X: zu hoch, angemessen, zu niedrig? (Einstufung der graduellen Ausprägung)

  ° Rangfolge-Frage:
  Welche drei Marken finden Sie persönlich auf der folgenden Liste am attraktivsten?

- *direkte Fragen:*

  lassen unmittelbar auf den interessierenden Sachverhalt schließen! Beispiel: Sind Sie Wähler der Republikaner?

- *indirekte Fragen:*

  vordergründig kein erkennbarer Zusammenhang mit dem interessierenden Sachverhalt! Angebracht bei Prestige-, Tabu-, Geheimhaltungsthemen.
  Beispiel:
  In den letzten Jahren sind neue Parteien entstanden, welche sind Ihnen bekannt und was halten Sie davon?

- *projektive Fragen: (z.B. Bilder- / Vorlagentest, Ballontest, Cartoon-Test)*

  versuchen, nicht direkt zugängliche Sachverhalte zu erheben!
  Beispiel:
  Sie sehen hier verschiedene Wohnzimmerausstattungen von deutschen Haushalten. Was glauben Sie, wer wohnt da? Was sind das für Leute?

- *asssoziative Fragen:*

  versuchen spontan, qualitative Sachverhalte zu erheben!
  Beispiel:
  Wenn Sie das Wort "Arbeitslosigkeit" hören, was fällt Ihnen spontan dazu alles ein?

* **Befragungssteuerung steht im Vordergrund**

- *Kontakt- und Eisbrecherfragen:*

  stehen am Anfang des Interviews und sollen in das Thema einführen und ein angenehmes Gesprächsklima schaffen. Möglichst einfache Fragestellungen!

- *Sachfragen:*

  dienen der Erhebung des eigentlichen Untersuchungsinhaltes

- *Übergangsfragen:*

  leiten von einem Thema zu einem anderen Thema über, z.B. bei Mehrthemenbefragungen (Omnibus)

- *Ablenkungs- oder Pufferfragen:*

  sollen vom bisherigen Thema wegführen, um z.B. Lern- und Ausstrahlungseffekte zu vermeiden (speziell bei Mehrthemenbefragungen)

- *Motivationsfragen:*

  sollen die Auskunftswilligkeit erhöhen und evtl. Hemmungen abbauen

- *Kontrollfragen:*

  sollen klären, ob die gestellten Fragen wahrheitsgemäß beantwortet werden

- *Filterfragen:*

  dienen der Steuerung der Befragungspersonen; je nach Relevanz werden Personen im Interview bei bestimmten Fragen "ausgeklinkt" oder wieder "eingeklinkt"

- *Fragen zur Person / Statistik:*

  dienen am Ende des Interviews der Erhebung demografischer Daten der befragten Gruppe / des Interviewten

3.2.4 Frageformulierung

Neben der Wahl der Frageform kommt der Formulierung der Fragen eine besondere Bedeutung zu. Der Marktforschung wird häufig der Vorwurf gemacht, sie befrage "auftraggeber-bezogen" bzw. "nach dem jeweiligen Standpunkt des Projektleiters". Mit anderen Worten: Man könne durch die Fragestellung jedes Ergebnis erzielen!

Dieser Eindruck entspricht nicht der Zielsetzung einer objektiven Marktforschung.

Es müssen deshalb bei der Frageformulierung 3 Voraussetzungen erfüllt werden:

- *Einfachheit* der Fragen:

  unmittelbar verständliche und klare Fragen, dem sprachlichen und intellektuellen Niveau der Befragten angepaßt; keine Fremdwörter, Abkürzungen und nicht geläufige Wörter!
  falsch:
  Was meinen Sie, welche Zielsetzung verfolgt die OECD in Phasen der Rezession?

- *Eindeutigkeit* der Fragen:

  Fragen mit eindeutiger Antwortmöglichkeit, die Mißverständnisse ausschließen und von jedem Befragten in gleicher Weise verstanden werden.
  falsch:
  Wie geht es Ihnen derzeit? (kann sich auf die Gesundheit, die finanzielle oder berufliche Lage beziehen)

- *Neutralität* der Fragen:

  keine Beeinflussung der Befragten durch suggestive und hypothetische Fragen oder Fragen mit tendenziösem Charakter.
  falsch:
  Welche Einstellung haben Sie als moderne Frau zum Thema "Abtreibung"?

3.2.5 Skalierungsformen

Insbesondere bei qualitativen Untersuchungen (Motiv- und Einstellungsforschung) spielen *Skalen* bei der Erhebung von Tatbeständen und Meinungen eine besondere Rolle. Skalen dienen der Klassifizierung, Einstufung von graduellen Ausprägungen und Intensitäten. Sachverhalte (insbesondere Einstellungen) werden "meßbar" gemacht.

Eine besondere Bedeutung kommt dabei den sog. *"Rating-Skalen"* zu, mit denen die befragten Personen in Form der *Selbsteinstufung* ihre Einstellung zu einem Meinungsgegenstand angeben können. Dabei kann der Maßstab numerischer, verbaler oder grafischer Form sein. Rating-Skalen sind zunächst Ordinalskalen, werden aber wie Intervallskalen verwendet, da man eine Gleichabständigkeit der Skalenstufen unterstellt. Dies erhöht die einfache Anwendbarkeit der Skalen in der Praxis.

Je nach Meßniveau lassen sich *4 Skalentypen* unterscheiden, die eine hierarchische Ordnung haben. Mit zunehmendem Meßniveau wachsen Aussagekraft und Informationsgehalt der Daten.

* **Nominalskala:** (nicht metrisch)
  dient lediglich der Klassifikation von Untersuchungsgegenständen
  z.B. Führerscheinklassen, Steuerklassen, Handelstypen, Postleitzahlen usw.
  (statistische Maßzahlen = Häufigkeit / Modalwert)
* **Ordinal- / Rangskala:** (nicht metrisch)
  dient der Klassifizierung von Merkmalen im Sinne einer objektiven oder subjektiven Rangstufung, ohne das Ausmaß der Stufungen zu definieren,
  z.B. Schulnoten, Richtersche Erdbebenskala usw. (statistische Maßzahlen = zusätzlich Median, Prozentrangwerte)
* **Intervallskala:** (metrisch)
  dient der Klassifizierung von Merkmalen nach Rangstufungen, wobei die Rangstufen gleichabständig sind. Sie weist aber keinen absoluten Nullpunkt auf,
  z.B. Intelligenzquotienten, Kalenderzeiten, Temperaturskala usw. (statistische Maßzahlen = zusätzlich arithmetisches Mittel, Standardabweichung)
* **Ratio- oder Verhältnisskala:** (metrisch)
  dient der Klassifizierung von Merkmalen bei Gleichabständigkeit der Skalenpunkte und definiertem absoluten Nullpunkt,
  z.B. Gewichtsskalen, Längenmaße, Geschwindigkeitsskalen usw. (statistische Maßzahlen = zusätzlich geometrisches Mittel, Variationskoeffizient)

Darstellungsformen von Skalen

Die Darstellung von Skalen (hier insbesondere der Rating-Skalen) ist vom Untersu-chungszweck und der Art des gewählten Maßstabes abhängig. Auf der folgenden Seite sind einige Darstellungsformen gezeigt:

-   reines Kontinuum
-   monopolare Skale
-   bipolare Skala
-   grafische Skala
-   verbale Skala
-   numerische Skala
-   Skalometer
-   kombinierte Formen

Merke:

Die Gleichabständigkeit der Rating-Skalen ist gewissermaßen künstlich hergestellt, so daß die Skalen wie Intervallskalen genutzt werden können.

Im allgemeinen werden 4 bis 7 Skalenstufen vorgegeben, um das Diskriminationsver-mögen der Befragten nicht zu überfordern.

Probleme der Anwendung von Skalen liegen in der Neigung der Befragten, entweder Extremwerte oder mittlere Werte (Tendenz zur Mitte) anzugeben. Außerdem werden die Befragten zur Einstufung gewissermaßen gezwungen (forciertes Rating), da eine Kategorie "weiß nicht / keine Antwort" nicht vorgesehen ist.

Beispiele für in der Marktforschung verwendete Rating-Skalen

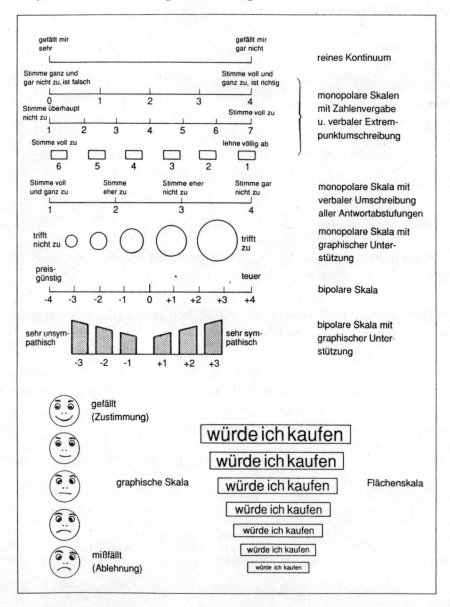

Quelle: Berekoven, Eckert, Ellenrieder: Marktforschung
Wiesbaden 1993

3.2.6 Interviewer und Befragungsumfeld

Obwohl durch die Gestaltung des Fragebogens (insbesondere beim standardisierten Interview) eine Vereinheitlichung und Objektivierung der Befragung herbeigeführt werden soll, wird in der Praxis die Interviewsituation durch zwei Aspekte beeinflußt:

- die soziale Interaktion von Interviewer und Befragtem
- die vorherrschenden situativen Einflüsse des Umfeldes

Der Kommunikationsprozeß zwischen Interviewer und Befragtem führt zu einem sozialen Prozeß (Rollenspiel), bei dem von beiden Teilen Wirkungen (Interview-Bias) ausgehen können, die Einfluß auf das Interview nehmen (z.B. Sympathie, Ablehnung, Statusprobleme, Bildungsgrad usw.). Aufgabe des Marktforschers ist es, diesen Interaktionsprozeß im Sinne der Befragung ergebnisneutral zu gestalten (z.B. durch Schulung und Auswahl der Interviewer).

Auch das Befragungsumfeld spielt im Interview eine Rolle, z.B. Tageszeit, Befragungsort, Anwesenheit Dritter, häusliche Situation usw.! Auch diese Einflußfaktoren sind möglichst ergebnisneutral zu gestalten (siehe Abb. folgende Seite).

Fehlerquellen aufgrund der Interviewer-Befragten Beziehung

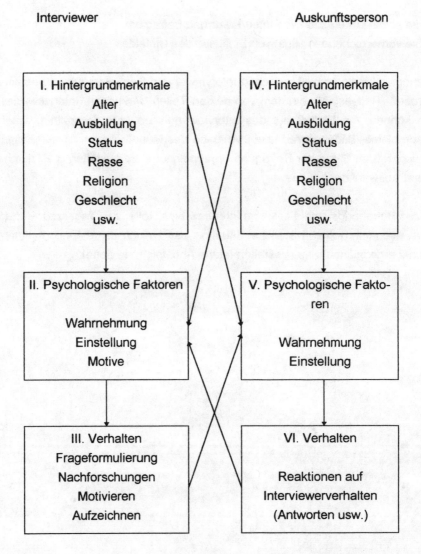

Interviewer

Auskunftsperson

I. Hintergrundmerkmale
Alter
Ausbildung
Status
Rasse
Religion
Geschlecht
usw.

IV. Hintergrundmerkmale
Alter
Ausbildung
Status
Rasse
Religion
Geschlecht
usw.

II. Psychologische Faktoren

Wahrnehmung
Einstellung
Motive

V. Psychologische Fakto-
ren

Wahrnehmung
Einstellung

III. Verhalten
Frageformulierung
Nachforschungen
Motivieren
Aufzeichnen

VI. Verhalten

Reaktionen auf
Interviewerverhalten
(Antworten usw.)

Quelle: Böhler, H.: Marktforschung, Stuttgart 1992

3.2.7 Fragebogenentwicklung

Der Entwicklung des Fragebogens kommt bei der Befragung eine zentrale Bedeutung zu.

Es ist deshalb notwendig, sehr exakt und sorgfältig vorzugehen. Das folgende Schema soll Hinweise geben, in welchen Schritten der Aufbau eines Fragebogens erfolgen sollte.

Phasen der Fragebogen-entwicklung	Gesichtspunkte/Kriterien
(1) Präzisierung, Einengung des Themas, Klärung der zu erfragenden Inhalte, geordnet nach ihrer Bedeutsamkeit. Aufstellung von Hypothesen	○ Entscheidungen über Ausmaß der Standardisierung; ob schriftliche oder mündliche Befragung (Interview) ○ Analyse der Literatur zum Thema ○ Entscheidung über Gruppen, die befragt werden sollen ○ Intensives Erfragen eines Bereichs oder oberflächliches Abfragen verschiedener Bereiche
(2) Formulierung von Fragen zu den interessierenden Bereichen / zu den Hypothesen	○ Balance der Fragen, Konkretheit, Verständlichkeit, Eindeutigkeit ○ Trennung von unabhängigen und abhängigen Variablen ○ Mischung geschlossener und offener Fragen (Adressatenkreis, Monotonie des Fragebogens, Präzision und objektive Auswertbarkeit der Fragen)
(3) Ordnung der Fragen in eine Reihenfolge	○ Einleitung: Allgemeine Information, Motivierung, Zusicherung der Anonymität ○ Aufwärmfragen ○ Peinliche Fragen nicht an den Anfang ○ Abhängigkeit vom Fragekontext: Kontrollgruppen
(4) Überprüfung des Frage-bogens	○ Vortest an ca. 20 Befragten ○ Fragen nach Unebenheiten der Frage-formulierung ○ Statistische Auswertung (wenn nur eine Antwort auf eine Frage vorkommt, dann ist die Frage nicht informativ)
(5) Vorbereitung der Haupt-untersuchung: Interviewer-schulung und Auswahl der Stichprobe	○ Versuchsplanung: Ist eine Variation der unabhängigen Variablen durch die Auswahl der Stichprobe möglich? ○ Interviewerschulung ○ Organisation von Adressenlisten usw.

Quelle: Wellenreuther, 1982, S. 179

3.3 BEOBACHTUNG

Die Beobachtung ist nach der Befragung die zweite wichtige Erhebungsmethode.

3.3.1 Wesen der Beobachtung

Die Beobachtung läßt sich wie folgt definieren:
Sie ist die zielgerichtete und planmäßige Erfassung / Registrierung von wahrnehmbaren Sachverhalten durch Personen und / oder Geräten / Apparaten, wobei sich der Beobachter rezeptiv verhält.

3.3.2 Formen der Beobachtung

Man kann verschiedene Beobachtungssituationen unterscheiden nach den Kriterien
*   Durchschaubarkeit der Beobachtungssituation
*   Strukturierungsgrad und
*   Partizipationsgrad des Beobachters

Durchschaubarkeit der Beobachtungssituation
Je nach dem Grad der Durchschaubarkeit der Beobachtungssituation für den Beobachteten kann man zwischen offener und verdeckter Beobachtung unterscheiden. Es gibt vier typische Situationen (siehe auch Abb. folgende Seite)
*   **biotische** Situation:
        völlige Unkenntnis des Beobachteten über seine Versuchssituation, seine Aufgabe und den Untersuchungszweck. Idealsituation für die Marktforschung, da sich die Versuchsperson völlig "normal" verhält (aber: Datenschutz!).
*   **quasi-biotische** Situation:
        Die beobachtete Person erkennt die Versuchssituation, weiß aber nichts über Aufgabe und Zweck der Untersuchung.
*   **nicht durchschaubare** Situation:
        Die Versuchsperson ist über die Versuchssituation und ihre Aufgabe (z.B. Auswahl von Produkten) aufgeklärt, sie weiß aber nichts über den Zweck der Untersuchung.
*   **offene** Situation
        Die Versuchsperson ist über alle Aspekte der Untersuchung aufgeklärt (Vorsicht: "Beobachtungseffekt"!)

Bewußtseins-grad \ Benennung der Situation	Wissen um den Versuchs-zweck (graduell)	Wissen um die ("eigent-liche") Aufgabe	Wissen um die Versuchs-situation
Offene Situation	+	+	+
Nicht-durchschaubare Situation	−	+	+
Quasi-biotische Situation	−	−	+
(Voll-) biotische Situation	−	−	−

Untersuchungssituationen im Rahmen der Beobachtung

Quelle: Berekoven, Eckert, Ellenrieder: Marktforschung, Wiesbaden 1993

Strukturierungsgrad

Man kann zwischen **standardisierter** und **nicht standardisierter** Beobachtung unterscheiden. Standardisierung bedeutet Vereinheitlichung der Beobachtungssituation im
Hinblick auf Anlage, Inhalt, Personen, Art der Aufzeichnung nach einem vorab festgelegten Schema! Die nicht standardisierte Beobachtung eignet sich für komplexe Themen, die noch wenig bekannt sind.

Partizipationsgrad des Beobachters

Man unterscheidet zwischen **teilnehmender** und **nicht teilnehmender** Beobachtung,
je nachdem, ob der Beobachter direkt aktiv an der Beobachtungssituation teilnimmt
oder im Hintergrund bleibt und für die Versuchsperson unerkannt bleibt. Aus Gründen
einer möglichen Einflußnahme des Beobachters auf die Beobachtungssituation bevorzugt man in der Marktforschung die nicht teilnehmende Beobachtung!

3.3.3 Anwendungsbereiche und Methoden der Beobachtung

Es gibt drei Bereiche, in denen die Beobachtung des öfteren eingesetzt wird:

* in der **Handels-** und **Kaufverhaltensforschung**:
    - Kundenbeobachtungen
    - Kundenfrequenzmessungen
    - Kundenlaufstudien
    - Testkäufe
    - usw.

* in der **Werbeforschung**:
    - Blickregistrierungen
    - Messung von Körper-Reaktionen auf Wahrnehmungsreize
    - usw.

* in der **Fernsehforschung**:
    - GfK-Meter

Beobachtungsmethoden in der Handels- und Kaufverhaltensforschung

* **Käuferfrequenz-** und **Passantenstrommessungen**:
  wird in der Regel bei Standortanalysen eingesetzt, um die Zahl der potentiellen Käufer und der aktuellen Käufer zu messen (Bestimmung des Käuferpotentials).

* **Kundenlaufstudien**:
  wird zur Beurteilung der Nutzung von Abteilungen durch die Kunden eingesetzt. Wie bewegen sich die Kunden im Testgeschäft; welche Abteilungen werden stark, welche schwach besucht; in welcher Reihenfolge werden die Abteilungen besucht?

* **Kaufverhaltensbeobachtung**:
  Die Käufer werden beim Einkaufsakt am Regal beobachtet. Wie wird ausgewählt? Wie schnell geht die Auswahl vonstatten? Welche Reaktionen zeigen die Käufer (speziell bei neuen Produkten)? Beobachtung per Kamera.

* **Verwendungsbeobachtung**:
  Handhabungsgewohnheiten bei Produkten in bezug auf Verpackungen und Produktfunktionen. Überprüfung im Studio mit Einwegscheiben.

Beobachtungsmethoden in der Werbeforschung

In erster Linie dienen die hier eingesetzten Beobachtungsverfahren der Erfassung der Informationsaufnahme. Was wird wahrgenommen, wie wird es wahrgenommen?

* **Blickregistrierung mit NAC-Brille**: (eye mark recorder)
  Erfassung des Blickverlaufes durch eine Spezialbrille, die die Bewegungen des Auges festhält und sichtbar macht. Die Augenbewegungen werden durch einen Infrarotstrahl, der auf die Pupille gerichtet ist und als Reflex von einer Optik aufgenommen wird, erfaßt. Eine zweite Optik, die nach vorne gerichtet ist, erfaßt das Blickfeld der Vpn (siehe Schautafeln!).

*   **Compagnon-Verfahren**:
Der Blickverlauf der Vpn. wird in quasi-biotischer Situation durch eine Kamera erfaßt, die versteckt über einem Spiegeltisch angebracht ist (in einer Leselampe). Die spiegelnde Tischfläche ermöglicht die simultane Aufnahme der Anzeigenseite und Augenbewegungen der Vpn.

*   **Mannheimer Verfahren**: (Institut für Marktpsychologie)
Arbeitet ähnlich wie das Compagnon-Verfahren, allerdings mit einem schräg geneigten und verspiegelten Lesepult.

(siehe insbesondere Kapitel 4, 3. = Werbewirkungsforschung)

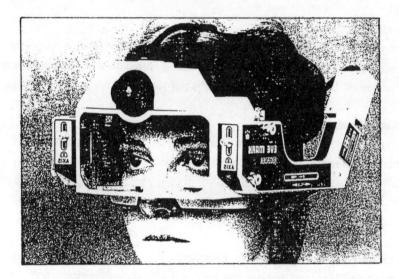

Funktion der NAC III -Brille (Eye-Mark-Recorder)

In zweiter Linie werden **Reaktionen** gemessen, die durch Werbung ausgelöst werden (Affektionen, Emotionen, Körperreaktionen).

* **Pupillometer:**
  Die Änderung des Pupillendurchmessers läßt Rückschlüsse zu auf den Reiz, den z.B. eine Anzeige ausgelöst hat. Dazu wird eine Spezialbrille eingesetzt.

* **Hautreaktionen:**
  Es wird gemessen, wie sich der Hautwiderstand aufgrund eines Reizes ändert; durch Messung der elektrodermalen Reaktion (EDR) oder der psychogalvanischen Reaktion (PGR).

* **Thermographie:**
  Messung der Veränderung der Körpertemperatur aufgrund eines Reizes. Die Infrarotabstrahlung des Körpers wird mit einer Spezialkamera sichtbar gemacht.

* **Tachistoskop:**
  Messung der Aktualgenese durch Kurzzeitexpositionen von Anzeigen und Produkten (per Elektronenblitz).

* **Mimikbeobachtung:**
  Mit der FAST-Methode (Facial-Affect-Scanning) wird fortlaufend das Ausdrucksverhalten des Gesichtes (Augenbrauen, Augen, Stirn, Mund, Nase usw.) bei Vorlage von emotionalen Reizen photografiert und ausgewertet. Emotionskategorien werden in einem "FAST-Gesichtsatlas" zusammengestellt.

Fernsehforschung

Es wird in erster Linie das Nutzungsverhalten der TV-Zuschauer in bezug auf die verschiedenen Programme beobachtet und gemessen. Die öffentlich-rechtlichen und die Privaten TV-Sender haben die Gesellschaft für Konsum-, Markt- und Absatzforschung (GfK-Nürnberg) mit der Durchführung beauftragt (seit 1985).

Dazu dient das sog. **"GfK-Meter"**, ein Gerät, das die Ein- und Ausschaltvorgänge von Panelhaushalten registriert (Modem) und an die GfK per Telefonleitung weitergibt.

Erfaßt wird außerdem die Nutzung von Videorecordern, Telespielen, Videotext und Btx. Die Daten werden für die Mediaplanung zur Verfügung gestellt.

Die auf diese Weise gemessenen Werbeträger- bzw. Werbemittelkontakte, die der Berechnung der Reichweiten der TV-Programme dienen, haben den Nachteil, daß sie zwar Ein- und Ausschaltvorgänge messen, nicht aber das aktive gerichtete Zusehen des einzelnen TV-Zuschauers.

(siehe insbesondere Kapitel 4, 5. = Mediaforschung)

3.3.4 Grenzen der Beobachtung

-   die Beobachtung beschränkt sich auf äußerlich wahrnehmbare Sachverhalte

-   viele interessierende Situationen sind praktisch einer Beobachtung unzugänglich

-   Abläufe können nur zum Zeitpunkt ihres Auftretens beobachtet werden

-   der Beobachtungsprozeß unterliegt erhebungstechnisch vielfach engen zeitlichen Grenzen

-   der Beobachter ist häufig durch die Vielzahl der Erfassungspunkte überfordert bzw. "übersieht" Vorgänge aufgrund seiner selektiven Wahrnehmung

3.4 EXPERIMENT / TEST

Das Experiment bzw. der Test ist die dritte wichtige Erhebungsmethode zur Informationsgewinnung. Ob es sich hierbei um eine eigenständige Erhebungsmethode handelt, ist zweifelhaft, da auch hier im Prinzip nur beobachtet oder befragt werden kann. Der Unterschied zu den vorher dargestellten Methoden liegt in der Konstellation der Versuchsanordnung.

3.4.1 Wesen und Ziel von Experimenten

Ein Experiment dient der Überprüfung eines Kausalzusammenhanges zwischen zwei oder mehreren Faktoren *unter a priori genau festgelegten und kontrollierbaren Bedingungen*, die unerwünschte Störfaktoren ausschließen.

Das entscheidende Wesensmerkmal des Experimentes liegt (im einfachsten Fall) in der *isolierten Veränderung eines Faktors und seiner Auswirkung auf einen anderen Faktor.* Auf diese Weise soll die Wirkung eines unabhängigen Faktors auf eine abhängige Variable gemessen werden.

Z.B. wie wirkt sich die Veränderung des Preises (unabhängige Variable) auf den Abverkauf eines Produktes (abhängige Variable) aus?

3.4.2 Kontrolle "externer" Störvariablen

Um nicht-beeinflußbare Variablen, die als Störgrößen auftreten können, kontrollierbar zu machen (z.B. demografische Daten, Konkurrenzaktivitäten usw.), werden folgende Techniken angewendet:

* **Konstanthaltung:**
  Die Störvariable wird durch Konstanthaltung eliminiert. Beispiel: das Geschlecht könnte eine Störvariable bei der Beurteilung von Werbung sein. Lösung: Es werden nur Frauen oder nur Männer befragt, d.h. die Testgruppe ist bezüglich der Störvariablen *homogen!*

* **Einbau ins Design:**
  Die Störvariable wird als unabhängige Variable in die Versuchsanordnung eingebaut. Beispiel: das Geschlecht könnte eine Störvariable bei der Beurteilung von Werbung sein. Lösung: Die Testvarianten werden sowohl einer Frauen- wie einer Männergruppe wechselweise vorgelegt und die Gruppenergebnisse verglichen, bevor man zu einem Gesamtergebnis kommt.

* **Matching:**
  Im Rahmen des Matching-Verfahrens wird versucht, den Einfluß der Störvariablen (z.B. Umsatzgröße von Handelsbetrieben) dadurch zu eliminieren, indem alle Testgruppen (Experimental- und Kontrollgruppen) *strukturgleich* bezüglich des Kriteriums "Umsatzgröße" aufgebaut werden.

* **Randomisierung:**
  Die Störvariable entsteht in den Testgruppen nach dem Zufallsprinzip (at random!). D.h. nach dem Wahrscheinlichkeitsprinzip muß die Störvariable in allen Testgruppen in gleicher Weise vorhanden sein. (Prämisse: ausreichend große Gruppen!)

3.4.3 verschiedene Arten von Experimenten

* **_Befragungsexperimente:_**
  Es wird die Wirkung eines Faktors auf einen anderen Faktor mittels Befragung festgestellt, z.B. Abhängigkeit der Kaufabsicht vom Faktor Preis!

* **_Beobachtungsexperimente:_**
  Es wird die Wirkung eines Faktors auf einen anderen Faktor mittels Beobachtung festgestellt, z.B. Abverkauf eines Produktes im Handel in Abhängigkeit vom Preis!

* **_Laborexperimente:_**
  Finden unter speziellen für das Experiment geschaffenen Bedingungen statt, d.h. es wird eine "künstliche" Situation geschaffen. Auf diese Weise ist es möglich, unerwünschte Einflüsse zu eliminieren und konstante Testbedingungen zu schaffen. Besonders bevorzugt bei Produkt-, Verpackungs- und Werbemitteltests.

* **_Feldexperimente:_**
  Finden unter "natürlichen" Bedingungen statt, d.h. sie sind realitätsnah und deshalb besser zu verallgemeinern. Probleme stellen häufig mangelnde Kontrollmöglichkeiten dar. Angewandt z.B. beim Markttest und Storetest.

* **_Projektive Experimente:_**
  Es werden vor dem eigentlichen Experiment (also projektiv!) **_künstliche_** Testbedingungen hergestellt, erst dann beginnt das Experiment. Der Testvorgang beginnt also zum Zeitpunkt der Veränderung der unabhängigen Variablen und endet mit der Registrierung der nachfolgend auftretenden Auswirkung. Z.B. einer Experimentalgruppe wird zu Beginn des Testes ein Werbespot gezeigt und nachfolgend die Auswirkungen auf die Kaufbereitschaft eines Produktes untersucht (Kontrollgruppe sieht keinen Werbespot).

* **_ex-post-facto-Experimente:_**
  Bei diesem Verfahren werden vor Testbeginn keine künstlichen Testbedingungen geschaffen, sondern auf **_"selbständig zustandegekommene"_** Bedingungen zurückgegriffen. D.h. die unabhängigen Variablen sind bereits in der Vergangenheit aufgetreten, während die abhängigen Variablen **_(ex-post!)_** in der Gegenwart gemessen werden. Z.B. wird ein Produkt von Personen beurteilt, die bereits Kontakt mit geschalteter Werbung hatten (Kontrollgruppe hatte keinen Werbekontakt).

Problem: Interpretation von Ursache und Wirkung in Kontroll- und Experimental-gruppe (z.B. aufgrund heterogener Gruppenzusammensetzung!).

3.4.4 Typische Versuchsanordnungen

Im Hinblick auf die Anlage von Experimenten lassen sich "typische" Versuchsanord-nungen erkennen, die alle den Sinn haben, die gewünschten Variationen herbeizufüh-ren und unerwünschte Störeffekte auszuschalten.

Zur Kennzeichnung der Versuchsanordnung dienen folgende Buchstaben

* ***Versuchsgruppe:***
    - E = Experimental Group / Testgruppe
    - C = Control Group / Kontrollgruppe

* ***Zeitpunkt der Messung***:
    - B = before / vor Beginn des Experimentes
    - A = after / nach Abschluß des Experimentes

Die vier typischen Versuchsanordnungen (siehe auch folgende Seiten) sind:
    - EBA
    - EA-CA
    - EBA-CBA
    - EA-EBA-CBA

Experimentelle Versuchsanordnungen

Typ der Versuchsanordnung	E B A	E A – C A	E B A – C B A	E A – E B A – C B A
Eingesetzte Gruppe(n) E: Experimentalgruppe C: Kontrollgruppe	E	E:C	E:C	$E_1:E_2:C$
Meßzeitpunkte B (before): Vormessung A (after): Nachmessung	bei E: B und A	bei E: A bei C: A (d. h. keine Vormessung)	bei E: B und A bei C: B und A	bei E_1: A bei E_2: B und A bei C: B und A
Ergebnisse durch Vergleich von ...	Ergebnis der Vormessung mit Ergebnis der Nachmessung bei E	Ergebnissen der Nachmessung bei E und bei C	Differenz der Ergebnisse der Vormessung bei E und C mit der Differenz der Ergebnisse der Nachmessung bei E und C	Entwicklung in E_2 zwischen Vor- und Nachmessung mit Entwicklung in C zwischen Vor- u. Nachmessung **und** mit Nachmessungsergebnissen von E_1
Probleme	Ist der Unterschied tatsächlich durch die experimentelle Bedingung verursacht? (Kausalität?)	Bestand zwischen den Gruppen vorher schon ein Unterschied? (Gruppeneffekt?)	Kann die Vormessung Verzerrungen bewirkt haben? (Lerneffekt?)	**keine:** Sowohl Gruppen- als auch Lerneffekte können bestimmt und eliminiert werden.
Beispiele	Store-Test	ERIM-Panel: Neuproduktakzeptanz mit u. ohne Werbung	Store-Test: Matched Samples	Werbemittelkonzepttest

Quelle: Berekoven, Eckert, Ellenrieder: Marktforschung, Wiesbaden 1993

EBA ("side by side") - Sukzessivexperiment

Versuchsanordnung:
Vormessung (B) liefert den Bezugswert, Nachmessung (A) den Endwert. Gemessen werden die Ergebnisse einer Experimentalgruppe (E), z.B. Testgeschäfte

Beispiel:
Verkaufswirksamkeit von verschiedenen Packungsvarianten

Probleme:
zeitliche Übertragungseffekte (carry-over-Effekte)
sachliche Übertragungseffekte (spill-over-Effekte)

EA-CA - Simultanexperiment

Versuchsanordnung:
Kontrollgruppe (C) liefert den Bezugswert, Experimentalgruppe (E) den Endwert. Keine Vormessung

Beispiel:
Neuproduktakzeptanz mit (E) und ohne (C) Werbung

Problem:
Gruppeneffekte (strukturelle Unterschiede in der Besetzung)

EBA-CBA "Matched Samples" - Sukzessivexperiment

Versuchsanordnung:
mindestens eine Experimental- (E) und eine Kontrollgruppe (C), bei denen jeweils eine Vormessung (B) und eine Nachmessung (A) erfolgt.
Die Nachmessung in der Experimentalgruppe stellt den Endwert.

Beispiel:
Abverkaufsmessungen bei verschiedenen Plazierungen im Rahmen eines Storetests

Problem:
evtl. Lerneffekte in der Gruppe

Anlage eines Matched Samples für einen Plazierungstest

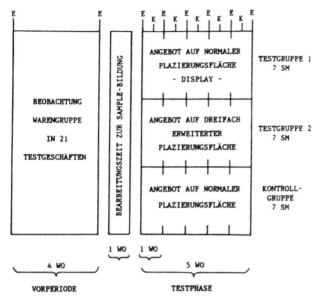

EA-EBA-CBA - simultanes Sukzessivexperiment

Versuchsanordnung:
Es gibt zwei Experimentalgruppen (E 1 und E 2) und eine Kontrollgruppe (C). In der Gruppe E 2 und C erfolgen eine Vor- und eine Nachmessung, in der Gruppe E 1 eine Nachmessung.

Beispiel:
Werbemittelkonzepttest zur Überprüfung der Werbewirkung auf die Kaufbereitschaft der Konsumenten. Beide Experimentalgruppen werden mit den Werbemitteln konfrontiert, die Kontrollgruppe nicht. Man mißt die Lerneffekte in den Experimentalgruppen und kann Gruppeneffekte durch Vergleich mit der Vormessung erkennen.

Problem:
keines, da Gruppen- und Lerneffekte eliminiert werden können.

3.4.5 Anwendung von Tests in der Praxis

Die dargestellten Versuchsanordnungen lassen sich in der Praxis in vielfältiger Form umsetzen. Ihre Anwendung finden sie in Form von

- Produkttests
- Storetests
- Home-use-Tests
- Markttests
- Mini-Testmarkt-Verfahren
- Werbewirkungstests.

Die genannten Tests weisen in ihrer Anlage und Durchführung so spezielle Eigenheiten auf, daß sie im Detail unter dem Punkt D "Spezielle Erhebungs- und Untersuchungsverfahren in der Praxis" behandelt werden!

4   SPEZIELLE ERHEBUNGS- UND UNTERSUCHUNGSVERFAHREN IN DER PRAXIS **101**

4 SPEZIELLE ERHEBUNGS- UND UNTERSUCHUNGSVERFAHREN IN DER PRAXIS

Es gibt eine Reihe von Untersuchungsverfahren, die sich in der Praxis verselbständigt haben. Sie haben ihre methodischen Eigenarten und werden überwiegend von Instituten angeboten und durchgeführt, die auf das jeweilige Verfahren spezialisiert sind. Aufgrund ihrer Bedeutung für die Marketingpraxis sollen sie hier im Detail dargestellt werden; es sind dies:

- die Panelforschung
- die Tests und Testmarktforschung
- die Werbewirkungsforschung
- die Image- und Einstellungsforschung
- die Mediaforschung

4.1 PANELFORSCHUNG

Nach einer Untersuchung bei den Instituten des ADM (Arbeitskreis Deutscher Marktforschungsinstitute) entfielen ca. 51 % des gesamten Umsatzes dieser Institute auf Paneluntersuchungen (1991). Dies zeigt die überragende Bedeutung der Panelforschung für die Praxis!

4.1.1 Wesen und Aufgabe des Panels

Panel ist ein *Kreis von gleichbleibenden Adressaten*, die wiederholt (in regelmäßigen Abständen) zum gleichen Untersuchungsgegenstand untersucht werden. Die Erhebungsmethode kann mündlich, schriftlich, telefonisch, per Computer oder auch durch Beobachtung erfolgen. Als Auskunftskreis kommen Privatpersonen, private Haushalte, Gewerbebetriebe, Freie Berufe, Unternehmen in Frage.

Aufgabe des Panels ist es, Bewegungen und Veränderungen im Zeitablauf bei dem jeweils selben Auskunftskreis zu erforschen, d.h. es geht um eine zeitraumbezogene, dynamische Betrachtung *(Zeitreihenanalyse)*!

Wir unterscheiden heute zwei große Gruppen von Panels

-   die Verbraucherpanels und
-   die Handelspanels

4.1.2 Verbraucherpanel

Als Verbraucherpanel werden alle jene Panel bezeichnet, die sich an den Letztver-
braucher / Endverbraucher wenden; dies können Einzelpersonen sein (Individualpanel)
oder private Haushalte (Haushaltspanel).

Je nachdem, welche Warengruppen durch das Panel erfaßt werden sollen, unterscheidet man noch zwischen dem Gebrauchsgüterpanel (Abfrage monatlich / halbjährlich)
und dem Verbrauchsgüterpanel (Abfrage wöchentlich).

Dazwischen gibt es Spezialpanels, die nach Regionen oder Zielgruppen differenziert
sind (siehe Übersicht folgende Seite).

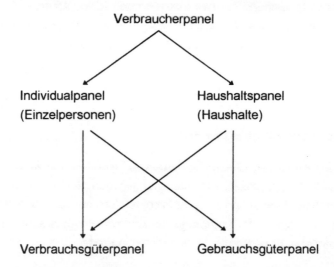

G & I - PANELS

Standard-panels	Spezialbereichs-panels	Regional-panels	Kurzzeit-panels	Zielgruppen-panels
Haushalt-panel	Textilpanel	Kiel	Süßwaren-verzehr	Kinder-u.Jugendpanel
Individual-panel	Finanzpanel	Berlin	Fettestudie	Babypanel
Befragungs-panel	Sportpanel	Hamburg B.	Wäschetage-buch	Video-Panel
	Außer-Haus-Verzehrpanel	Saarland	Glücksspiel-panel	Installationspanel
		Bremen	Impulspanel	Raucherpanel
		Mönchengladbach		PKW-Panel
		Nürnberg		Kundenpanel

Aufbaukriterien eines Verbraucher-Panels

* **Zielpersonen / -gruppen:**
  - Einzelpersonen
  - Haushalte
  - Gewerbe- / Handwerksbetriebe
  - Industrieunternehmen
  - Handelsbetriebe
  - Verwaltungen
  - sonst. Institutionen

* **Informationsbedarf:**
  - Einkäufe, erhoben nach Hersteller, Marke, Preis, Menge, Packungsgröße
  - Einkaufsstätten / -ort
  - Verbrauchsmengen
  - Einstellungen
  - Verhaltensweisen

* **Erhebungszeitraum / -häufigkeit:**
  - täglich
  - wöchentlich
  - monatlich

* **Erfassungsmethode:**
  - schriftlich
  - mündlich (persönlich / telefonisch)
  - Beobachtung
  - Scanner

* **räumliche Abdeckung:**
  - lokal
  - regional
  - national
  - supranational

Aufbau und Anlage eines Verbraucherpanels

Auswahlverfahren:
Bei den Verbraucherpanels handelt es sich in der Anlage um mehrstufige Zufallsstichproben. Ziel ist es, eine Stichprobe der privaten Inländer-Haushalte zu bilden. Dabei geht man in 3 Phasen vor:

1. Phase:
Schichtung der Gemeinden nach regionalen Einheiten und Gemeindegrößenklassen. Daraus systematische Zufallsauswahl der Gemeinden.

2. Phase:
Bei kleinen Gemeinden systematische Auswahl der Panelhaushalte. Bei großen Gemeinden systematische Auswahl von Stimmbezirken. Zu jedem gezogenen Stimmbezirk werden 2 Nachbarbezirke hinzugeordnet, so daß ein "sample point" aus 3 Stimmbezirken entsteht. In jedem sample point Erfassung von 6 Adreßklumpen nach dem Random Route-Verfahren.

3. Phase:
Bestimmung eines Haushaltes pro Adreßklumpen. Hinzu kommen die Haushalte aus den kleinen Gemeinden

Stichprobengröße:

Haushaltspanel	15.000er Sample	(GfK)
Individualpanel	10.000er Sample	(GfK)
Impulskaufpanel	7.500er Sample	(GfK)
Raucher-Panel	3.000er Sample	(GfK)
Baby-Panel	1.300er Sample	(GfK)
Hausfrauen-Panel	1.000er Sample	(IfD)
Wahl-Panel	1.000er Sample	(IfD)

Anwerbung:
Anwerbung der ausgewählten Haushalte durch AD-Mitarbeiter. Laufende Vergütung pro zugesandtem Bericht, zuzüglich Incentives.

Probleme beim Aufbau eines Panels

* **Anwerbung:**

   Nicht alle Haushalte, die in die Stichprobe gezogen wurden, lassen sich als Teilnehmer werben. Es gibt eine hohe Zahl von Verweigerern und damit Ausfälle. Diese werden z.T. dadurch gedeckt, daß man von vorneherein eine größere Stichprobe auswählt (z.B. + 20 %!).

* **Abdeckung (Coverage):**

   Repräsentanzprobleme ergeben sich u.a. dadurch, daß nicht alle Haushalte abgedeckt werden (nur private Inländer-Haushalte). D.h. die Ergebnisse sind nur für die ausgewählte Gruppe, nicht für den Gesamtmarkt repräsentativ. Die fehlende Abdeckung muß geschätzt oder auf andere Weise (Handelspanel) errechnet werden.

* **Repräsentanz:**

   Ein weiteres Repräsentanzproblem ergibt sich durch Ausfälle während der Laufzeit des Panels. Nach ca. 3 Jahren sind nur noch ca. 60 % der ursprünglichen Panelteilnehmer im Sample vertreten. Die Ausfälle werden über die "Reservemasse" ersetzt.

* **Panelsterblichkeit:**

   Merkmalsveränderungen der Panelhaushalte bedingen eine ständige Prüfung und Angleichung der Panelhaushalte. Veränderungen in der soziodemografischen Struktur der Haushalte führen zu deren Ausscheiden (*natürliche* Panelsterblichkeit) und müssen durch strukturgleiche ersetzt werden. Auf diese Weise wird aus einer reinen Random-Stichprobe im Laufe der Zeit eine Quotenstichprobe. Teilnehmer, die nicht korrekt die Daten berichten, müssen ebenfalls ausgetauscht werden (Rotation = *künstliche* Panelsterblichkeit).

   D.h., die Forderung nach einer gleichbleibenden Panelmasse läßt sich nur mit Mühe aufrechterhalten! Eine kontinuierliche "Panelpflege" ist notwendig, um Verzerrungen in der Stichprobe und damit in den Ergebnissen zu vermeiden. Dieser Tatbestand bedingt auch die hohen Kosten der Panelforschung.

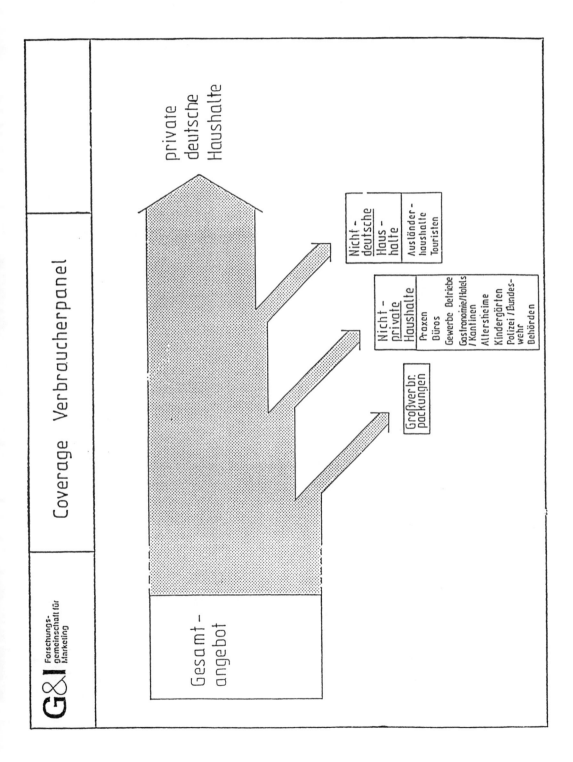

Probleme bei der Durchführung eines Verbraucher-Panels

Das Hauptproblem bei der Führung eines Verbraucherpanels sind die sog. *"Paneleffekte"*. Diese treten dadurch auf, daß die Panelteilnehmer durch die wiederholte Befragung Lern- und Bewußtseinsprozessen ausgesetzt sind, die dazu führen, daß sie sich nicht mehr "normal" verhalten, d.h. nicht mehr das gewohnte Verhaltensmuster aufweisen.

*   *Rationalisierungen:*
    Durch die Einweisung in das Panel und die wiederholte Befragung wird die Aufmerksamkeit der Panelteilnehmer auf ihr eigenes Verhalten gelenkt. Aufgrund von Rationalisierungen macht man falsche Angaben (z.B. aus Statusgründen, schlechtem Gewissen usw.). Neue Produkte und Marken im Berichtsbogen erhalten "Aufforderungscharakter" und animieren zum Kauf.

*   *Overreporting:*
    Es werden z.B. Einkäufe angegeben, die nicht stattgefunden haben, um gewissermaßen der "Pflicht zu genügen".

*   *Underreporting:*
    Im Laufe der Zeit treten Nachlässigkeiten und Ermüdungserscheinungen auf, die dazu führen, daß die Panelteilnehmer die Berichtsbögen nicht mehr vollständig ausfüllen.

Die oben genannten Effekte können nur durch Teilnehmer-Rotation oder andere technische Erfassungssysteme (z.B. Inhome-Scanner) abgebaut werden.

Erfassungssysteme im Verbraucherpanel

*   *Berichtsbögen / Einkaufshefte:*
    Die regelmäßige Erhebung der Paneldaten erfolgt üblicherweise über einen schriftlichen Berichtsbogen, den der Panelteilnehmer ausfüllt und dem Institut zu bestimmten Terminen zusendet.
    So erhalten z.B. die Teilnehmer am GfK-Haushaltspanel alle 2 Monate einen sog. Panelkalender, der eine entsprechende Anzahl (wöchentlicher) Berichtsbögen enthält. In diesen Berichtsbögen sind alle interessierenden Warengruppen aufgeführt. Die gewünschten Daten sind gegliedert nach

- Marke / Hersteller
- Art / Sorte der Produkte
- Angabe der eingekauften Einheiten
- Packungsangaben (Art, Gewicht, Volumen)
- Endverbraucherpreis
- Einkaufsstätten (Name, Handelsgruppe)
- Einkaufsort
- Plazierung
- sonst. Angaben (z.B. Mediaverhalten, Umweltbewußtsein usw.)

* ***Scannererfassung:***

Um die Erfassung der Daten zu vereinfachen und Fehlerquellen auszuschalten, werden technisch moderne Erfassungs- und Kommunikationssysteme gefordert. In den USA werden z.B. Inhome-Scanner eingesetzt, die per Lesestift über Produkt-Codes die Produkte erfassen. Die Daten werden über ein Telefonmodem direkt ans Institut weitergeleitet.

In Deutschland werden diese Geräte noch nicht eingesetzt, da ihre Investition zu teuer ist und noch nicht alle Produkte mit EAN- und Preiscodes ausgezeichnet sind.

G&I EINKAUFS-BERICHT

| Mo **15** | Di **16** | Mi **17** | Do **18** | Fr **19** | Sa **20** | So **21** |

Senden Sie bitte alle ausgefüllten gleichfarbigen Berichtsblätter in einem Freiumschlag spätestens Montag, 22. Januar 1996 ein.

Woche **3**

Einzutragende Warengruppen		Datum des Einkaufs	Marke und Sorte	Art des Produkts	Packungsangaben			Preis in DM		In welchem Geschäft wurde gekauft?		Wo entnommen?	Sonderangaben
			Entnehmen Sie bitte die Angaben dem Etikett		Anzahl der gekauften Einheiten	Angabe ob Packungen, Stücke, Dosen, Flaschen, Tuben, Beutel, Schachteln, Gläser oder lose Ware zusätzlich bei Beutel: Plastik oder Cellophan	Anzahl bzw. Gewicht je Packung in Stück, in Gramm, Liter, ml, ccm angeben	Preis pro Packungs-einheit	Gesamtpreis in DM	Name des Geschäfts z.B. Tengelmann, Kaufhof, Edeka, Spar, Massa, Schlecker, Kaufhalle, Centrum, Spezialgeschäfte wie z.B. Kiosk, Bioladen usw.	Kennziffer bitte hier eintragen (siehe Einband-deckel und Beiblatt)	1 = Regal Normalpreis 2 = Regal Sonderpreis 3 = woanders Normalpreis 4 = woanders Sonderpreis (Bitte Ziffer eintragen)	

Körperpflegemittel

Mundwasser-(Konzentrat), -Spray			Marke	Sorte fresh, mint usw.	Farbe: rot ☐ blau ☐ grün ☐ schwarz ☐ sonst. Farbe ☐	nur Flasche ☐ Flasche verpackt ☐						Konzentrat ☐ Spray ☐
Mund-, Zahnspülung (gebrauchsfertig)			Marke	Sorte fresh, mint usw.	Farbe: rot ☐ blau ☐ grün ☐ schwarz ☐ sonst. Farbe ☐	Nachfüllpack? ☐ Doppelpack? ☐						Junior? ja ☐ nein ☐
Zahncreme, Zahnpulver			Marke	Sorte mint, Karies usw.	Creme Gel Pulver flüssig Tube Spender Flasche ☐ ☐ ☐ ☐ ☐ ☐ ☐	Bei Tube: Standtube ☐	ml					Farbe der Packung: weiß-rot weiß-grün weiß-blau grün sonst. Farbe ☐ ☐ ☐ ☐ ☐
Zahnbürsten aller Art				Sorte z. B. plus, sensitiv, flex Erwachsenenbürste ☐ Kinder-Juniorbürste ☐		Stellung der Borsten gerade Stellung ☐ V-Stellung ☐						Kurzkopf Wechselkopf Schwingkopf ja nein ja nein ja nein ☐ ☐ ☐ ☐ ☐ ☐

Badezusätze

Schaumbäder Cremebäder Badesalze Badeöle Badetabletten			Marke	2-in-1, Schaumbad + Creme/Lotion in einem? ☐	Duftnote/Sorte (z. B. fresh, sensitiv, for men) Konzentrat? ☐	Nachfüllpack? ☐ Doppelpack? ☐ ccm, ml						Schaum- Creme- Kinder- Badeöl Tabletten bad bad schaumbad ☐ ☐ ☐ ☐ ☐
						Nachfüllpack? ☐ Doppelpack? ☐						
Duschbäder Duschschaum/-gel, Parfüm-Duschbad, Herrenduschbad			Marke	2-in-1, Duschbad + Creme/Lotion in einem? ☐	Duftnote/Sorte (z. B. fresh, sensitiv, for men) Konzentrat? ☐	Nachfüllpack? ☐ Doppelpack? ☐						Farbe der Flasche: Farbe der Verschlußkappe:
						Nachfüllpack? ☐ Doppelpack? ☐						

Blumen- und Gartenpflegemittel

Gartenpflege, Rasendünger					flüssig ☐ Pulver ☐ Granulat ☐							mit Moos- mit Unkraut- ohne Unkraut-vernichter ☐ vernichter ☐ vernichter ☐
Gartendünger, allgemein **Spezialdünger** z. B. für Rosen, Erdbeeren Rhododendron, Tannen etc.					☐ ☐ ☐							All- Rosen Erd- Rhodo- Tannen Son-gemein beeren dendron stige ☐ ☐ ☐ ☐ ☐ ☐
Bodenverbesserer												Bodenverbesserer Kompostbeschleuniger
Kompostbeschleuniger												
Torf / Blumenerde / Pflanzboden Düngetorf, Humusdünger, Torfdünger, Planzerde					Torf, Düngedorf, Humusdünger	Ballen, Beutel, Sack, Paket Liter, kg						für: Garten Balkon/Terrasse Zimmerpflanzen Sonstige ☐ ☐ ☐ ☐
												☐ ☐ ☐ ☐
												☐ ☐ ☐ ☐
Granulat z. B. Seramis, Hydro						abgepackt ☐ lose ☐						
						☐ ☐						

Blumenpflege für Zimmer- und Balkonpflanzen

Blumendünger für Zimmer- und Balkonpflanzen, auch für Kakteen				Biodünger ja ☐	flüssig, fest, Stäbchen, Kegel, Tabletten							für Kakteen für Hydrokultur sonst. Topfpflanzen
				ja ☐								☐ ☐ ☐
Pflanzenschutz/Schädlingsbek. für Zimmer- und Balkonpflanzen					flüssig, fest, Stäbchen, Kegel, Tabletten							trocken, Pumpspray/ Pulver flüssig Spray Sprühflasche ☐ ☐ ☐ ☐
Pflanzenzäpfchen												
Frischhaltemittel für Schnittblumen					flüssig, Pulver, Tabletten							Einzelportionen größere Einheiten ☐ ☐
Feuchtigkeitsanzeiger												
Sonst. Pflanzhilfsmittel												

* **Scannerkassen:**

Auf regionaler Ebene hat sich in Testmärkten die Erfassung über Identifikationskarten und Scannerkassen durchgesetzt. Die Panelhaushalte erhalten eine Identifikationskarte, die sie beim Bezahlen an der Kasse vorlegen. Über die Scannerkasse werden die Produkte des Einkaufs erfaßt und dem jeweiligen Haushalt zugeordnet. Problem hierbei ist, daß noch nicht alle Einkaufsstätten über Scannerkassen verfügen und nicht alle Produkte codiert sind.

* **Electronic Diary:**

Um den oben genannten Problemen aus dem Wege zu gehen, erprobt z.B. die GfK-Nürnberg den Einsatz von mobilen Erfassungsgeräten (Electronic Diary). Es handelt sich um Geräte ähnlich einem digitalen Telefonhörer mit Eingabetastatur und Sichtfeld.

In einem menue-gesteuerten Programm können schnell und unkompliziert auch unvercodete Produkte eingegeben werden. Die Daten werden per Diskette oder Datenleitung dem Institut zugesandt.

Kriterium	Traditionelles Haushaltspanel	Scanner-Haushaltspanel
Erhebungsmodus	erinnerte Käufe und Preise	tatsächliche Käufe und Preise
Belastung für Haushalt	sehr hoch	sehr gering
Berichtszeitraum	ein Monat	eine Woche oder ein Monat
Informationsumfang	Informationen nur über gekaufte Alternativen	Informationen über alle verfügbaren Alternativen
Reliabilität	wahrscheinlich gering	abhängig vom Vorzeigen der Karte, Marktabdeckung etc., sicher höher
Interne Validität	wahrscheinlich gering	abhängig vom Vorzeigen der Karte, Marktabdeckung etc., sicher höher
Externe Validität	hohe Verweigerungsquote, Paneleffekt, reaktive Messung	niedrige Verweigerungsquote, Paneleffekt verschwindet, nichtreaktive Messung, Gefahr atypischen Einkaufs wegen Umsatzbonus
Kosten	sehr hoch (Porto, Rekrutierung, Datenerfassung)	in nahezu allen Positionen weitaus geringer

Qualitativer Vergleich von traditionellem und Scanner-Haushaltspanel

Quelle: Simon u.a. 1982

Erhebungsinhalte des Verbraucherpanels

Die Daten der Verbraucherpanels sind fester Bestandteil der Planungs- und Controllingarbeit der meisten Markenartikler. Es ist deshalb von Bedeutung zu wissen, welche Daten durch ein Verbraucherpanel zur Verfügung gestellt werden (Standard!).

Dies läßt sich am besten durch folgende Darstellung dokumentieren:

° *wieviele*	->	Käufer (Käuferreichweite / Penetration)
° *was*	->	Produkte / Marken
° *wieviel*	->	Einkaufsmengen (Menge / Wert / ø-Werte)
° *zu welchem Preis*	->	Preise (eff. Preise / ø-Preise)
° *wie oft*	->	Einkaufsintensitäten
° *wo*	->	Einkaufsstätten
° *wann*	->	Einkaufszeiten / -rhythmen
° *warum*	->	Gründe / Motive / Einstellungen

KÄUFER

*   Ein Haushalt / Verbraucher ist dann ein *"Käufer"*, wenn er im Untersuchungszeitraum mindestens 1 x ein Produkt / eine Marke etc. gekauft hat.
*   Unter *"Käuferreichweite"* versteht man den Prozentsatz der Käufer, gemessen an der Gesamtstichprobe (% aller Panelteilnehmer).

* Werden die Käufer auf die Gesamtkäufer des jeweiligen Produktfeldes prozentu-
  iert, so sprechen wir von *"Penetration"*.
* Werden im Untersuchungszeitraum vom Käufer mehrere Marken gekauft (im gleichen Produktfeld), so haben wir es mit *"Käuferüberschneidungen"* zu tun.

Beispiel:

Käufer Marke A = 40 %   ⎤
Käufer Marke B = 30 %   ⎬ 120 %
Käufer Marke C = 50 %   ⎦

Käufer der Warengruppe   =   60 %

Strukturüberschneidung   = $\dfrac{120\ \%}{60\ \%}$ = 2

EINKAUFSMENGE

* Für jedes vom Panelteilnehmer gekaufte Produkt werden die Mengen (in der jeweils typischen Maßeinheit, z.B. Gramm, Liter, Stück usw.) erfaßt.

* Der *mengenmäßige Marktanteil einer Marke* ist deren Prozentanteil an der insgesamt erfaßten Menge der Warengruppe.

* Der *wertmäßige Marktanteil* einer Marke ist deren Prozentanteil an den gesamten Ausgaben in der Warengruppe.

* Die *ø Einkaufsmengen pro Käufer* ergeben sich dadurch, daß die erfaßten Einkaufsmengen einer Marke durch die Anzahl ihrer Käufer dividiert werden.

* Die *ø Einkaufsmenge / -ausgabe pro Einkauf* errechnet sich durch die Division
  der Einkaufsmenge / -ausgabe einer Marke durch die registrierten Einkaufsakte.

PREISE

* **ø Preise pro Stück bzw. Mengeneinheit** errechnen sich dadurch, daß die in einem bestimmten Zeitraum erfaßten Ausgaben für eine Marke durch die Anzahl bzw. Mengeneinheiten dieser Marke dividiert werden.

* **Kaufpreise** sind die von den Panelteilnehmern effektiv gezahlten Preise pro Einkaufsakt.

EINKAUFSSTÄTTEN

Es wird erfaßt, in welchen Betriebstypen und Organisationsformen die Käufer was und in welchen Mengen eingekauft haben.

EINKAUFSINTENSITÄT / KAUFFREQUENZ

Die Käufer werden danach gruppiert, **wie oft** sie in einem bestimmten Zeitraum innerhalb eines Produktfeldes gekauft haben, differenziert nach Mengen, Ausgaben, ø-Mengen.

Danach lassen sich sog.

Intensivverwender / -käufer	->	**heavy-user** / -buyer
Gelegenheitsverwender / -käufer	->	**light-user** / -buyer

unterscheiden.

EINKAUFSZEITEN

Es soll festgestellt werden, wann und zu welchen Zeiten die Käufer bestimmte Produkte / Marken einkaufen.

MOTIVE / EINSTELLUNGEN

Durch Sonderbefragungen bzw. Zusatzerhebungen bei bestimmten Zielgruppen des Panels können auch deren Einstellungen und Motive erfaßt werden.

Diese Erhebungen zählen *nicht* zu den Standard-Auswertungen des Verbraucherpanels und müssen separat bezahlt werden. (Beispiel: Umweltbewußtsein)

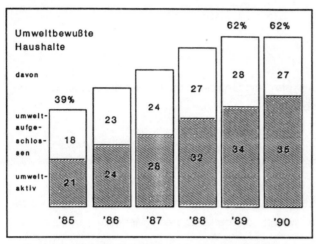

Entwicklung des Umweltbewußtseins in der Bundesrepublik Deutschland
(Quelle: G+I)

SONDERANALYSEN IM VERBRAUCHERPANEL

* ***Käuferstrukturen***
  Z.B.: Wie setzt sich die Käuferschaft einer bestimmten Marke nach sozio-demografischen Merkmalen zusammen?

* ***Markentreue / Markenwechsel***
  Es soll untersucht werden, wie häufig in einem Produktfeld die Käufer eine bestimmte Marke gekauft haben (siehe Beispiel folgende Seite).

Beispiel für Markentreue/Markenwechsel:

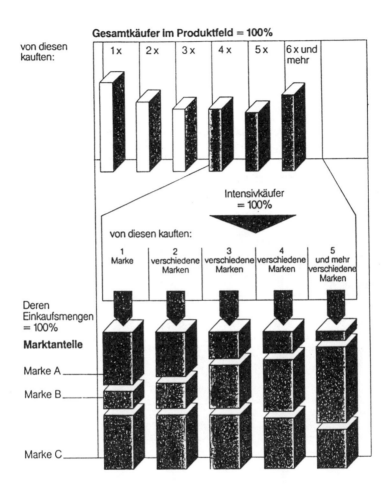

Erläuterung:
Bei den Intensivkäufern, die im Analysen-Zeitraum immer die gleiche Marke kauften, hat die Marke A den höchsten Marktanteil.
Je mehr verschiedene Marken von den Intensivkäufern gewählt wurden, desto geringer wird der Marktanteil. Marke A ist also eine Marke von hoher Loyalität.

* **Käuferkumulation (Erstkäufer / Wiederkäufer)**

Es soll festgestellt werden, wie sich die Käufer einer Marke im Zeitablauf entwikkeln, z.B. die Erstkäufer oder die Wiederkäufer.

* **Käuferwanderungen**

Es soll untersucht werden, wie sich die Käufer einer Marke in verschiedenen Zeiträumen entwickelt haben (Zuwanderer, Abwanderer, Wiederkäufer). (Siehe Beispiel)

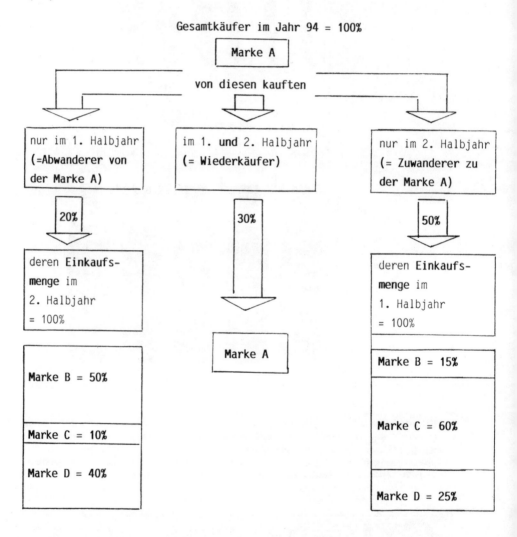

Zeitraumbezogene Wanderungsanalyse

(G & I Forschungsgemeinschaft für Marketing)

* **Gain and loss-Analyse**

Es wird in bezug auf verschiedene Marken untersucht, in welchem Maße sie im Zeitablauf Käufer an andere Marken abgegeben oder von diesen hinzugewonnen haben (siehe Beispiel).

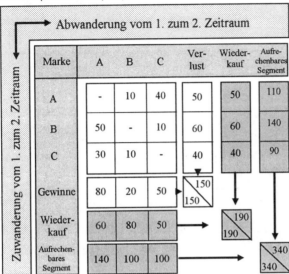

Beispiel für eine Gain and Loss-Innenmatrix

In dieser Innenmatrix sind jetzt die Mengen dargestellt, die von Zeitraum 1 zu Zeitraum 2 bei jeder einzelnen Marke wiedergekauft werden bzw. die zwischen den einzelnen Marken wandern. Die Differenz der Wanderungsbewegungen bezogen auf eine spezielle Marke ist der saldierte Verlust an bzw. saldierte Gewinn von andere(n) Marken.

Lesebeispiel für Marke A:

1. A verliert an B   10 Einheiten   }   **Saldo = 40 Einheiten**
   A gewinnt von B   50 Einheiten   }   **(Gewinn von Marke B)**
2. A verliert insgesamt   50 Einheiten   }   **Saldo = 30 Einheiten**
   A gewinnt insgesamt   80 Einheiten   }   **(Gewinn von allen Marken)**
3. A-Käufer kaufen je 60 Einheiten   }   **Summe = 120 Einheiten**
   im Zeitraum 1 UND Zeitraum 2   }   **(Wiederkaufsmenge)**

Die Wiederkaufsmenge einer Marke wird in der Prozentuierung auf das aufrechenbare Segment dieser Marke als mengenmäßige WIEDERKAUFSRATE bezeichnet.

Ihre prozentuale Höhe ist ein mengenmäßiger Maßstab für die Markentreue.

G&I Forschungs-
gemeinschaft für
Marketing

4.1.3 Handelspanel

Handelspanels sind Erhebungen, die bei einem repräsentativ ausgewählten, im Prinzip *gleichbleibenden Kreis von Absatzmittlern* in regelmäßigen Abständen über einen längeren Zeitraum zu den gleichen Erhebungspunkten durchgeführt werden.

Man unterscheidet zwei Gruppen von Panels: die Einzelhandels- und die Großhandelspanels.

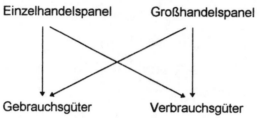

Einzelhandelspanel   Großhandelspanel

Gebrauchsgüter   Verbrauchsgüter

Das erste Handelspanel wurde 1933 von der A. C. Nielsen Company in den USA eingerichtet. In Deutschland konkurriert Nielsen mit der GfK-Nürnberg um die dominante Marktposition.

Bedeutende Handelspanels in der BRD			
Panel	**Branche**	**Panel-Stichprobe**	**Abfrage**
Nielsen-LEH-Index	Lebensmitteleinzelhandel	1.010	zweimonatlich / monatlich
GfK-Handelspanel	Lebensmitteleinzelhandel	700	zweimonatlich
GfK-InfoScan	Lebensmitteleinzelhandel und Drogeriemärkte mit Scannerkassen ab 400 qm Verkaufsfläche	400	wöchentlich
Nielsen-Gesundheits-Index	Apotheken, Drogerien, Drogeriemärkte	640	zweimonatlich / monatlich
Nielsen-Friseur-Panel	Friseurgeschäfte	510	zweimonatlich
GfK-Drugpanel	Drogeriemärkte, Drogerien, Parfümerien	250	zweimonatlich
GfK-Regionalpanel	Lebensmitteleinzelhandel, Getränke-Abholmärkte mit regionaler Auswertung bis auf Kreisebene	2.000	zweimonatlich
GfK-Elektropanel	Elektrofacheinzelhandel	400	zweimonatlich

Quelle: Berekoven u.a.: Marktforschung, Wiesbaden 1987

Aufbau und Anlage eines Handelspanels

* **Grundgesamtheit:**

Die Festlegung der Grundgesamtheit hängt in erster Linie von der zu untersuchenden Warengruppe ab. Will man z.B. die Warengruppe TV-Geräte untersuchen, so gehen in die Grundgesamtheit alle Absatzkanäle ein, über die solche Geräte vertrieben werden (das sind: Elektrofachhandel, Verbrauchermärkte, Cash + Carry, Warenhäuser, Versender, Spezialgeschäfte, Import-Exportgeschäfte, Sonstige).

Über diese Absatzkanäle müssen aus Sekundärquellen oder durch Primärerhebungen Strukturdaten erhoben werden (z.B. Anzahl, Umsatz, Verkaufsfläche usw.).

* **Stichprobe:**

Die Stichprobenbildung erfolgt in der Regel in Form der **disproportionalen Schichtung**, wobei die umsatzstärkeren Geschäfte stärker gewichtet werden als die kleineren Betriebe (siehe Abbildung). Stichproben der Handelspanels werden im Gegensatz zu Verbraucherpanels nach dem **Quotenverfahren** ausgewählt. Quotierungsmerkmale sind Region, Betriebstyp, Organisationsform, Umsatz, Verkaufsfläche. Die Stichprobengrößen gehen normalerweise bis zu 1.000 Fällen, maximal bis 2.000 Fälle!

Disproportionaler Stichprobenaufbau

Grundgesamtheit		Sample			
Anzahl	Umsatz	Anzahl	Umsatz-klasse	Marken pro Geschäft	Modelle
	15			2-6 je WG	3-8 je WG
	15	40	-250 Tsd.	2-8 je WG	3-13 je WG
60	20		-500 Tsd.		
		20	-1 Mio	2-11 je WG	3-21 je WG
25	50	15		3-20 je WG	5-75 je WG
10		25	+1 Mio		
5					
100%	100%	100%		Heterogenität des Sortiments nach Marken und Modellen	

Total 2000

→ Disproportionaler Stichprobenaufbau unter Berücksichtigung der Anzahl der Geschäfte der einzelnen Zellen und deren Umsatzbedingung

Probleme beim Aufbau und bei der Führung eines Handelspanels

* **Quotenmerkmale:**

  Bei der Vergabe von Quoten geht man davon aus, daß eine hohe Korrelation zwischen quotierten und nicht quotierten Merkmalen besteht. Sollte dies nicht der Fall sein, weist das Panel erhebliche Repräsentanzprobleme auf.

* **Coverage:**

  Ähnlich wie beim Verbraucherpanel weist das Handelspanel "Coverage-Probleme" auf. D.h. es werden nicht alle relevanten Absatzkanäle erfaßt. So fehlen z.B. im Bereich des Lebensmittelhandels die Verkäufe der Aldi-Gruppe, der Norma und die der Lebensmittelabteilungen der Warenhäuser (siehe Abbildung). Man kann davon ausgehen, daß in einzelnen Warengruppen durch die Panels nur ca. 70 % des Marktes abgedeckt werden. Um diesen Problemen aus dem Wege zu gehen, werden immer mehr Spezialpanels angeboten, die sicherstellen, daß alle Absatzkanäle der untersuchten Warengruppen abgedeckt werden (z.B. TV-Geräte, Drogeriewaren usw.)

* **Anwerbung:**

  Ein Problem stellt auch die Anwerbung von Geschäften dar, da der Handel aufgrund seiner hohen Konzentration nur über die Zentralen vertraglich gebunden werden kann. Lehnt ein wichtiger Handelspartner die Zusammenarbeit mit den Instituten ab, tauchen sofort Coverage-Probleme auf.

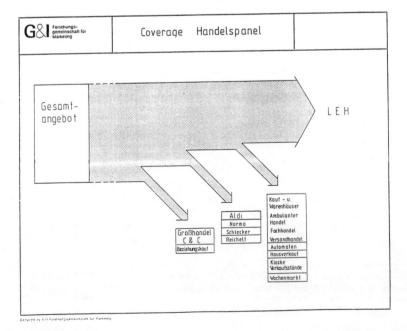

Datenerhebung im Handelspanel

Die Datenerhebung im Handelspanel erfolgt auf zwei Wegen.

* **durch den Außendienst**
  regelmäßige Inventur (alle 2 Monate) der ausgewählten Geschäfte durch den Außendienst der Institute (Basis = Artikel)
  Erfaßt werden die Bestände an vorrätiger Ware (Verkauf / Lager / Sonderplazierung), die Einkäufe (anhand von Lieferscheinen) und die aktuellen Verkaufspreise.
  Erfaßt werden die Waren auf maschinenlesbaren Vordrucken (Aktivlisten) oder mit elektronischen Erfassungsgeräten.

* **durch Datenträgeraustausch**
  Sofern die Handelsorganisation die oben genannten Daten auf Datenträgern erfassen, können diese auf dem Wege des Datenträgeraustausches dem Institut zugeleitet werden.
  Diese Methode ist kostengünstiger und ermöglicht eine höhere Aktualität der erhobenen Daten.

Grundprinzip der Erfassung

Dem Handelspanel liegt folgendes Erfassungsprinzip zugrunde:

	Inventur des Lagerbestandes zu Beginn der Periode
+	getätigte Einkäufe in der Untersuchungsperiode
./.	Inventur des Lagerbestandes zum Ende der Periode
=	Abverkäufe zwischen den Erhebungsintervallen

Neben den Abverkaufs- und Lagerbestandszahlen sowie den Einkäufen und Preisen können noch weitere Kriterien erfaßt werden, wie z.B.
- Zweit- und Sonderplazierungen / Displays
- durchgeführte Aktionen
- Regalflächenaufteilung
- Händlerinformationen

Informationsinhalt und -umfang

*   *Produktdaten:*

-    ***Endverbraucher-Absatz (EVA)*** in DM - absolut und Marktanteil in %
-    ***EV-Absatz*** in Einheiten (Pack. / Kilogramm) - absolut und Marktanteil in %
-    ***Einkauf*** des EH - absolut und Anteil in %
-    ***Lagerbestand*** des EH - absolut und Anteil in %
-    ***Lagerumschlagsgeschwindigkeit***
-    Durchschnittlicher Monatsabsatz je Geschäft - führend
-    Durchschnittlicher Lagerbestand je Geschäft - führend
-    Anteil Direktbezug vom Hersteller
-    Großhandelsbezug

*   *Nielsengebiete:*

-    Gebiet I   = Hamburg, Bremen, Schleswig-Holstein, Niedersachsen
-    Gebiet II   = NRW
-    Gebiet IIIa   = Hessen, Rhld.-Pfalz, Saar
-    Gebiet IIIb   = Baden-Württemberg
-    Gebiet IV   = Bayern
-    Gebiet Va   = Berlin-West
-    Gebiet Vb   = Berlin-Ost
-    Gebiet VI   = Mecklenburg-Vorpommern, Brandenburg, Sachsen-Anhalt
-    Gebiet VII   = Thüringen, Sachsen

*   *Distribution:*

numerische Distribution (bezogen auf Berichtszeitraum)
-    %-Satz der Geschäfte, die die Ware vorrätig bzw. nicht vorrätig hielten
-    %-Satz der Geschäfte, die die Ware eingekauft bzw. nicht eingekauft haben.

gewichtete Distribution
-    Anteil der Geschäfte, die die Ware vorrätig hielten, am DM-Umsatz der Warengruppe
-    Anteil der Geschäfte, die die Ware nicht vorrätig hielten (normalerweise führen), am DM-Umsatz der Warengruppe
-    Anteil der Geschäfte, die die Ware einkauften bzw. verkauften, am DM-Umsatz der Warengruppe

*   ***Einzelhandelstypen:***
  - SB-Warenhäuser bzw. VMs
  - Discount-Geschäfte
  - Filial- und Coop-Geschäfte
  - Selbständige Super SB-Geschäfte
  - Selbständige Große SB-Geschäfte
  - Selbständige Mittlere SB-Geschäfte
  - Selbständige Kleine SB-Geschäfte

*   ***Organisationsformen:***
  - Filial-Geschäfte
  - Coop-Geschäfte
  - Edeka-Geschäfte
  - Rewe-Geschäfte
  - Spar-Geschäfte
  - ZHG-Geschäfte
  - Selex-, A & O- und KG-Geschäfte
  - Restliche Geschäfte

Berichterstattung im Handelspanel

Die Ergebnisse des Panels werden den Kunden ca. 4 Wochen nach Abschluß der Untersuchungsperiode schriftlich zugesandt bzw. auf Wunsch präsentiert. Es gibt 3 Berichtsarten:

- ***Running Report***
  zeigt die Informationen im Zeitablauf
- ***Standard Report***
  Darstellung der Periodenergebnisse
- ***Sonderanalysen***
  Spezialauswertungen, wie z.B.
  - Distributions-Überschneidungen
  - Konzentrationsanalysen
  - Preisanalyse / -elastizitäten
  - Kontaktstreckenanalysen
  - Auswertung von Aktionen
  - Handelskanalspezifische Auswertungen
  - Sortimentsanalysen

Die Daten des Handelspanels werden insbesondere im Produktmanagement, im Key-account-management und im Vertrieb der Markenartikelunternehmen benötigt. Sie geben Auskunft über die Marktanteilsentwicklung der Marken, zeigen evtl. Distributions-lücken auf, zeigen Aktionen und Reaktionen der Konkurrenz, geben Auskunft über die Bedeutung der Handelskanäle usw.!

Weiterentwicklung des Handelspanels

Das bisherige Handelspanel weist 3 gravierende Probleme auf

- relativ geringe **Aktualität** (Ergebnisse 4 Wochen nach Abschluß der Periode)
- beschränkte **Marktabdeckung** (nicht alle Handelsorganisationen werden erfaßt)
- hohe **Kosten** (z.B. durch Personaleinsatz im Außendienst)

Diese Probleme versucht man, zukünftig durch Einsatz der Scannertechnologie und Kombination von Handels- und Verbraucherpaneldaten zu lösen.

* **Scanner-Panel:**
   Durch die weitgehende Einführung der europäischen Artikelnummer (EAN-Code) und den Einsatz von Scannerkassen kann die körperliche Bestandserfassung entfallen. Es findet eine laufende Erfassung der Warenbewegungen im Handel statt, die den Instituten über Datenträger und Datenleitungen mitgeteilt wird. Auf diese Weise können wöchentliche running-reports erstellt und Kosten abgebaut werden (siehe Vergleich nächste Seite).

* **System-Forschung:**
   Durch die Kombination und den Vergleich von Daten aus dem Handelspanel einerseits und dem Verbraucherpanel andererseits, kann das Problem der Coverage weitgehend gelöst werden.

Kriterium	Traditionelles Handelspanel	Scanner-Handelspanel
Erhebungsfrequenz	zweimonatlich ex post	kontinuierlich
Berichtszeitraum	2 Monate 1 Woche	
Erfassungsmodus Absatz	Inventur und Belege Abverkäufe	tatsächliche
Erfassungsmodus Preis	aktueller Preis am Erhebungstag	tatsächlicher Preis
Berichts-verfügbarkeit	nach ca. 4 Wochen	nach ca. 2 Wochen
Kosten	hoch, da sehr personalintensiv	sehr niedrig, da Nebenprodukt des Kassiervorganges
Reliabilität	beschränkt, da Anteil menschlicher Arbeit hoch	langfristig als sehr hoch zu erwarten
externe Validität	hoch	langfristig eben-falls als hoch zu erwarten

Quelle:
entnommen aus: Weis/Steinmetz: Marktforschung, Ludwigshafen 1991

4.2 TESTS UND TESTMARKTFORSCHUNG

Über die Anlage und Methodik von Tests wurde bereits im Rahmen der Informationsgewinnung berichtet. In der Praxis haben sich spezielle Testverfahren herausgebildet, die insbesondere im Rahmen von Überprüfungen des Marketing-Mix (Produkt, Preis, Distribution, Werbung) eingesetzt werden. Zu den wichtigsten Testverfahren zählen:

* Produkttest
* Storetest
* Markttest
* Mini-Testmarkt
* Testmarktsimulation

4.2.1 Produkttest

Definition:

Beim Produkttest handelt es sich um eine experimentelle Untersuchung, bei der die Zielgruppe (oder auch Alternativgruppen) die Testprodukte nach verschiedenen Kriterien beurteilen und bewerten soll. Die Untersuchung kann sich auf die Testprodukte als Ganzes oder auf einzelne Produktbestandteile beziehen. Die Testprodukte werden den Probanden unentgeltlich zur Verfügung gestellt.

Abzugrenzen vom Produkttest sind der Konzept- und der Warentest.

Der **Konzepttest** dient der Überprüfung und Beurteilung einer Produktkonzeption oder einer Produktidee. D.h. es wird kein reales Produkt getestet, sondern die Idee zu einem neuen Produkt. Der Test verlangt von den Probanden viel Vorstellungsvermögen, da sie auf konkrete Produkterfahrungen nicht zurückgreifen können!

Der **Warentest** dient der Überprüfung der Gebrauchstauglichkeit und der Bewertung von Produkteigenschaften (siehe auch DIN 66 052) durch ein neutrales Testinstitut (z.B. Stiftung Warentest / Öko-Institut). In der Regel werden die Produkte / Marken einer Warengruppe im Vergleich untersucht und bewertet. Probleme liegen in der subjektiven Auswahl von Testverfahren und Testkriterien.

Zielsetzungen von Produkttests:

Im Produkttest können sowohl marktfähige Produkte (Prototypen) wie auch marktreife Produkte (bereits eingeführt) überprüft werden. Es ist möglich, sowohl Eigen- wie auch Fremdprodukte in den Test einzubeziehen.

* **Testziele bei Prototypen:**
    - Überprüfung von Produktalternativen
    - Ermittlung der besten Produktalternative
    - Überprüfung originärer Produkteigenschaften (z.B. Handling, Rezeptur, Nutzen usw.)
    - Bewertung sekundärer Produkteigenschaften (z.B. Design, Verpackung, Preis usw.)
    - Gesamtbewertung und Feststellung der Kaufbereitschaft

* **Testziele bei im Markt befindlichen Produkten:**
    - vergleichende Bewertung mit Konkurrenzprodukten
    - Überprüfung von Produktmodifizierungen (z.B. beim Relaunch)
    - Schwachstellenanalyse von Produkten
    - Messung von Imagekriterien
    - Ansatzpunkte für Produktverbesserungen

Testumfang:

* **Volltest** =
Überprüfung des Testproduktes als ganzes mit allen Teilkomponenten (ganzheitliche Erfassung)
Dazu zählt u.a. die Überprüfung folgender Komponenten
    - originäre Produktleistung (Funktion, USP usw.)
    - Produktäußeres (Form, Material, Farbe usw.)
    - Packung und Verpackung
    - Marke
    - Preis
    - Verwendungszweck

* **Partialtest** =
Überprüfung von Teilkomponenten eines Produktes
Dazu zählen insbesondere:

- Packungstest
- Namenstest
- Degustationstest
- Preistest

Form der Darbietung:

* **Blindtest** =
- Testprodukte neutral verpackt (keine Marken- und Herstellernamen!)
- Überprüfung originärer Produkteigenschaften bzw. der Gebrauchstauglich-keit

* **Offener Test** =
- Testprodukte in marktüblicher Verpackung mit Nennung von Marken- und Herstellernamen
- Überprüfung der ganzheitlichen Wirkung von Produkten unter Berücksichti-gung von Imagekomponenten

* **"Kombi"-Test** =
Hintereinander-Schaltung von Blind- und Offenem Test

Testdauer:

* **Kurzzeittest** =
Überprüfung spontaner Produkteindrücke und -empfindungen

* **Langzeittest** =
Überprüfung von Produktbeurteilungen aufgrund längeren Ge- und Verbrauchs. Häufig sind stabile Ergebnisse erst nach Mehrfachverwendung und ausreichen-den Produkterfahrungen möglich!

Testanordnung:

* **Monadischer Test** =
Überprüfung eines *einzelnen* Testproduktes. Kein direkter Vergleich mit anderen Produkten möglich

*　***Nicht monadischer Test*** =

Überprüfung von mindestens zwei Testprodukten im direkten Vergleich

- entweder zeitlich nacheinander (sukzessiv)
- oder zeitlich gleichzeitig (parallel)

Häufig angewendet der ***"Paarvergleich"***, bei dem der Proband sich für eine Variante entscheiden muß;

oder ***"Rangreihentest"***, bei dem mehrere Testprodukte nach verschiedenen Kriterien in eine Rangfolge gebracht werden müssen.

Testort:

*　***home-use-Test*** =

Test wird im gewohnten häuslichen Umfeld durchgeführt. Normalerweise als Langzeittest mit schriftlicher Befragung angelegt. Zielpersonen können u.a. aus dem Adressenpool eines sog. Produkttest-Samples (z.B. GfK) stammen.

- Vorteil:
  geringe Kosten

- Nachteil:
  Test nicht direkt kontrollierbar

*　***Studio-Test*** =

Test wird in mobilen oder stationären Studios durchgeführt. Üblicherweise als Kurzzeittest mit direkter persönlicher Befragung angelegt. Zielpersonen werden im Umfeld des Studios gesucht ("gebaggert")

- Vorteile:
  kontrollierbare Testbedingungen
  Einsatz apparativer Verfahren (z.B. Greifbühne)
  schnelle Ergebnisse (Kurzzeittest!)

- Nachteile:
  atypische Verbrauchs- und Gebrauchssituation
  häufig keine repräsentativen Stichproben!

Untersuchungsziele:

*   **Präferenztest** =
    ob und in welchem Ausmaß das Testprodukt anderen Produkten vorgezogen wird

*   **Akzeptanztest** =
    ob und in welchem Ausmaß bei der Testperson eine Kaufabsicht besteht, ausgelöst durch die Produktqualitäten oder das Preis- / Leistungsverhältnis

*   **Deskriptionstest** =
    ob und in welcher Ausprägung bestimmte Produkteigenschaften wahrgenommen werden bzw. welche Wertigkeit sie für den Probanden haben

*   **Diskriminierungstest** =
    ob und in welchem Ausmaß die Probanden zwischen den Testprodukten vorhandene Unterschiede wahrnehmen können (Blindtest!)

*   **Evalutionstest** =
    Bewertung des Testproduktes als ganzes oder Bewertung einzelner Produkteigenschaften anhand einer Notenskala

Produkttest-Panel:

Aufgrund der Schwierigkeit, bestimmte Zielgruppen für Testzwecke zu finden (z.B. Videonutzer, Intensivverwender von Haarshampoo), bieten die Institute Adressen, z.B. aus ihren Verbraucherpanels, an.

Da einerseits die Panels einen großen Stichprobenumfang haben (20 - 30.000), andererseits die demografischen und qualitativen Strukturen der Panelteilnehmer bekannt sind, lassen sich ohne Probleme nach Quotenvorgaben Substichproben für Produkttests ziehen (z.B. Gartenbesitzer, Heimwerker usw.).

In der Praxis haben die Produkttests einen Stichprobenumfang von 200 bis 1.000 Personen.

4.2.2 Storetest

Definition:

Überprüfung von Testprodukten beim probeweisen Verkauf im Handel unter kontrollierten Bedingungen.

Versuch einer möglichst "marktrealen" Überprüfung (in der Regel) von neuen und geänderten Produkten!

Testziele:

bei neuen und geänderten Produkten:
- Verkaufschancen des Produktes
- Auswirkungen auf das Konkurrenzumfeld
- Optimale Preisfindung
- Akzeptanz von Produkt- und Verpackungsgestaltung
- usw.

bei eingeführten Produkten:
- Einfluß von Sonderplazierungen und Regalstrecken
- Auswirkungen von Promotion-Maßnahmen und Aktionen (Displays, Zugaben, Sonderpreise, usw.)
- Auswirkungen von werblichen Maßnahmen (Propagandistinnen, Durchsagen, Werbezettel usw.)

Testablauf:

- Auswahl der Testgeschäfte und deren Zustimmung zur Durchführung
- Plazierung der Testprodukte und evtl. Displays
- Schaltung von Werbung
- Beobachtung der Testsituation (Testanordnung / Bevorratung)
- Abrechnung mit den Händlern
- Feststellung der Abverkäufe
- Analyse und Bericht

Um zu vernünftigen Ergebnissen zu kommen, sind je nach Produktart („Schnelldreher / Regalhocker") mindestens 4 Wochen reine Testzeit notwendig. Die Testanordnung erfolgt nach den im Experiment üblichen Verfahren (z.B. matched samples).

Neben der reinen Beobachtung sind auch Käuferbefragungen am Verkaufsort möglich!

Storetest-Panels:

Eine ausgesuchte Zahl von EH-Outlets (Super SB's) steht für Testzwecke ständig zur Verfügung. Die Test-Stores liegen in verschiedenen Regionen der BRD (SB-Geschäfte über 1 Mio. DM Jahresumsatz).

Vorteile:
- schneller Aufbau des Samples
- keine Zugangsbeschränkungen in den Läden
- professionelle Testbetreuung
- Eingehen auf regionale Verbraucherunterschiede
- kostengünstig

Vor und Nachteile von Store-Tests:

Vorteile:
- marktnaher Test, schnell, kostengünstig

Nachteile:
- in erster Linie Messung von Abverkaufszahlen. Weitere Daten sind nur durch zusätzlichen Aufwand zu erheben:
- Wer hat gekauft (Käuferstruktur)?
- Warum wurde gekauft (Käufermotivation)?
- Einflüsse aus vorherigen Verkaufsperioden, Aktionen der Konkurrenz können die Ergebnisse verfälschen! (spill-over- und carry-over-Effekte)
- Die Überprüfung eines realen Media-Mix ist nicht möglich!

4.2.3 Markttest

Definition:

Überprüfung von Produkten in einem räumlich begrenzten Feldexperiment (z.B. Nielsen-Gebiet) unter kontrollierten Bedingungen und unter Berücksichtigung aller Marketing-Mix-Faktoren. Das Ziel des Markttests ist die *Simulation der realen Marktsituation*, um aus den Erkenntnissen des Regional-Tests Schlußfolgerungen und *Prognosen für eine nationale Einführung* ziehen zu können.

Im Markttest werden überprüft:
- neue Produkte
- geänderte Produkte (Relanches)
- Ausweitung von Produktfamilien (Line-Extensions)
- neue oder geänderte Marketingkonzeptionen (Strategie und Marketing-Mix)

Voraussetzungen für einen Markttest:

* er muß in seiner *Struktur dem Gesamtmarkt* entsprechen, um die Ergebnisse auf den Gesamtmarkt projizieren zu können. Und zwar in bezug auf
- die Bevölkerungsstruktur
- die Bedarfsstruktur
- die Struktur des Handels
- die Wettbewerbsstruktur

* er muß eine dem Gesamtmarkt entsprechende *Mediastruktur* aufweisen
- alle Medien verfügbar und einsetzbar
- alle Medien räumlich abgrenzbar (Test- und Streubereich sollten deckungsgleich sein)

* er muß über geeignete *Mafo-Einrichtungen* verfügen
- z.B. Regionalpanels
- Interviewer-Organisationen

* er muß exakt abgrenzbar sein ("Isolation des Testmarktes"), d.h. wenig störende Einflüsse von außen!

* er muß eine aussagefähige *Größe* haben:
  ausreichende Basis, mindestens Ballungsräume (z.B. Nielsen-Ballungsräume) oder Bundesländer (z.B. Saarland)

* er muß zeitlich die richtige *Länge* haben:
  mindestens eine Wiederkaufsperiode (Problem: Konkurrenzaktivitäten, Kosten!)

* es muß die *Bereitschaft des Handels* zur Mitarbeit vorhanden sein (regionale Abdeckung durch ein Handelspanel)

* es muß ein überprüfbarer *Kontrollmarkt* aufgebaut werden, in dem keine Testmarktvarianten laufen!

Ziele des Markttests:

* Hochrechnung der Regional-Ergebnisse auf den Gesamtmarkt, um Absatzchancen zu prognostizieren

* Überprüfung der Wirkungen des Marketing-Mix

* Überprüfung alternativer Konzeptionen (z.B. Vertriebswege, Preise)

* Überprüfung des Werbeeinsatzes

* Bestimmung der nationalen Etatansätze

Beispiel: GfK - Kombinierter Testmarkt

In einer dreistufigen Untersuchungsanordnung werden dabei auf dem jeweiligen Testmarkt

* erstens, im Anschluß an die Einführung des Produktes ca. 150 bis 200 Händler / outlets befragt in bezug auf die Distribution des Testproduktes und der Wettbewerbsprodukte, die Distribution von Werbematerial, die Bekanntheit der Testprodukte, Außendienstaktivitäten usw. Ca. zwei Wochen später wird der Bericht geliefert

*   zweitens, ausgehend von diesen Daten werden dann das Testprodukt führende Geschäfte (etwa 25 bis 35) ausgewählt und laufend beobachtet. Das Erhebungsprogramm entspricht dem der Storetest-Panels (siehe Pkt. 4.2.2).

*   Im dritten Schritt werden erneut die unter Schritt 1 genannten Händler / outlets befragt. Der Untersuchungsgegenstand bleibt identisch, jedoch werden zusätzliche Beurteilungen des Testproduktes, Absichten über die Weiterführung bzw. Gründe für die Nichtaufnahme erfragt.

4.2.4 Mini-Testmarkt-Verfahren

Die Probleme beim regionalen Markttest (insbesondere Bereitstellung der Testware, Listung im Handel) haben dazu geführt, daß man nach Alternativen gesucht hat. Zielsetzung war es, die Tests auf ein vertretbares Mindestmaß zu reduzieren, ohne ihre Aussagekraft zu stark einzuschränken.

Die Lösung besteht in einer *Kombination aus Verbraucher- und Handelsdaten*, die über vor Ort installierte Panels bereitgestellt werden.

In Deutschland werden derzeit 3 Mini-Testmarkt-Verfahren von den Marktforschungsinstituten angeboten:

*   Erim-Panel   (GfK)
*   Telerim   (Nielsen)
*   Behavior-Scan   (GfK)

GfK-Erim-Panel

Als Beispiel für einen experimentellen Mikro-Testmarkt soll das seit 1977 etablierte GfK-Erim-Panel dargestellt werden.

*   Ansatz
    Das Erim-Panel arbeitet als kombiniertes Handels- und Haushaltspanel in vier Teststädten der BRD.

* Untersuchungsanlage
Untersucht werden die Stammkunden von 4 großen Verbrauchermärkten in den Städten Nürnberg, Hannover, Köln und Berlin. Im direkten Umfeld der 4 Märkte wurden jeweils 600 Testhaushalte angeworben, die ihren täglichen Bedarf weitgehend in den ausgesuchten VM's decken. Insgesamt ergibt sich ein repräsentatives Panel mit 4 x 600 = 2.400 Haushalten.

* Stichprobe
Die Haushaltsstichprobe ist repräsentativ nach dem Quotenverfahren zusammengesetzt, wobei die Strukturdaten (insbesondere die Einkaufsgewohnheiten) regelmäßig überprüft werden (mindestens 2 - 3 x pro Woche Einkauf im ausgewählten VM). Jeder Haushalt bekommt eine Identifikationskarte, die er beim Einkauf im VM vorzulegen hat. Dadurch wird sichergestellt, daß die Einkäufe im Handel den Haushalten individuell zugerechnet werden können. Die Nutzung der Identifikationskarten wird durch Incentives an die Haushalte gefördert (z.B. kostenlose Zustellung einer Programmzeitschrift, Verlosung von Sachpreisen usw.).

* Datenerfassung am Point of Sales
Die Erfassung der Haushaltseinkäufe erfolgt nach Vorlage der Identifikationskarte über Scannerkassen.

* Testorganisation
Die GfK plaziert die Testprodukte in den ausgesuchten Märkten und sorgt für eine fortlaufende Distribution während des Tests. Kommunikative Maßnahmen (z.B. Anzeigen, Handzettel, Warenproben) werden entsprechend des Marketing-Planes vor Ort umgesetzt. Das gilt auch für VK-Maßnahmen am POS.

* erhobene Daten
Das Mini-Testmarkt-Panel ermöglicht die Überprüfung der Marktchancen neuer Produkte unter möglichst realen Bedingungen - insbesondere unter Berücksichtigung von Marketing-Mix-Maßnahmen (siehe Abb. folgende Seite).
Zur Analyse werden folgende Daten zur Verfügung gestellt:
- *Verbraucherebene:*
  Käuferreichweiten
  Struktur der Käufer
  Wiederkaufsraten
  Einkaufsintensitäten
  Einkaufsmengen / Marktanteile

- **Handelsebene:**
  Abverkäufe / Marktanteile
  Verkaufspreise

Diese Daten werden durch qualitative Informationen aus Käufer- und Händlerbefragungen ergänzt!

Die folgende Abbildung stellt das Prinzip dieses Mikro-Testmarktes dar:

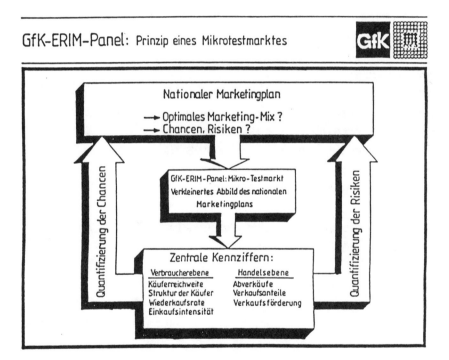

GfK-ERIM-Panel: Prinzip eines Mikrotestmarktes

* Aussagewert
  Das Erim-Panel soll Prognosen über das national zu erwartende Absatz-Volumen für neue Produkte ermöglichen. Es soll außerdem Informationen über Umfang und Zusammensetzung des Marketing-Mix geben.

* Vorteile:
  - Test unter realistischen Marktbedingungen
  - keine Distributionskosten
  - begrenzte Produktionsmenge für das Testprodukt
  - Begrenzung der Testmarktkosten im Vergleich zum regionalen Testmarkt
  - Überprüfung des Marketing-Mix

* Nachteile:
  - keine vollständige Erfassung aller Einkäufe der Testhaushalte
  - Wirkung von Rundfunk- und TV-Werbung ist nicht möglich
  - evtl. atypische Käuferstrukturen in den VM's

GfK - Behavior-Scan

Der Aufbau sog. "elektronischer" Mini-Testmärkte gelang in Deutschland erst durch die Übernahme neuer Testverfahren aus den USA. Grundlage dieser Testmärkte ist die konsequente Nutzung von Scannerkassen, EDV-Systemen, TV-Kabeltechnik und In-home-Scannern. In Deutschland bieten derzeit zwei Anbieter solche Testsysteme an: Nielsen das System "Telerim", GfK das System "Behavior-Scan".

Im folgenden soll prototypisch für einen elektronischen Testmarkt das System "GfK-Behavior-Scan" dargestellt werden.

* Ansatz:
"GfK-Behavior-Scan" ist ein *experimentelles Mikro-Testmarkt-System*, das im Bereich des Kabelgebietes "Ludwigshafen / Vorderpfalz" zur exakten Messung der <u>Auswirkungen alternativer Marketingmaßnahmen (einschließlich TV-Werbung)</u> auf das effektive Kaufverhalten installiert wurde. Dieses in Europa einzigartige Hightech-Testmarktinstrument basiert auf einem kombinierten Handels- und Haushaltpanel.

* Untersuchungsanlage:

Als Testgebiet wurde der Ort *Haßloch* in der Vorderpfalz ausgewählt, da er eine Reihe von Anforderungen aufweist, die für einen elektronischen Testmarkt von Bedeutung sind:

- Der Ort ist voll verkabelt
- Er liegt relativ isoliert im Pfälzer Wald
- dadurch hohe Bedarfsdeckungsrate am Ort
- die in die Untersuchung einbezogenen Handelsgeschäfte decken 95 % des LEH-Umsatzes von Haßloch ab
- Die Bevölkerungsstruktur ist weitgehend repräsentativ für die BRD
- Die Handelsszene deckt alle relevanten Geschäftstypen des LEH ab

* Stichprobe:

Es besteht ein repräsentatives *Haushaltspanels* mit 3.000 Haushalten. Die Stichprobe unterteilt sich in 2 Gruppen:

- 1.000 Haushalte *ohne* GfK-Box (kein Empfang von TV-Testwerbung)
- 2.000 Haushalte *mit* GfK-Box (Empfang von TV-Testwerbung)

Alle Haushalte sind mit *Identifikationskarten* ausgestattet, die beim Einkauf an der Scannerkasse vorgelegt werden müssen. Die Vorlage dieser Karte wird durch Incentives (Gewinnspiele, Geschenke) und Zugaben (Bezahlung der Kabelgebühr, kostenlose Programmzeitschrift) sichergestellt.

* Werbung / VKF

Für kommunikative Maßnahmen stehen alle Medien zur Verfügung

- TV / Rundfunk   - Handzettel
- Tageszeitung / Supplement - Anzeigenblätter
- Zeitschriften   - Sonderplazierungen am POS
- Plakat   - Aktionen in den Märkten

* Targetable TV-System

Eine technische und methodische Besonderheit dieses experimentellen Mikro-Testmarkts "GfK Behavior-Scan" stellt das im folgenden skizzierte "Targetable TV"-System dar. Diese Technik gestattet die *gezielte individuelle TV-Werbeansprache jedes einzelnen* verkabelten Testhaushalts mit GfK-Box und ermöglicht dadurch die experimentelle Wirkungsmessung von TV-Werbung. Eine schematische Darstellung dieses Targetable TV-Systems zeigt folgende Abbildung.

Targetable TV-System
Response-Messung von TV-Werbung

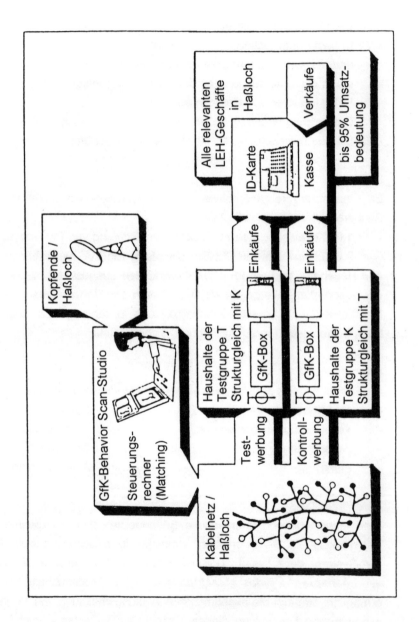

Die patentierte Technologie beinhaltet folgende technischen Bausteine:

- An die Fernsehgeräte der 2.000 Testhaushalte ist die sog. **GfK-Box** angeschlossen, mit der es möglich ist, die Haushalte „anzusteuern".
  Die GfK-Box ähnelt zum Teil einer Telefonanlage. Jede einzelne GfK-Box in den Testhaushalten verfügt über eine spezielle Nummer. Sie kann zur **Überblendung regulär ausgestrahlter Werbespots** durch Testspots gleicher Länge (sog. Cut-In-Prozedur) gezielt angesteuert werden.
  Gleichzeitig besitzt die GfK-Box alle wesentlichen Eigenschaften zur **sekundengenauen elektronischen Messung, Speicherung und Übertragung von Seherdaten**.

- Am Kopfende des Kabelnetzes des Testgebietes ist ein **Studio** mit entsprechender TV-Übertragungstechnik eingerichtet worden, das mit den adressierbaren GfK-Boxen der Testhaushalte kommuniziert.

Die GfK-Box-Nummern der Haushalte werden in den Steuerungsrechner im TV-Studio ebenso eingegeben wie derjenige TV-Sender, in dem die Überblendung stattfinden soll (z.B. ARD).

Parallel zur Ausstrahlung des regulären TV-Werbespots wird der betreffende Test-Werbespot gleicher Länge über den GfK-Kanal gesendet.

Zu Beginn der synchronen Ausstrahlung der Testwerbung schalten die GfK-Boxen auf zentralen Befehl vom Studio die Fernsehgeräte derjenigen Haushalte, die zur Test-Gruppe gehören, auf den GfK-Kanal um. Dies geschieht selbstverständlich nur bei jenen Haushalten, die gerade das Programm empfangen, in dem die Überblendung stattfinden soll (z.B. ARD). **Diese Umschaltung erfolgt in der Schwarzphase zwischen zwei Werbespots**, so daß sie von den Zuschauern nicht wahrgenommen werden kann. In der Schwarzphase am Ende des regulären Werbefilms wird genauso unmerkbar auf den ursprünglich empfangenen Kanal zurückgeschaltet.

Als Ergebnis dieser Prozedur sieht eine Gruppe von Haushalten (Testgruppe) die Testwerbung, während die andere Gruppe (Kontrollgruppe) auf demselben Kanal und zur selben Zeit die regulär ausgestrahlte Werbung empfängt. Es ist auf diese Weise möglich, die Wirkung der Werbung auf das Kaufverhalten der beiden Gruppen zu untersuchen. So kann z.B. die Frage beantwortet werden, welche Auswirkungen die Schaltung von mehreren TV-Spots auf die Entwicklung der Endverbraucherabsätze hat bzw. auf die Entwicklung der Marktanteile (Werbedrucküberprüfung!)

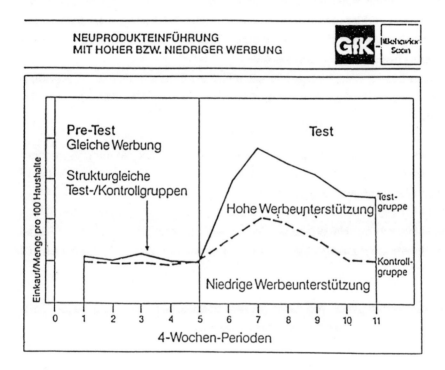

*   Testvoraussetzungen
-   Einverständnis der Testhaushalte zur Überblendung von TV-Spots
-   Genehmigung der Markenartikelindustrie zur Überblendung ihrer regulär gebuchten TV-Spots
-   Bereitschaft der TV-Sender zur Mitarbeit im Testgebiet

*   Testanlage

Es handelt sich um eine Single-Source-Untersuchung, die die Überprüfung des gesamten Marketing-Mix unter kontrollierten und zugleich realen Marktbedingungen ermöglicht. Es sind Aussagen zur Produktpolitik, Preispolitik, Kommunikationspolitik und Verkaufsförderung möglich.

*   Erhobene Daten

Im Mittelpunkt stehen die Daten des Verbraucher- und Handelspanels (siehe auch Abbildung)

-   *Verbraucherebene:*   -   *Handelsebene:*
    °   Käuferreichweite   °   Abverkäufe
    °   Struktur der Käufer   °   Marktanteile
    °   Wiederkaufsrate   °   Preisentwicklung
    °   Einkaufsintensität   °   VKF-Maßnahmen
    °   Marktanteile
    °   Marktsegmente
    °   Käuferwanderungen

Experimenteller Mikro-Testmarkt zur Optimierung des Marketing-Mix
(incl. TV-Werbung)

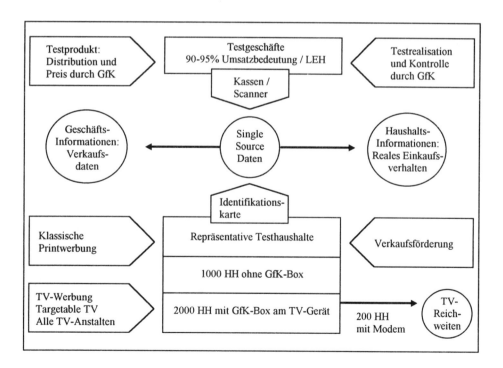

* Vorteile:
  - Test unter kontrollierten, realen Testbedingungen (biotische Testsituation)
  - Einbezug aller Marketing-Mix-Maßnahmen
  - Ausschaltung externer Störgrößen
  - experimentelle Überprüfung der Wirkung von TV-Werbung
  - Erkenntnisse über die Aufnahmebereitschaft des Handels (Listung!)

* Nachteile:
  - relativ aufwendig und dadurch teuer, eher für große Markenartikler geeignet
  - Test von regionalen Marken nicht möglich
  - keine verläßliche Aussage über Distributionsaufbau und -entwicklung

4.2.5 Testmarktsimulation

Beim Testmarktsimulationsverfahren handelt es sich nicht um einen Markttest mit realen Kaufbedingungen, sondern um einen Studiotest mit künstlichen Versuchsbedingungen. D.h. es wird die Kaufsituation (unter Ausschluß der Öffentlichkeit und der Konkurrenz) simuliert.

Ziel der Testmarktsimulation ist es, Prognosen über die zukünftige Akzeptanz des Testproduktes im Markt abzugeben, insbesondere über das zukünftige Absatzvolumen und den zukünftigen Marktanteil. Über Modellrechnungen werden diese Prognosedaten bereitgestellt.

In Deutschland bietet eine Reihe von Instituten dieses Verfahren an:
* TESI   (GfK-Nürnberg)
* SENSOR   (Research International)
* Quartz   (A.C. Nielsen)
* Bases II   (Burke Marketing Research)

Im folgenden soll beispielhaft das Verfahren "TESI" dargestellt werden.

GfK "TESI": Kombinierter Studio- und Home-use-Test

*   Untersuchungsablauf:

Phase 1:
Anwerbung der Testpersonen (Haushalte) nach vorgegebenen Quotenmerkma-
len. Die Anwerbung erfolgt in der näheren Umgebung des Teststudios. Bei der
Anwerbung werden bereits Gutscheine für den späteren Testeinkauf verteilt.

Phase 2:
Einladung der Testpersonen zum *Teststudio* bzw. Testladen

-     Vorinterview:
      Erhebung der *Markenbekanntheit* und *-verwendung* sowie des Einkaufs-
      verhaltens in der relevanten Zielgruppe.
      Ermittlung des bisherigen Einkaufsverhaltens und der *Markenpräferenzen*
      ("relevant set"). Dies erfolgt anhand von Bewertungschips (11 Stück) im
      Paarvergleich zwischen den relevanten Marken. ("Konstant-Summen-
      Methode")
      Anschließend wird die *Einstellung der Probanden* zu der relevanten Marke
      gemessen. Hierbei verfährt man nach einem Verfahren, das dem "Fishbein-
      Modell" vergleichbar ist.

-     Werbe- und Kaufsimulation:
      Vorführung von Werbung des Testproduktes und relevanter Konkurrenzmar-
      ken (TV und Anzeigen). Anschließend Einkauf im "Testgeschäft" (Regal-
      situation wie in der Realität!). Einkauf der präferierten Marke anhand der
      Gutscheine. Je nach Wahlentscheid bekommt die Vpn das Testprodukt oder
      die bisher präferierte Marke geschenkt mit der Aufforderung, es zuhause zu
      testen.

Phase 3:
-     Home-use-Test
      Gebrauch und Verwendung des Testproduktes

Phase 4:
- Erneute Einladung ins Teststudio
- Nachbefragung zur Markenverwendung
- Erneute Kaufsimulation (Wiederkaufmöglichkeit)
- Erhebung von Likes und Dislikes

*   Berechnung der Prognosedaten:

Die Hauptaufgabe der folgenden Auswertung besteht darin, die gewonnenen Daten zur Berechnung des *zukünftigen Marktanteils* zu verwenden. Dies geschieht nach dem *"Marktgesetz von Parfitt-Collins":*

Erstkauf-			Verwendungs-		
		Bedarfs-			progn.
pene-	x		x	intensität	=
		deckung			
tration				der Erstkäufer	Marktanteil

Dabei sind:

- *Erstkaufspenetration:*
  Anteil der kumuliert erreichten Erstkäufer
  an den Gesamtkäufern der Produktgruppe   (z.B. 15,8 %)

- *Bedarfsdeckungsrate:*
  Wiederkaufsmenge der Erstkäufer in der
  Folgeperiode als %-Anteil vom Gesamteinkauf
  der Warengruppe   (z.B. 55 %)

- *Verwendungsintensität:*
  Verwendungsintensität der Erstkäufer in
  Relation zu allen Käufern   (z.B. 115 %)

Bestimmung von "light" und "heavy users"!

Beispiel:
0,158 x 0,55 x 1,15 = ca. 10 % Marktanteil

* Vorteile:
    - kostengünstige Methode (Testprodukte nur für Studio- und home-use-Test)
    - gute Geheimhaltung vor der Konkurrenz
    - umfangreiche Erfahrungen aus den USA und Deutschland (hohe Schätzge-
      nauigkeit)

* Nachteile:
    - keine validen Ergebnisse (Studiotest)
    - keine Realsituation (100 % Reichweite der Werbung, 100 % Distribution)
    - Sensibilisierung der Testpersonen (keine biotische Situation)
    - Justierung der Modellrechnung an Paneldaten (keine Übertragbarkeit)

TESTMARKTALTERNATIVEN IM VERGLEICH

Testverfahren/ Beurteilungskriterien	Regionaler Testmarkt	Mini-Testmarkt	Studio-Testmarkt
Durchführungsart	Feld	Feld	Studio
Gewinnung von Informationen über Reaktionen	Konsument Handel Konkurrenz	Konsument Handel	Konsument
Anwendbar für den Test sämtlicher Marketing-Mix-Instrumente	Ja	Weitgehend	Nein
Testdauer	Längerer Zeitraum, da die Distributionskanäle erst aufgefüllt werden müssen	Kurzer Zeitraum, da keine Distributionsprobleme beim Handel und schnelle Verfügbarkeit der Daten	Kurzer Zeitraum, da keine Distributionsprobleme beim Handel und schnelle Verfügbarkeit der Daten
Kostenaufwand	Relativ hoch	Relativ gering	Gering
Kontrollmöglichkeiten	Gering; Gefahr von Störeinflüssen groß	Hoch; geringe Störeinflüsse	Sehr hoch; kaum Störeinflüsse
Möglichkeit der Geheimhaltung	Nicht gegeben	i.d.R. gegeben	Gegeben
Prognosemöglichkeiten	Hohe externe Validität, da größere Realitätsnähe und umfassende Testprogramme	Niedrige externe Validität aufgrund der eingeschränkten Realitätsnähe und geringen Repräsentativität	Niedrige-hohe externe Validität. Empirische Untersuchungen zeigen unterschiedliche Ergebnisse

4.3 WERBEWIRKUNGSFORSCHUNG

Der Überprüfung werblicher Maßnahmen in bezug auf ihre Wirkung bei dem Rezipienten bzw. bei der Zielgruppe kommt in der Marktforschung eine besondere Bedeutung zu. Schließlich werden in der BRD lt. Nielsen S + P über 23 Mrd. DM jährlich für Werbung allein in den sog. klassischen Medien (Anzeigen, TV, Hörfunk, Plakat) ausgegeben. Der Werbungtreibende will wissen, ob seine Werbung effizient war und zum angestrebten Werbeerfolg geführt hat.

Um dies zu überprüfen, sind zahlreiche Verfahren entwickelt worden, die die Werbewirkung untersuchen und evtl. messen sollen. Auf die wichtigsten soll im folgenden eingegangen werden.

Klassische Werbewirkungsmodelle im Überblick						
	Werbewirkung					Werbe-erfolg
Autor	1	2	3	4	5	6
BEHRENS	Behrührungserfolg	Beeindruckungserfolg	Erinnerungserfolg	Interesseweckungserfolg	- - -	Aktionserfolg
COLLEY	Bewußtsein	Einsicht	Überzeugung	- - -	- - -	Handlung
LAVIDGE/ STEINER	Bewußtsein	Wissen	Zuneigung	Bevorzugung	Überzeugung	Kauf
LEWIS	Aufmerksamkeit	Interesse	- - -	- - -	Wunsch	Handlung
Mc GUIRE	Präsentation	Aufmerksamkeit	Verstehen	Zustimmung	Behalten	Verhalten
SEYFFERT	Sinneswirkung	Aufmerksamkeitswirkung	Vorstellungswirkung	Gefühlswirkung	Gedächtniswirkung	Willenswirkung

Quelle: Kombination aus Mühlbacher, 1982, und Prochazka, 1987.

4.3.1 Werbewirkungsmodelle

Die Werbewirkung ist das Ergebnis eines Umworbenen am Kommunikationsprozeß, der aus den Teilen Wahrnehmung, Verarbeitung und Wirkung besteht. Die Aufnahme und Reaktion eines Umworbenen auf eine Werbebotschaft kann positiv, negativ oder indifferent ausfallen.
Alle in der Literatur aufgeführten Werbewirkungsmodelle gehen davon aus, daß sich Werbewirkung in Stufen oder Phasen entfaltet, wobei es sich (wie oben ausgeführt) um drei oder auch mehr Stufen handeln kann.

Alle Modelle sind ähnlich aufgebaut. In der ersten Stufe bekommt der Umworbene Kontakt mit einer Werbebotschaft, die einen Stimulus auslöst. In der nächsten Stufe soll durch den Stimulus die Aufmerksamkeit / das Interesse des Umworbenen erregt werden. Ist dies gelungen, sollen Lernprozesse ausgelöst werden, die schließlich in der letzten Stufe zum Werbeerfolg, dem Kaufakt, führen. Dieser Vorgang ist in einem hierarchischen Ablauf in der bekannten "AIDA-Formel" niedergelegt:

Attention -> Interest -> Desire -> Action!

In den aktuellen Modellen der Werbewirkung (z.B. Kroeber-Riel) wird deutlich, daß **emotionelle** und **kognitive** Vorgänge wechselweise und wechselseitig Einfluß auf die Werbewirkung nehmen. Die im folgenden dargestellten Untersuchungsmethoden knüpfen deshalb an diese beiden wichtigsten Determinaten an.

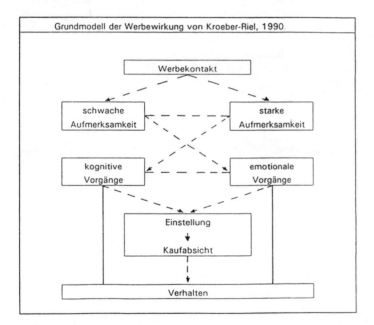

4.3.2 Operative Kriterien der Werbewirkung

Will man Werbewirkung untersuchen, so braucht man nicht nur eine Vorstellung vom Ablauf der kommunikativen Prozesse, sondern braucht auch operative Kriterien, mit denen man konkret Wirkungen messen kann.

Auch hierzu gibt es in der Literatur zahlreiche Veröffentlichungen (Beike, Koeppler, Mayerhofer), die Vorschläge für pragmatische Forschung machen. Hier ein Beispiel:

Wirkungsstufe: Meßkriterien:

1. Wahrnehmung   ->   **Aufmerksamkeit**
*   Betrachtungsdauer
*   aktiver und passiver Bekanntheitsgrad
*   Markenaktualität
*   Markenerinnerung (recall)
*   Markenwiedererkennung (recognition)
*   usw.

2. Verarbeitung   ->   **Kommunikationsleistung**
*   Wissen über Produkteigenschaften
*   Sloganpenetration
*   Erinnerung an werbliche Details
*   Produktinteresse
*   Einstellungen zum Produkt/zur Marke
*   Imagevorstellungen
*   usw.

3. Realisierung   ->   **Verhalten**
*   Kaufneigungen
*   Probier- / Erstkäufer
*   Wiederkäufer
*   Kauffrequenz
*   Verbrauchsintensität
*   usw.

4.3.3 Werbewirkung und Werbeerfolg

Werbewirkung und Werbeerfolg sind zwei selbständige Elemente, die getrennt voneinander betrachtet werden müssen. Die Werbewirkung ist grundsätzlich Voraussetzung
für den Werbeerfolg, d.h. sie ist zeitlich vorgelagert. D.h. kein Werbeerfolg ohne Werbewirkung!

*   Werbewirkung:
    Beinhaltet den Einfluß auf emotionale und kognitive Prozesse, die schließlich zu
    Lernen, Einstellungen und Verhalten führen. Wir können auch von der **qualitati-
    ven** Wirkung der Werbung sprechen.

* Werbeerfolg:

Kennzeichnet den ökonomischen Erfolg der Werbung, der sich in Kennziffern wie Umsatzveränderung, Marktanteil, Käuferreichweite usw. ausdrückt. Wir können auch von der *quantitativen* Wirkung der Werbung sprechen.

4.3.4 Kategorisierung von Werbewirkungstests

* nach *Untersuchungsobjekten*
  - Anzeigen
  - Plakate
  - Funkspots
  - TV-Spots
  - Kinowerbung

* nach *Untersuchungszeitpunkt*
  - vor Schaltung in den Medien (<u>Pretests</u> mit Werbeentwürfen)
  - nach Schaltung in den Medien (<u>Posttests</u> mit fertigen Vorlagen)

* nach *Untersuchungssituation*
  - Test im Labor oder Studio (künstliche Bedingungen)
  - Feldexperiment (reale Bedingungen)

* nach *Untersuchungsmethoden*
  - apparative Verfahren der Beobachtung
  - qualitative Befragungsmethoden

* *nach Untersuchungsziel*
  - Anmutung / Aktualgenese
  - Aktivierung / Emotion / Involvement
  - Wahrnehmung / visuelle Information
  - Lernen / Gedächtnis
  - Verhalten / Kauf

4.3.5 Anmutungs- und aktualgenetische Verfahren

Die Verfahren dienen der Überprüfung des Wahrnehmungsablaufes im unbewußten Bereich (Aktualgenese). Es geht darum festzustellen, inwieweit ein Rezipient schon flüchtige Reize aus der Werbung wahrnehmen und "erschließen" kann.

Nach den Erkenntnissen der Gestalt- und Ganzheitspsychologie können "gute Gestaltungen" schneller erfaßt werden als "schlechte" (Das Ganze ist mehr als die Summe seiner Teile!).

* **Tachistoskopisches Verfahren**

  Mit dem Tachistoskop wird untersucht, wie lange eine Person ein Werbeobjekt wahrnehmen muß, um die Gestaltung zu erfassen bzw. zu erschließen. Die Untersuchung erfolgt mittels eines elektronisch gesteuerten Projektionsgerätes, mit dem die Testobjekte sehr kurzzeitig (z.B. 1.000 sec.) dargeboten werden. Die Expositionszeiten werden im Laufe des Tests immer mehr verlängert, bis das Untersuchungsobjekt erkannt wird (Schwelle zum bewußten Wahrnehmen!).

* **Perimetrisches Verfahren**

  Das zu untersuchende Werbeobjekt wird mit Hilfe des Perimeters aus der Randzone des Blickfeldes langsam in dessen Mitte gerückt. D.h. es erfolgt ein experimenteller Versuch vom unscharfen, flüchtigen Sehen zum scharfen Sehen. Auch hier geht es um die Feststellung der Wahrnehmungsabläufe.

* **Vergrößerungs- und Verkleinerungsverfahren**

  Der Untersuchungsgegenstand wird im ersten Falle durch Vergrößerung des Wahrnehmungsabstandes in seiner "Aufnahme" erschwert;
  im zweiten Falle wird die "Aufnahme" dadurch erschwert, daß eine zunächst verkleinerte Vorlage schrittweise wieder vergrößert wird, bis die Wahrnehmungsschwelle erreicht ist.

* **Nyktoskopisches Verfahren**

  Durch Verdunkeln und nachfolgendes Aufhellen des Untersuchungsobjektes wird die Aktualgenese künstlich herbeigeführt.

4.3.6 Verfahren zur Reiz-Reaktionsmessung

Bei diesen Verfahren wird apparativ überprüft, ob und in welchem Maße ein Werbeobjekt emotionale und affektive Reaktionen auslöst. Der Überprüfung liegt die These zugrunde, daß eine Aufmerksamkeitswirkung und Informationsaufnahme beim Umworbenen nur dann zustandekommen kann, wenn die Werbung in der Lage ist, ihn emotional zu aktivieren!

In der Praxis werden zur Messung der Aktivierung primär elektro-physiologische Indikatoren genutzt. Als solche gelten:

Indikator		*Meßgerät*
Hautwiderstandsmessung	=	elektrodermale Hautreaktion (EDR / PGR)
Gehirnstrommessung	=	Elektroenzephalogramm (EEG)
Pulsrate	=	Blutdruckmesser
Atemfrequenz	=	Termisthor
Lidschlag	=	Augenkamera
Pupillenveränderung	=	Pupillometer
Hauttemperatur	=	Infrarot-Quarz-Thermometer
Stimmfrequenzanalyse	=	Mikrotremor
Mimik	=	Facial-Affect-Scanning (FAST)

Die angewandten Verfahren sind in der Praxis umstritten, da sie zwar den Grad der Aktivierung messen können, nicht aber seine Richtung (positiv / negativ!).

4.3.7 Verfahren zur Blickregistrierung

Die Beobachtungsverfahren zur Blickregistrierung dienen der Überprüfung des Blickverlaufes - speziell beim Betrachten von Anzeigen. Was registriert der Umworbene, in welcher Reihenfolge und wie lange (Fixationen)? Dabei unterstellt man, daß nur das Wirkung zeigt, was wahrgenommen wird; und je länger es wahrgenommen wird, desto größer ist die Chance zur Informationsaufnahme. Fehler in der Gestaltung von Werbemitteln können auf diese Weise aufgedeckt und korrigiert werden.

*   ***Eyemark Recorder NAC IV + V***
    Bei diesem Verfahren wird der Versuchsperson eine Spezialbrille mit zwei Kameraobjektiven aufgesetzt, mit denen einerseits die Bewegungen der Pupillen registriert werden, andererseits die Augenbewegungen auf eine Vorlage (z.B. Anzeige) projiziert werden (siehe Abbildung folgende Seite). Der Blickverlauf wird durch einen Lichtpunkt (Cursor) auf der Projektionsfläche (Anzeige) sichtbar gemacht. Auf diese Weise kann der Blickverlauf sehr exakt nachvollzogen werden. Der Nachteil dieser Technik liegt in der offenen Versuchsituation, d.h. die Vpn kennt den Untersuchungszweck und ist zum Teil durch die Technik in ihrer Bewegung eingeschränkt.

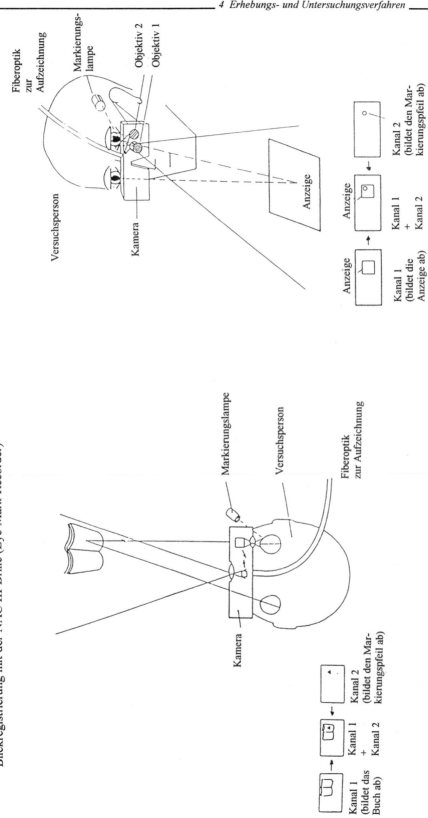

Blickregistrierung mit der NAC III-Brille (Eye-Mark-Recorder)

* Compagnon-Verfahren

Im Gegensatz zum Eyemark Recorder schafft das Verfahren des Institutes Compagnon, Stuttgart, eine quasi-biotische Beobachtungssituation. In einer "Wartezimmersituation" werden die Vpn gebeten, sich Zeitschriften anzuschauen. In den aufliegenden Zeitschriften sind Testanzeigen (nicht erkennbar) einmontiert.

Der Blickverlauf erfolgt über eine Videokamera, die in einer Stehlampe versteckt ist. Die spiegelnde Tischoberfläche erlaubt es, die jeweils aufgeschlagene Zeitschriftenseite und die Augen der Testperson simultan aufzunehmen.

Dieses Verfahren erlaubt es im Gegensatz zur NAC-Brille nicht, im Detail den Blickverlauf zu registrieren (Mikroeffekt), sondern dient eher dazu, die Aufmerksamkeitswirkung einer Anzeige im direkten Umfeld zu überprüfen (Makroeffekt).

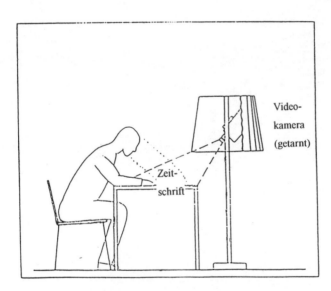

4.3.8 Verfahren zur Überprüfung des Lernerfolges

Während sich die bisher dargestellten Verfahren mit der Wahrnehmung und der Aufmerksamkeitswirkung von Werbung beschäftigen, versuchen die hier zusammengefaßten Verfahren, die Verarbeitung der Informationen bzw. das Lernen zu ergründen. D.h. welche Informationen wurden durch die Werbung vermittelt und welche wurden im Gedächtnis gespeichert.

* ### Kurz-Exposition
Dient der Überprüfung der Prägnanz von Anzeigen. Durch eine Kurzvorlage der Testanzeige (max. 2 Sekunden) soll der Durchblättereffekt in einer Zeitschrift simuliert werden.

Die Testperson wird anschließend nach den Inhalten der Werbung (Gestaltung und Botschaft) befragt. Überprüft werden die Reaktionen des Kurzzeitgedächtnisses.

* ### Foldertest
Dient der Überprüfung der Durchsetzungsfähigkeit von Anzeigen im Umfeld. Der Folder besteht aus einer Mappe mit ca. 10 bis 15 Anzeigen, wobei die Testanzeige im Mittelteil des Folders plaziert wird. Das Anzeigenumfeld wird in der Regel mit solchen Anzeigen konstant gehalten, deren Erinnerungswerte man bereits kennt. Überprüft wird die Erinnerung an Gestaltungs- und Textelemente aus dem Kurzzeitgedächtnis. Nachfolgend findet dann eine Analyse der Testanzeige bei Dauervorlage statt.

* ### Starch-Test (Recognition-Test)
Stellt ein Verfahren dar, bei dem die **Wiedererkennung** (Recognition) gemessen werden soll.

Beim Starch-Test wird eine Zeitschrift am Ende ihres Erscheinungsintervalls einer Quoten-Auswahl von ca. 150 Lesern dieser Nummer vorgelegt. Der Interviewer blättert der Vpn in neutraler Haltung Seite für Seite vor und fragt, ob sie die aufgeblätterten Anzeigen wiedererkannt, ob sie das Produkt und die Marke oder einzelne Anzeigenelemente beim Lesen wahrgenommen hat. In der Regel werden auf diese Weise bis zu 100 Anzeigen pro Testheft überprüft.

Der Bericht besteht zunächst aus der Testnummer mit Aufklebern, wieviel Prozent der Befragten die jeweilige Anzeige wiedererkannt haben und wieviel Prozent spezifische Inhalte reproduzieren können.

* ### Impact-Test (Recall-Test)
Bei diesem von Gallup und Robinson entwickelten Verfahren werden die **Erinnerungswerte** / Recall der Probanden gemessen. D.h. die Testpersonen müssen aus dem Gedächtnis (ohne Wiedervorlage) Anzeigen und Anzeigeninhalte reproduzieren.

Wie bei Starch wird ein Zeitschriftenheft vorgelegt mit der Frage, ob es gelesen wurde. Der Befragte gilt erst dann als tatsächlicher Leser, wenn er sich an einen Teil des Inhalts der Testnummer erinnern kann. Die Zeitschrift bleibt dabei geschlossen. Dann wird das Heft wieder fortgelegt, und der Befragte erhält Kärtchen vorgelegt, auf denen Namen von Firmen bzw. Marken gedruckt sind, für die in der betreffenden Nummer inseriert wurde. Zur Kontrolle sind auch Kärtchen für Marken dabei, für die keine Werbung in dem Heft enthalten ist (worauf die Befragten hingewiesen werden). Der Befragte hat zu jedem Kärtchen anzugeben, ob er eine Anzeige für diese Marke bzw. Firma gesehen hat. Dann beginnt das eigentliche Interview.

Der Befragte wird aufgefordert, erinnerte Anzeigen aus der Testnummer zu nennen und zu beschreiben. Es wird danach gefragt:

- was auf der Anzeige stand
- was dem Befragten beim Ansehen der Anzeige durch den Kopf ging
- welchen Eindruck die Anzeige hinterlassen hat.

Die Antworten der 200 Männer und 200 Frauen, die pro Zeitschriftennummer aus einer Quota-Bevölkerungs-Stichprobe durch Vorlage des Testheftes ausgesucht wurden, werden wörtlich protokolliert. Eine spätere Kontrolle, bei der alle Anzeigen nochmal vorgelegt werden, bietet die Möglichkeit eines Re-Checks.

* ***DAR (day-after-recall-test)***

Dieser in den USA vom Institut Burke entwickelte Test wird insbesondere bei der Überprüfung von TV-Werbung eingesetzt. Dabei werden einen Tag nach Ausstrahlung eines TV-Spots Fernsehzuschauer per Telefon kontaktiert und befragt, an welche Spots sie sich aus einem bestimmten Werbeblock erinnern können. Auf diese Weise stellt man fest, wieviele Seher eines Werbeblocks sich noch an den Testspot erinnern können und ob ihnen noch Inhalte des Spots bekannt sind.

Die Werte aus dem DAR-Test sind eine "harte Währung" für den tatsächlichen Recall. Der Test ist allerdings relativ teuer, da der Rekrutierungsaufwand zum Auffinden der Seher eines bestimmten Werbeblocks sehr hoch ist.

*   *Maskierungstest (Hidden-Test)*

Bei diesem Testverfahren müssen abgedeckte Anzeigen- oder Plakatelemente von der Versuchsperson identifiziert und aus dem Gedächtnis nachgebildet und vervollständigt werden. Der Quotient der Erinnerer (Rekordationszahl) gilt als Maß für die Werbewirksamkeit.

Der Test ist auch bei TV-Spots möglich, wobei bestimmte Sequenzen aus der Vorlage herausgeschnitten werden.

*   *Copy-Tests*

In der Werbewirkungsforschung ist die Bezeichnung "Copy-Test" eine Sammelbezeichnung für verschiedene Testverfahren. In der Praxis haben sich folgende Untersuchungsvariablen als wesentliche Bestandteile der Copy-Tests durchgesetzt:

-    Recognition (Wiedererkennen)
-    Recall (Erinnern)
-    Involvement (Produktinteresse)
-    Uniqueness (Unverwechselbarkeit)
-    Profil (Anmutung)
-    Likes und Dislikes (Einstellung)

D.h. es handelt sich um eine Kombination oben beschriebener Verfahren.

Grundsätzlich kann man feststellen:

-    Recall-Werte sind gegenüber Recognition-Werten die "härtere Währung", da sie Lernleistung wiedergeben (gestützt / aided oder ungestützt / unaided)
-    Involvement bzw. Produktinteresse beeinflußt maßgeblich die Höhe der Recall- und Recognition-Werte
-    Einzelne Recall- und Recognitionwerte sind erst dann aussagefähig, wenn man sie mit Durchschnittswerten einer Branche oder Produktgruppe vergleicht.
-    Größe, Farbigkeit, Umfeld von Anzeigen haben Einfluß auf die Recall- und Recognitionwerte

Einflußfaktor "Produktinteresse"

Anzeige	Copytest-Wert "Anzeige gesehen"	
	Stern-Leser gesamt %	Produkt- interessierte %
"Schwarzkopf"	44	55
"Du darfst"	45	66
"Tesa"	46	88
"Schwäbisch Hall"	47	56
"Lufthansa"	48	62
"Fiat"	55	60
"Dimple"	59	67
"Marlboro"	60	68
"Adidas	61	66
"König-Pilsener"	62	7

Lesebeispiel:

44 % der Stern-Leser gesamt haben die "Schwarzkopf"-Anzeige gesehen, dagegen 55 % der produktinteressierten Stern-Leser.

Quelle: Stern-Verlag, Hamburg: Argus!

4.3.9 Verfahren zur Überprüfung von Einstellungsänderungen

* **Ratingskalen:**

Die Einstellung der Befragten zur Gestaltung und zu den Inhalten bestimmter Werbemittel kann über entsprechende Rating-Skalen und Polaritätenprofile über- prüft und gemessen werden (siehe Kapitel 4.4).

* **Magnitudeskalierung:**

Gefallen (likes) und Mißfallen (dislikes) in bezug auf Werbung lassen sich aufgrund bisheriger Erkenntnisse besser durch non-verbale Verfahren überprüfen. Der Vorteil liegt darin, daß sich die Versuchspersonen nicht artikulieren müssen, somit schneller und ohne Rationalisierungen reagieren können.

Eingesetzt werden Magnitude-Skalen, bei denen die Vpn durch Druckstift oder Drehregler stufenlos ihre Zustimmung (z.B. langer Strich) oder Ablehnung (z.B. kurzer Strich) ihre Einstellung äußern kann.

* **Schwerin- oder Theatertest:**

In den 60er-Jahren wurden diese Verfahren erstmals eingesetzt. Testpersonen wurden in Kinos oder Theater eingeladen, um ihnen ein Filmprogramm zu zeigen. Das Programm war mit Werbeblocks durchsetzt. Vor und nach den Vorführungen wurden die Markenpräferenzen gemessen und aus den ermittelten Abweichungen auf die Wirkung der Werbemittel geschlossen.

Die GfK-Nürnberg bietet ein abgeleitetes Verfahren unter der Bezeichnung **"Ad Vantage"** an. Hierbei werden Testpersonen nach dem Zufallsprinzip aus dem Telefonbuch ausgewählt und an verschiedenen Orten in Teststudios eingeladen. Man spielt den Testpersonen einTV-Vorabendprogramm mit verschiedenen Werbeblöcken vor. Die Testpersonen werden vorab gebeten, auf einem Fragebogen einzutragen, welche Marken sie im Rahmen einer Verlosung gewinnen möchten (Pre-choice). Während der Vorführung werden Fragen zur Erinnerung (recall) an die Werbespots und deren Hauptaussage gestellt. Nach Beendigung des Programms wird erneut gefragt, welche Marken man gewinnen möchte (Post-choice).

Die Differenz zwischen Pre- und Post-choice bezüglich eines bestimmten Produktes wird "vergleichende Bevorzugung" bezeichnet. Um einen Bewertungsmaßstab für diesen Wert zu haben, errechnet man den gleichen Wert für alle Marken des betreffenden Produktfeldes und bildet daraus das arithmetische Mittel. Durch Subtraktion dieses Mittelwertes vom Bevorzugungswert des Testproduktes erhält man den sog. **"RCP-Wert"** = Relative Competitive Preference = relative vergleichbare Bevorzugung. Dieser Wert ist der Indikator für die Qualität des jeweiligen Testspots.

4.3.10 Zeitreihenverfahren / Werbetracking

Diese Verfahren sind keine ad hoc-Studien, sondern kontinuierliche Untersuchungen der Werbewirkung, d.h. es wird die Entwicklung bzw. der Verlauf der Werbewirkung untersucht.
Die beiden bekanntesten Verfahren sind in Deutschland der

*   GfK-"Werbeindikator" und der
*   IVE-"Werbemonitor".

Beide Verfahren beruhen auf dem gleichen Prinzip. Beispielhaft soll hier auf den *GfK-Werbeindikator* eingegangen werden.
Es handelt sich um ein standardisiertes Verfahren, bei dem ca. 200 Personen der Zielgruppe alle 2 Monate befragt werden. Kernfragen der Untersuchung sind:

-   Aufmerksamkeitswirkung (ungestützter und gestützter Recall)
-   Kommunikationsleistung (Sloganpenetration / Imagekriterien)
-   Einstellungsänderung (Markenprüfung / Kaufverhalten)

Das Grundprinzip des Werbeindikators beruht auf der Gegenüberstellung der Recallwerte mit den entsprechenden monatlichen Werbeaufwendungen (siehe Abbildung). Durch die Bewertung der Kurvenverläufe lassen sich Aussagen über die Werbewirkung von Kampagnen machen (z.B. sensible, abgenutzte, Depot-Kampagne).

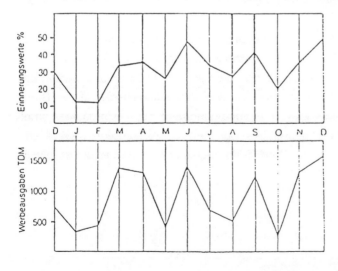

Quelle: GfK-Nürnberg: Werbeindikator

Die Kurve der Erinnerungswerte wird unter Einbeziehung der Ausgabenkurven beurteilt nach:

- der **Niveauhöhe**

    Welche durchschnittliche Niveauhöhe erreichen die Erinnerungswerte im Zeitablauf?

- der **Sensibilität**

    Wie deutlich und wie rasch folgen die Erinnerungswerte einer Änderung der Werbeaufwendungen?

- dem **langfristigen Verlauf**

    Sind langfristige Aufwärts- bzw. Abwärtsentwicklungen (unabhängig von Niveau und Sensibilität) zu beobachten?

Die kampagnenspezifische Beurteilung erfolgt dabei auf der Grundlage weitreichender GfK-Erfahrungen in den unterschiedlichsten Produktbereichen und Marktfeldern (35 Produktbereiche / Dachmarken mit ca. 250 Marken werden z. Zt. ständig beobachtet)!

Analyse der Aufmerksamkeitswirkung bei verschiedenen Kampagnentypen

a. Funktionierende, sensible Kampagne

b. Ineffiziente, unsensible Kampagne

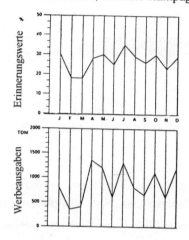

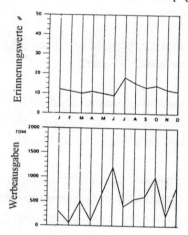

c. Überdurchschnittlich effiziente Kampagne
   (Depot-Kampagne)

d. Abgenutzte Kampagne

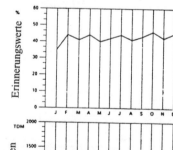

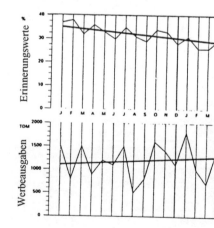

GfK-Broschüre: Werbeindikator; das Tracking-System

4.3.11 Verfahren zur Verhaltensanalyse

Maßstab für die Leistung der Werbung ist letztlich der ökonomische Erfolg. Dieser ist nur möglich, wenn die Werbung ein bestimmtes Kaufverhalten bewirkt. Die Analyse des Kaufverhaltens ist also ein wesentlicher Faktor zur Erklärung der Werbewirkung.

Dabei treten jedoch erhebliche Probleme auf, da in vielen Fällen ein direkter Kausalzusammenhang zwischen Werbung (input) und ausgelöstem Verhalten (output) nicht zu erkennen ist. Der Grund liegt im Problem der Zurechenbarkeit, da viele Faktoren das Verhalten bestimmen und nicht nur die Werbung.

Verfahren zur Analyse des durch Werbung ausgelösten Verhaltens wurden bereits in Kapitel "Testmarktforschung" behandelt.

Zu nennen sind hier

* Markttests
* Mini-Testmärkte
* Labortests

4.4 EINSTELLUNGS- UND IMAGEFORSCHUNG

4.4.1 Einsatzgebiete

Die Erhebung und Messung von Einstellungen spielt insbesondere in der "psychologischen" bzw. "qualitativen" Marktforschung eine besondere Rolle. Einstellungen sind deshalb Untersuchungsobjekt der Marktforschung, weil sie Voraussagen über zukünftiges Verhalten ermöglichen. Einstellungen "steuern" das Verhalten! Insofern ist es wichtig, über Art und Stärke von Einstellungen (bei Marketing-Zielgruppen) informiert zu sein.

* *Produktpolitik*
    - subjektive Einschätzung von Produkteigenschaften (Produktakzeptanz)
    - subjektive Einschätzung von Marken (Markenpräferenzen)
    - Bewertung von Marken im Wettbewerbsumfeld (Positionierung)
    - Beurteilung von Einkaufsstätten (Absatzwegeanalyse)
    - Voraussagen über zukünftige Käuferverhalten (Prognose)
* *Kommunikationspolitik*
    - subjektive Beurteilung von Werbemittel und deren Inhalte
    - Bewertung von Marken- und Firmenimages
    - Einstellungsänderungen durch kommunikative Maßnahmen
* *Preispolitik*
    - Einschätzung des Preis-Leistungsverhältnisses

4.4.2 Grundlagen der Einstellungsforschung

Unter "Einstellungen" versteht man eine durch direkte oder indirekte Erfahrung erlernte, mehr oder weniger dauerhafte Disposition gegenüber Gütern, Personen und Meinungsgegenständen.

Einstellungen werden als "intervenierende" Variable betrachtet, d.h. sie erklären die "Verarbeitung" von Reizen (Stimuli) in bezug auf ein bestimmtes Verhalten (echte Verhaltensmodelle):

Stimulus	->	Organismus	->	Response
Kauf-Objekt	->	Einstellungen	->	Kaufverhalten

Die Begründung für den intensiven Einsatz der Einstellungsforschung in der Praxis leitet sich aus der **"Fundamentalhypothese"** (B. Spiegel: Psychologisches Marktmodell) her:

Es besteht eine positive Korrelation (Zusammenhang) zwischen der Kaufwahrscheinlichkeit eines Individuums bezüglich eines Produktes und der Stärke seiner Einstellung zu diesem Produkt! Der funktionale Zusammenhang ist empirisch überprüft!

Dabei gilt P_{ij} = max. 1

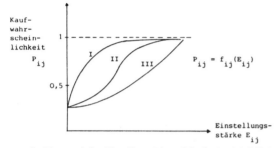

Beziehung zwischen Einstellungstärke und Kaufwahrscheinlichkeit

Konsumeinstellungen als intervenierende Variable zwischen dem Konsumobjekt und dem Konsumverhalten

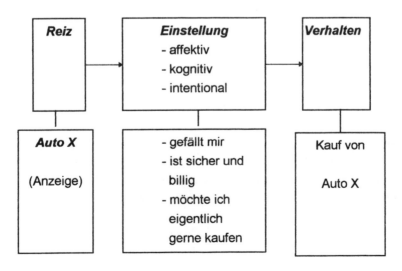

4.4.3 Struktur von Einstellungen

In der Literatur finden sich verschiedene Modelle über die Struktur von Einstellungen. Es geht um die Frage, ob Einstellungen ein- oder mehrdimensional sind.

Eine Mehrdimensionalität würde voraussetzen, daß die Einstellungen aus voneinander unabhängigen Dimensionen bestehen, die nicht miteinander korrelieren und geometrisch betrachtet senkrecht aufeinander stehende Vektoren im psychologischen Merkmalsraum sind. Dies trifft auf die bisher gefundenen Komponenten nicht zu. Im Gegenteil, sie beeinflussen sich gegenseitig, sind also interdependent.

Man unterscheidet drei Komponenten (Dreikomponententheorie), die an die drei wesentlichen Sphären der menschlichen Psyche anknüpfen: Fühlen, Denken, Handeln!

* **affektive Komponente** =
  gefühlsmäßige Einschätzung eines Meinungsobjektes

* **kognitive Komponente** =
  subjektives Wissen über den Meinungsgegenstand

* **konative / intentionale Komponente** =
  Handlungs- und Verhaltensneigung in bezug auf einen Meinungsgegenstand

4.4.4 Einstellung und Image

Die Durchsicht der einschlägigen Literatur ergibt keine Klarheit darüber, ob Einstellung und Image synonyme oder unterschiedliche Begriffe sind. Man ist sich aber einig, daß Imgage ein komplexer Begriff ist, der wohl nicht nur aus einer Einstellung, sondern aus einem "Einstellungsbündel" besteht.

Im Gegensatz zur eindimensional gemessenen Einstellung wollen wir deshalb unter "Image" ein mehr-dimensional gemessenes Einstellungsbündel gegenüber einem Meinungsgegenstand verstehen (siehe mehrdimensionale Skalierung).

4.4.5 Kriterien der Einstellungsmessung

Um Einstellungen zu operationalisieren, ist es notwendig, sie messen zu können. So wie man für physikalische Einheiten einen Maßstab verwendet (z.B. Länge = Meterstab), muß die Marktforschung auch einen Maßstab anbieten, um Einstellungen zu messen. Z.B. um die Intensität der Einstellung einer Person in bezug auf einen Meinungsgegenstand (etwa einer Marke) zu messen. Einen solchen Maßstab liefert die *"Skala"*.

Die Skala bildet das Meßinstrument, um Einstellungen bzw. Merkmalsausprägungen zahlenmäßig zu erfassen. Oder anders ausgedrückt: durch Skalen werden qualitative Größen (Einstellungen) in quantitative transformiert.

Wir unterscheiden in der Einstellungsforschung zwischen

* Verfahren der Selbsteinstufung (Rating Skalen)
* Verfahren der Fremdeinstufung (ein- und mehrdimensionale Skalierung)

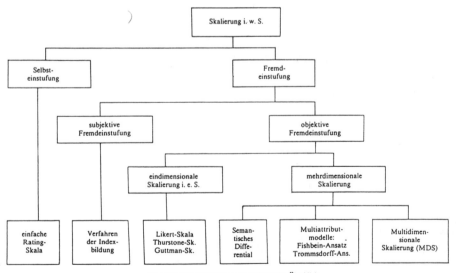

Die gebräuchlichsten Skalierungsverfahren im Überblick

entnommen aus: Berekoven u.a.: Marktforschung, Wiesbaden 1993

4.4.6 Verfahren der Selbsteinstufung (Rating Skalen)

Wie an anderer Stelle schon ausgeführt, sind Rating-Skalen aufgrund ihrer einfachen Handhabung ein viel genutztes Instrument in der qualitativen Marktforschung. Anhand von Rating-Skalen können sich die Befragten in bezug auf ihre Einstellungsintensität selbst einstufen. Grundlage dazu ist eine Skala in numerischer, graphischer, verbaler oder kombinierter Form.

Beispiel:
Wie beurteilen Sie die Marke Y?

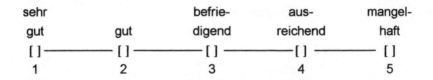

Die Befragungsperson muß lediglich die Kategorie ankreuzen, die ihre Einstellung gegenüber der Marke Y am zutreffendsten ausdrückt.

Streng genommen liefern Rating-Skalen nur ordinale Meßwerte. In der Praxis werden sie aber wie Intervallskalen behandelt, da man eine Gleichabständigkeit der Skalenstufen unterstellt. Sie haben somit metrisches Skalenniveau und erfüllen die mathematischen Voraussetzungen für die Errechnung der wichtigsten statistischen Kennzahlen (wie Mittelwert, Standardabweichung).

Je nach Anlage der Skalen können ihre Ausprägungen

* **monopolar** =
  Abstufung zwischen Minimum und Maximum in eine Richtung
oder
* **bipolar** =
  Abstufung zwischen zwei gegensätzlichen Polen

sein (siehe Beispiele Kapitel 3.2.5). In der Praxis haben sich Skalen mit 4 bis 7 Abstufungen durchgesetzt, da sie das Diskriminierungsvermögen der Befragten nicht überfordert.

Es gibt zahlreiche Kritikpunkte gegen Rating-Skalen, z.B.

* ***"Tendenz zur Mitte"*** =
  Neigung der Befragten, mittlere Positionen anzukreuzen

* ***"Tendenz zur Extreme"*** =
  Neigung der Befragten, die Positionen auf dem Skalenende anzukreuzen

* ***"Halo-Effekt"*** =
  Neigung zu positiven Wertungen, wenn man das Bezugsobjekt im ganzen mag.

Trotz dieser Kritik sind Rating Skalen das am häufigsten genutzte Instrument zur Messung von Einstellungen!

4.4.7 Verfahren der Fremdeinstufung

Bei den Fremdeinstufungsverfahren kann sich der Befragte nicht selbst auf einer Skala einstufen, er wird vielmehr über die Kombination mehrerer Meßwerte durch den Untersuchungsleiter "positioniert".

In der Regel werden dem Befragten unterschiedliche Items / Statements in skalierter Form vorgelegt, mit denen die Einstellungskomponenten gemessen werden. Die Gesamteinstellung ergibt sich dann durch Verknüpfung der Einzelmeßwerte.

Es gibt zahlreiche Kritikpunkte an diesen Verfahren. Sie beziehen sich insbesondere auf die Auswahl und Formulierung der Items / Statements (***Itemselektion***) und auf die Positionierung des Befragten gewissermaßen als Gesamtergebnis aus den Einzelmeßwerten (***Reaktionsinterpretation***).

Innerhalb der Fremdeinstufungsverfahren wird zwischen "subjektiver" und "objektiver" Einstufung unterschieden. Im ersten Fall ist die Itemselektion und die Reaktionsinterpretation allein in das Ermessen des Untersuchungsleiters gestellt, während im zweiten Fall durch Standardisierung der Verfahren der Einfluß des Untersuchungsleiters ausgeschaltet werden soll.

VERFAHREN DER INDEXBILDUNG
(subj. Fremdeinstufung)

Mit den Verfahren der Indexbildung versucht man, mehrere Einstellungsdimensionen durch eine einzige Maßzahl, dem Index, auszudrücken. Im folgenden Beispiel wird die "Produktzufriedenheit" von Hausfrauen bezüglich eines Waschmittels durch zwei Einstellungsdimensionen geprägt, nämlich der "Waschkraft" und der "Hautverträglichkeit". Beide Dimensionen wurden durch eine dreistufige Skala gemessen und lassen sich in einer Matrix darstellen.

Wasch kraft	Hautverträg- lichkeit	niedrig 0	mittel 1	hoch 2	
					Beispiel
niedrig	0	a	c	f	aus Berekoven
mittel	1	b	e	h	u.a.
hoch	2	d	g	i	

Die zweidimensionale Eigenschaft "Produktzufriedenheit" soll nun durch eine quantitative Variable ausgedrückt werden, d.h. auf einer Skala verdichtet werden. Dazu werden die Zahlenwerte der denkbaren Merkmalskombinationen addiert.

Indexwerte	Merkmals- Kombination
4	i
3	g h
2	d e f
1	b c
0	a

Sollte der Untersuchungsleiter der Dimension "Waschkraft" eine höhere Bedeutung beimessen, so kann er z.B. diese Dimension mit dem Faktor 2 gewichten (multiplizieren), um darzustellen, daß die Waschkraft einen doppelt so hohen Einfluß auf die Produktzufriedenheit hat wie die Hautverträglichkeit.

Problem:
Auswahl der Dimensionen und Festlegung der Gewichtung hängen vom subjektiven Ermessen des Untersuchungsleiters ab.

VERFAHREN DER EINDIMENSIONALEN SKALIERUNG
(objektive Fremdeinstufung)

Eindimensionale Skalierungsverfahren versuchen, Einstellungen durch operationalisierte Indikatoren zu messen, wobei sie jeweils *nur eine* der Einstellungskomponenten überprüfen.

* ***Likert-Skalierung:***
  Affektive Komponente
* ***Thurstone-Skalierung:***
  Affektive Komponente
* ***Guttman-Skalierung:***
  Konative Komponente

Aufgrund der Komplexität der Verfahren, werden diese in der Praxis nur begrenzt eingesetzt. Am verbreitetsten ist die Likert-Skalierung = "Methode der summierten Einschätzungen".

LIKERT-SKALIERUNG
"Methode der summierten Einschätzungen"

Dieses von R. Likert 1932 entwickelte Verfahren beruht auf der "Diskriminanz" (Trennschärfe) von Statements bezüglich eines Meinungsgegenstandes.
In einem Pretest wird zunächst eine Batterie von Statements, die positive und negative Einstellungen zum Meinungsgegenstand zum Ausdruck bringen, einer Testgruppe vorgelegt.

Z.B. Statements zur Werbung:
1. Werbung trägt erheblich zum wirtschaftlichen Aufschwung bei
2. Werbung macht Produkte teuer
3. Werbung trägt zur besseren Information der Öffentlichkeit bei
4. Werbung ist für die Bevölkerung überflüssig
5. Werbung für alte Produkte ist Verschwendung
6. Werbung für Produkte ist verzichtbar
7. Werbung liefert erst notwendige Produktinformationen
8. Werbung bietet etwas für das Auge

Die Testgruppe hat die Statements anhand einer 5-stufigen Skala zu bewerten. Dabei ist auf eine einheitliche Richtung der Beurteilungen zu achten. Bei Statements, die eine positive Haltung gegenüber dem Meinungsgegenstand ausdrücken, erhält die Zustimmungskategorie den höchsten Wert, bei "negativen" Statements die Ablehnungskategorie (siehe Beispiel).

+ 2 =	uneingeschränkte Zustimmung	+ 2 =	völlige Ablehnung
+ 1 =	Zustimmung im wesentlichen	+ 1 =	Ablehnung im wesentlichen
0 =	weder Zustimmung noch Ablehnung	0 =	weder Zustimmung noch Ablehnung
- 1 =	Ablehnung im wesentlichen	- 1 =	Zustimmung im wesentlichen
- 2 =	völlige Ablehnung	- 2 =	uneingeschränkte Zustimmung

Statements 1, 3, 7, 8   Statements 2, 4, 5, 6

Die Bewertung durch zwei Testpersonen könnte wie folgt aussehen. Der Gesamtpunktwert pro Person errechnet sich aus der Addition der jeweiligen Skalenwerte!

Statements	Person A	Person B
1	+ 2	- 2
2	+ 1	0
3	+ 1	- 1
4	+ 2	- 2
5	+ 1	- 2
6	+ 2	- 2
7	+ 2	0
8	0	0
Gesamt	+ 11	- 9

Die Testpersonen werden dann nach ihren Gesamtpunktwerten geordnet, d.h. die 25 % mit den höchsten Punktwerten ergeben die obere Extremgruppe, die 25 % mit den niedrigsten Punktwerten die untere Extremgruppe. Für jedes der 8 Statements wird der arithmetische Mittelwert in der Gruppe der stärksten Befürworter und der Gruppe der stärksten Ablehner errechnet. In die endgültige Befragung werden nur die Statements mit den größten Mittelwertdifferenzen (größte Diskriminanz) übernommen. Die ausgewählten Statements werden dann anhand einer 5-stufigen bipolaren Skala den Testpersonen zur endgültigen Bewertung vorgelegt.

Items	Mittelwerte Befürworter	Mittelwerte Ablehner	Mittelwert Differenz	
1	1,8	- 0,5	2,3	
2	1,5	- 1,8	3,3	<-
3	1,2	- 0,5	1,7	
4	1,8	- 1,2	3,0	<-
5	- 0,5	- 1,8	1,3	
6	1,7	- 1,2	2,9	<-
7	1,2	- 1,2	2,4	<-
8	1,5	- 0,8	2,3	

Sollen z.B. 4 Statements ausgewählt werden, so müßten dies die Items 2, 4, 6, 7 sein!

THURSTONE-SKALIERUNG
"Verfahren der gleich erscheinenden Intervalle"

Diese 1928 von L. L. Thurstone entwickelte Methode ist eines der ältesten Skalierungsverfahren. Es läuft wie folgt ab:
Es werden zunächst möglichst viele Statements zum Einstellungsobjekt gesammelt. Diese Statements werden einer Expertengruppe zur Bewertung vorgelegt. Jeder Experte soll auf einer 11-stufigen Skala (1 = sehr negativ / 6 = neutral / 11 = sehr positiv) jedes Statement bewerten. Die Experten sollen dabei nicht ihre eigene Einstellung zum Ausdruck bringen, sondern die der intendierten Zielgruppe.

Z.B. die Einstellung der Autofahrer gegenüber dem Tempolimit anhand dieser Statements:
*   Autos schädigen in starkem Maße die Umwelt
*   Durch zu schnelles Fahren passieren viele Unfälle
*   Sportliches Fahren macht einfach Spaß
*   Autoabgase sind die Ursache für das Waldsterben
*   Langsames Fahren erhöht die Abgaswerte, verstärkt den Treibhauseffekt

Es werden nun für jedes Statement über alle Werte hinweg der Median und die Streuung berechnet. Der Median dient als Anhaltspunkt, wo das jeweilige Statement auf der Skala einzuordnen ist. Ziel ist es, für jedes Intervall der Skala mindestens ein Statement zu finden, das diese Skalenstufe am besten abdeckt (die geringste Streuung aufweist). D.h. ein Statement, das zwar die meisten Nennungen in einem Intervall aufweist (im Vergleich zu anderen Statements), aber gleichzeitig viele Nennungen in anderen Intervallen bekommen hat, wird nicht in die Auswahl übernommen.

In der zweiten Phase, der eigentlichen Befragung der Zielgruppen, werden die ausgewählten Statements in gemischter, aber festgelegter Reihenfolge den Befragten vorgelegt.

Diese wählen diejenigen Statements aus, die ihre Einstellung gegenüber dem Meinungsgegenstand (z.B. Tempolimit) am besten wiedergeben.

Anschließend wird für jeden Befragten der arithmetische Mittelwert aus den Skalenwerten der von ihnen angegebenen Statements errechnet. Dieser drückt die Position des Befragten auf der Skala aus.

GUTTMAN-SKALIERUNG
"Skalogramm-Verfahren"

Im Gegensatz zur Likert- und Thurstone-Skalierung mißt das von L. Guttman 1944 entwickelte Verfahren die konative Einstellungskomponente. Ein weiterer Unterschied besteht darin, daß es mit deterministischen Statements arbeitet, d.h. der Befragte kann zu den vorgelegten Statements nur zustimmen oder ablehnen. Voraussetzung ist, daß die Statements graduell abstufbar sind und in einer hierarchisch ansteigenden Form angeordnet werden können.

Eine Batterie von Statements (z.B. zu einem Vollwaschmittel) wird einer Testgruppe zur Bewertung vorgelegt.
*   Bioweiß ist das umweltfreundlichste Vollwaschmittel auf dem Markt
*   Bioweiß wäscht absolut wäscheschonend
*   Bioweiß wäscht alle Wäschearten
*   Bioweiß ist ein preiswertes Waschmittel

Das Ergebnis der Befragung wird in einem "Skalogramm" festgehalten (siehe Beispiel folgende Seite). Das dargestellte Skalogramm ist insofern idealtypisch, als Zustimmungen und Ablehnungen in abgegrenzten Feldern liegen. Die hierarchische Gliederung der Personen erfolgt nach ihrer Gesamtpunktzahl in der letzten Spalte. Sie zeigt eine eindimensionale Rangskala. Die ordinale Skalierung der Statements ist nach Guttman dann gegeben, wenn aus dem Rang der Versuchsperson ihre Antworten bzw. Reaktionen unmittelbar rekonstruiert werden können. Dies ist in unserem Beispiel möglich.

Ergebnistabelle der Skalogramm-Methode ("Skalogramm")

Per- sonen	Aussagen (1) 1	0	(2) 1	0	(3) 1	0	(4) 1	0	Gesamt punktzahl
1	x		x		x		x		4
2	x		x		x		x		4
3	x		x		x		x		4
4	x		x		x		x		4
5	x		x		x		x		4
6	x		x			x	x		3
7	x		x			x	x		3
8	x		x			x	x		3
9		x	x			x	x		2
10		x	x			x	x		2
11		x	x			x		x	1
12		x	x			x		x	1
13		x	x			x		x	1
14		x	x			x		x	1
15		x		x		x		x	0
16		x		x		x		x	0
17		x		x		x		x	0
18		x		x		x		x	0
19		x		x		x		x	0
20		x		x		x		x	0

In der Praxis lassen sich die oben genannten Bedingungen nur schwer erfüllen, d.h. es zeigt sich nicht immer das typische Skalogramm-Muster, so daß "fehlerhafte" Statements eliminiert werden müssen.

Die Guttman-Skalierung ist in hohem Maße anwendungsfreundlich und EDV-geeignet. Sie geht insofern über die Likert- und Thurstone-Skalierung hinaus, da eine simultane Skalierung vieler Statements innerhalb eines Fragebogens möglich ist.

VERFAHREN DER MEHRDIMENSIONALEN SKALIERUNG
(objektive Fremdeinstufung)

Zu den mehrdimensionalen Verfahren zählen:

* das Semantische Differential
* das Fishbein-Modell
* das Trommsdorff-Modell
* die Multidimensionale Skalierung

Den Modellen liegen folgende Überlegungen zugrunde:

* Jedes Bewertungsobjekt besitzt mehrer Merkmale / Eigenschaften, die die Einstellung der Testpersonen beeinflussen
* Die Einstellung setzt sich aus affektiven **und** kognitiven Komponenten zusammen
* Affektive und kognitive Komponenten sind multiplikativ (Fishbein) oder subtraktiv (Trommsdorff) miteinander verknüpft

DAS SEMANTISCHE DIFFERENTIAL

Dieses von Osgood und Tannenbaum entwickelte Verfahren sollte zunächst der Messung von Wortbedeutungen dienen. Inzwischen ist dieses Verfahren in die Marketingforschung übernommen worden und gilt heute aufgrund seiner einfachen Handhabung als Standardinstrument in der *Imageforschung*.

Typisch für das Semantische Differential ist, daß die Bewertung von Objekten nicht durch objektbezogene Aussagen erfolgt, sondern allein durch die Semantik der vorgegebenen Worte.

Zu diesem Zweck werden gegensätzliche Eigenschaftspaare (z.B. gut - schlecht) mit Hilfe einer 7-stufigen bipolaren Rating-Skala vorgegeben und bewertet. Ein Semantisches Differential ist im Grunde eine Liste bipolarer Ratingskalen, deren Aussagewert dadurch erreicht wird, daß die Meßwerte miteinander verbunden werden, so daß ein Eigenschaftsprofil bzw. *Polaritätenprofil* entsteht. Durch die Gegenüberstellung von Profilen konkurrierender Marken lassen sich wichtige Hinweise für die Produktpolitik herleiten (Distanz zu bzw. Ähnlichkeit von Marken).

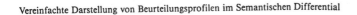

Vereinfachte Darstellung von Beurteilungsprofilen im Semantischen Differential

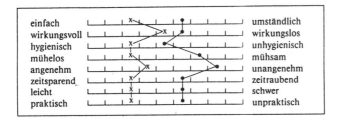

Da in der Regel die Skalen vielen Versuchspersonen vorgelegt werden, müssen für jedes Eigenschaftspaar die Mittelwerte aller Wertungen errechnet werden, die dann in das endgültigen Profil eingehen. Die Mehrdimensionalität des Semantischen Differentials kommt dadurch zustande, daß nicht nur polare Eigenschaften mit Bezug auf die affektiven Komponenten (z.B. gut - schlecht), sondern auch solche mit Bezug auf die kognitiven Komponenten (z.B. hochpreisig - niedrigpreisig) verwendet werden.

Es ist üblich, über das Semantische Differential nicht nur Marken / Produkte miteinander zu vergleichen, sondern auch die Einstellungen verschiedener Zielgruppen (z.B. Verwender / Nichtverwender, Gelegenheitsverwender / Intensivverwender) zu einem Untersuchungsobjekt. Außerdem ist man dazu übergegangen, statt polarer Eigenschaften auch produktbezogene Items in das Profil einzubauen *(multi-item-profile)*.

Für den Anwender des Semantischen Differentials sind folgende Punkte zu beachten:
* Sind die Eigenschaftspaare aus der Sicht der Bewertenden wirklich Gegensätze?
* Positive und negative Eigenschaften sollten in einer Links-Rechts-Einordnung wechseln
* Werden durch die vorgelegten Eigenschaftspaare alle Dimensionen in gleicher Gewichtung abgedeckt?

DAS FISHBEIN-MODELL

Das von M. Fishbein und M. J. Rosenberg (1956/1963) entwickelte Modell versucht in systematischer Form kognitive und affektive Einstellungskomponenten miteinander zu verknüpfen. Zentraler Punkt dieses Modells ist die Bestimmung des Eindruckswertes (expectancy value) einer Person gegenüber einem Objekt, wobei sich die Einstellung aus der Vielzahl der Eindruckswerte zusammensetzt. Dem Modell liegen folgende Hypothesen zugrunde:

* Jedes Objekt besitzt mehrere Eigenschaften, die die Einstellung der Testperson zu diesem Objekt (Produkt / Marke) bestimmen

* Die Einstellung setzt sich aus dem **subjektiven Wissen** der Testperson um eine Eigenschaft (= kognitive Komponente) sowie deren **subjektiver Bewertung** (= affektive Komponente) zusammen

* Affektive und kognitive Einstellungskomponenten sind **multiplikativ** verknüpft (Multiplikativitätsprämisse)

* Die Einstellung ist eine Linearkombination der bewerteten Eigenschaften, d.h. die Eindruckswerte addieren sich zur Einstellung (Additivitätsprämisse)

Konkret geht man so vor:
Bestimmung der relevanten Eigenschaften eines Objektes durch spontane Nennungen oder Vorlage einer Eigenschaftsliste (z.B. bei einer Automarke: Geräumigkeit, Sicherheit, Umweltfreundlichkeit, Fahrleistung, Zuverlässigkeit usw.).

Im 2. Schritt werden Rating-Skalen vorgelegt, die die kognitive und die affektive Komponente der Einstellung messen sollen.

kognitive Komponente (B) =
subjektives Wissen über das Vorhandensein der Eigenschaft beim Objekt

Daß Autos der Marke X geräumig sind, ist ...

sehr wahr- |___|___|___|___|___|___| sehr unwahr-
scheinlich   +3 +2 +1   0 -1 -2 -3   scheinlich

affektive Komponente (A) =
subjektive Bewertung der jeweiligen Eigenschaften des Objektes

Wenn Autos der Marke X geräumig sind, dann ist das ...

sehr |___|___|___|___|___|___| sehr
schlecht   0   1   2   3   4   5   6   gut

Der Eindruckswert errechnet sich aus der Multiplikation der beiden Einstellungskomponenten (B x A). Es gilt:

$$E_{ij} = \sum_{k=1}^{n} B_{ijk} \times A_{ijk}$$

B_{ijk} = subjektives Wissen der Person i über das
Vorhandensein der Eigenschaft k beim Objekt j

A_{ijk} = subjektive Bewertung der Eigenschaft k beim
Objekt j durch die Person i

Beispiel für die Berechnung des Eindruckswertes und des Einstellungswertes

Eigen-schaften	Bij kogn. Komponente	x	Aij affekt. Komponente	=	Eindrucks-wert
Geräumigkeit	+ 2		2	=	4
Zuverlässigkeit	- 1		5	=	- 5
Sicherheit	+ 1		5	=	5
Fahrleistung	+ 1		4	=	4
Umwelt-freundlichkeit	- 1		6	=	- 6
Einstellungswert der Person				=	2

D.h. der Einstellungswert der Person errechnet sich durch Addition der Eindruckswerte aller relevanten Produkteigenschaften. Bewerten mehrere Personen, so muß für jede Person der Einstellungswert in gleicher Weise ermittelt werden. Die Einstellungswerte der Testpersonen werden aufaddiert und der Mittelwert errechnet. Je größer der errechnete Zahlenwert ist, desto positiver ist die Gesamteinstellung dem untersuchten Objekt gegenüber!

Kritik an diesem Modell bezieht sich auf zwei Punkte. Erstens, es müssen deterministische Objekteigenschaften vorliegen (z.B. koffeinhaltig / nicht koffeinhaltig); zweitens, die Eigenschaften müssen sich graduell über eine Skala abstufen lassen. Diese Voraussetzungen sind aber nicht immer gegeben.

DAS TROMMSDORFF-MODELL

Das von W. Trommsdorff 1975 entwickelte Modell knüpft an das Fishbein-Modell an. Die kritischen Punkte beim Fishbein-Modell und seine hohen Ansprüche an das Urteilsvermögen der Testpersonen haben zu der Überlegung geführt, ob es nicht zweckmäßiger sei, die kognitive Komponente (B) direkt (und zwar über die wahrgenommenen Eigenschaftsausprägungen) und die affektive Komponente (I) indirekt über die für "ideal" gehaltenen Merkmalsausprägungen zu erfassen. Die Differenz aus den so gewonnenen Werten bildet den Eindruckswert R. Es gilt:

$$R_{ijk} = B_{ijk} - I_{ik}$$

Der Einstellungswert ergibt sich durch Addition der Eindruckswerte aller relevanten Eigenschaften, also

$$E_{ij} = \sum_{k=1}^{n} (B_{ijk} - I_{ik})$$

B_{ijk} = von der Person i wahrgenommene Ausprägung
der Eigenschaft k beim Produkt j

I_{ik} = von der Person i eingeschätzte ideale Ausprägung
der Eigenschaft k bei dieser Produktklasse

Beispiele für Skalen im Trommsdorff-Modell:

"Wie geräumig sind Autos der Marke X?" (kognitive Komponente B)

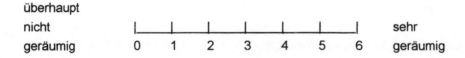

überhaupt
nicht   sehr
geräumig   0   1   2   3   4   5   6   geräumig

"Wie geräumig ist das ideale Auto dieser Klasse?" (affektive Komponente I)

überhaupt
nicht
geräumig

|___|___|___|___|___|___| sehr

0   1   2   3   4   5   6   geräumig

Je kleiner der berechnete Zahlenwert für die Einstellung ist, desto geringer ist die Distanz zum Idealprodukt, desto positiver die Einstellung zum untersuchten Produkt.

MULTIDIMENSIONALE SKALIERUNG (MDS)

Bei der MDS handelt es sich um eine Gruppe von Verfahren, deren Ziel es ist, Objekte (z.B. Marken) in einen mehrdimensionalen Raum so zu projizieren, daß die geometrische Nähe die Ähnlichkeit der Objekte wiedergibt. D.h. kurze Distanzen deuten auf eine hohe Ähnlichkeit, lange Distanzen auf Unähnlichkeit der untersuchten Produkte hin.

Die Ähnlichkeits- und Unähnlichkeitsrelationen werden über Paarvergleiche erhoben. Dabei hat sich die Rating Skala bewährt. Der Befragte hat dabei anhand einer 2-poligen Skala die Ähnlichkeit von 2 Objekten zu beurteilen, und zwar so lange, bis jedes interessierende Objekt mit jedem anderen verglichen ist. Es läßt sich dann eine Ähnlichkeitsrangordnung aufstellen (z.B. AD ist ähnlicher als CD und ähnlicher als AE). Das ähnlichste Objektpaar erhält somit den Rangplatz 1, das zweitähnlichste den Rangplatz 2 usw.! Die Positionierung der Objekte im Raum erfolgt so, daß der niedrigsten Rangzahl auch die geringste Distanz im Raum entspricht.

Die Berechnung der Distanz der Objekte im Raum erfolgt in der Regel mit dem "Euklidschen Distanzmaß", bei der die Distanz zweier Produkte durch ihre kürzeste Entfernung gemessen wird.

Wie im einzelnen die Berechnung erfolgt, wird im Kapitel "multivariate Verfahren" dargestellt!

4.5   MEDIAFORSCHUNG

Die "Mediaforschung" ist ein Spezialgebiet der Marktforschung, das sich in erster Linie mit der systematischen Untersuchung von Werbeträgern (Medien) beschäftigt. Sie wird deshalb auch "Werbeträgerforschung" genannt.

Die Mediaforschung läßt sich in drei Teilkomplexe gliedern:

*   ***die Werbestatistik***
    Sie beinhaltet die Bereitstellung werbestatistischer Zahlen, wie z.B. Auflagen, veröffentlichte Anzeigenseiten usw.

*   ***die quantitative Werbeträgerforschung***
    Sie befaßt sich mit der Erhebung von Daten beim Medianutzer (Leser, Hörer, Zuschauer). Im Mittelpunkt stehen Fragen nach der Anzahl (Reichweite), der Struktur, dem Verhalten der Mediennutzer. Die wichtigsten quantitativen Mediauntersuchungen in der BRD sind die MA (Media-Analyse), die AWA (Allensbacher Werbeträgeranalyse) sowie die VA (Verbraucheranalyse). Die Daten der Mediauntersuchungen sind Grundlage der Mediaplanung (Selektion und Belegung der Werbeträger).

*   ***die qualitative Werbeträgerforschung***
    Sie erforscht die Einstellungen und das Verhalten der Nutzer gegenüber den Medien. Das Image der Medien, die Nutzung redaktioneller Inhalte, die Art und Intensität der Nutzung sind Objekte der qualitativen Mediaforschung.

Aufgrund der großen wirtschaftlichen Bedeutung der Medien und ihrer Bedeutung für die Kommunikationspolitik der Unternehmen ist die Mediaforschung zu einem der am weitest entwickelten Bereiche der Marktforschung geworden.

4.5.1   Werbeträgerstatistik

Dieser Teil der Mediaforschung ist der älteste und methodisch unkomplizierteste! Es gibt drei werbestatistische Quellen, die für die werbende Wirtschaft von Bedeutung sind:

* **Nielsen S + P-Daten**

Diese von der Firma Nielsen erhobene Statistik beinhaltet die kontinuierliche Erhebung aller Werbeschaltungen in den klassischen Werbeträgern Print, Funk, TV und Plakat. Erfaßt werden:

für welche Produkte / Marken geworben wird, in welchen Medien, mit welcher Frequenz, in welchen Einheiten.

Die Daten ermöglichen den Beziehern, Streupläne der Werbungtreibenden nach Menge und Wert (brutto) nachzuvollziehen.

* **IVW**

Die "Informationsgemeinschaft zur Feststellung der Verbreitung von Werbeträgern" (IVW) veröffentlicht regelmäßig die "geprüften Auflagen" der Zeitungen und Zeitschriften.

* **VDZ-Statistik**

Der Verband Deutscher Zeitschriftenverleger gibt regelmäßig eine Statistik über die veröffentlichten Anzeigenseiten in den Printmedien heraus. Die Daten geben Auskunft über die Bedeutung und Entwicklung einzelner Titel als Werbeträger.

'Top 10' der beworbenen Marken im Hörfunk   Gesamtjahr 1994

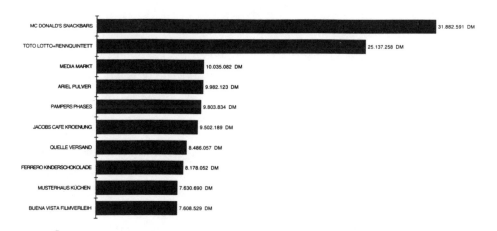

Marke	DM
MC DONALD'S SNACKBARS	31.882.591 DM
TOTO LOTTO+RENNQUINTETT	25.137.258 DM
MEDIA MARKT	10.035.082 DM
ARIEL PULVER	9.982.123 DM
PAMPERS PHASES	9.803.834 DM
JACOBS CAFE KROENUNG	9.502.189 DM
QUELLE VERSAND	8.486.057 DM
FERRERO KINDERSCHOKOLADE	8.178.052 DM
MUSTERHAUS KÜCHEN	7.630.690 DM
BUENA VISTA FILMVERLEIH	7.608.529 DM

Quelle: S+P

4.5.2 quantitative Werbeträgerforschung

Die quantitative Mediaforschung untersucht in erster Linie die Leistungskriterien der Medien in ihrer Funktion als Werbeträger.

Sie versucht, die Frage zu klären:

wer nutzt welche Medien? (Nutzerstruktur / Zielgruppe)
wieviele Nutzer haben die einzelnen Objekte? (Reichweite)
wie oft hat der Nutzer Kontakt mit einem Werbeträger? (Kontakt)
wie lange nutzt er ein Medienobjekt? (Nutzungsdauer / -intensität)

* *Reichweite*

    Die Reichweite eines Werbeträgers gibt an, wieviele Personen (absolut) oder wieviel Prozent der Bevölkerung (relativ) oder welche Teile der Bevölkerung (Zielgruppe) innerhalb eines bestimmten Zeitraumes mindestens einmal Kontakt mit einem Werbeträger hatten.

    Unter der Brutto-Reichweite versteht man die Summierung der Reichweiten von Einzelobjekten (Titeln, Sendern). Die Netto-Reichweite gibt die Zahl der Personen an, die von einem Werbeträger innerhalb eines definierten Zeitraumes mindestens einmal erreicht werden, ohne Rücksicht auf die Anzahl der Kontakte (Brutto-Reichweite ./. interne und externe Überschneidungen).

* *Kontakte*

    Jeder noch so flüchtige Kontakt mit einem Werbemedium. Die Brutto-Reichweite gibt an, wieviele Kontakte insgesamt durch die Medien erzielt werden, ohne zu berücksichtigen, wieviele Personen diese Kontakte erhalten.

    Die Division der Brutto-Reichweite durch die Nettoreichweite ergibt die Durchschnittskontakte der Nutzer pro Werbeträger.

Die folgende Seite zeigt eine Auflistung der wichtigsten Mediauntersuchungen in der BRD. Die Daten der MA, AWA und VA haben für die werbende Wirtschaft allgemeingültigen Charakter, sind deshalb Grundlage der Mediaplanung in Deutschland ("Grundwährung" der Planung!). Aus diesem Grund wird auf diese wichtigen Untersuchungen etwas näher eingegangen.

Aktuelle Analysen zur Erkundung der Mediennutzung, eine Auswahl

Multi-Media-Analyse	Mono-Media-Analyse	Spezielle Zeitschriften-Analysen	Konsumenten-Analysen	Werbewirkungs-Analysen
MA Media Analyse	Gfk Fernsehforschung	LASI-Leser-Analyse / Special - Interest-Zeitschriften	Reise-Analyse	Medienqualität
AWA Allensbacher Werbetr.anal.	Teleskopie-Zuschauerforschung	Romanhefte-/magazine und ihre Leser	Persönlichkeitsstärke	Seherqualität
LAE-Leser-Analyse Entscheidungstr.	Funkmedien-Analyse	Leser-Analyse AOL-Presse	Soll und Haben	Leseklima
Gehobene Zielgruppe 2	Plakatanschlag - Analyse II	Leser-Analyse Gesundheit	Prozente 3	Die Dimension Zeit in der Mediaplanung
Schüler-Media-Analyse 1. Halbjahr		LA-MED Leser-Analyse medizinischer Fachzeitschriften	Profile 4	Kontaktqualität
LA-Kinderpresse		MEFA Leser Analyse medizinischer Fachzeitschriften	Kommunikations-Analyse 2	
Jugend-Media-Analyse		LA-Pharm	Wohnen u. Leben 2	
Absatzpotential Mittelstand		FNA Fachzeitschriften-Nutzer Analyse	Typologie der Wünsche	
		Media-Analyse Großverbr.	Funktions-Analyse	
		KLA Kundenzeitschrifte Leser-Analyse	EVA-Entscheidung-Verbr.-Anschaff.	
			Markenkompass 3	
			VA-Verbr. Analyse	
			Selbstmedikation	
			Markenprofile	

Quelle: Wessbecher/Unger: Mediapraxis, Heidelberg 1991

* Media-Analyse (MA)

Die bei weitem gebräuchlichste Werbeträgeruntersuchung ist die MA, die im Auftrage der "Arbeitsgemeinschaft Medien-Analyse e.V." (AG.MA.) jährlich durchgeführt wird. Mitglieder der AG.MA. sind alle wichtigen Verlage, Sender, Werbeagenturen und Werbungtreibende.

Erhoben werden Publikumszeitschriften, Zeitungen, Supplements, Funk, Fernsehen, Kino. Grundgesamtheit ist die deutschsprachige Wohnbevölkerung ab 14 Jahre. Die Stichprobe ist ad Random angelegt. Die Feldarbeit wird in Wellen durchgeführt, wobei jeweils mehrere Wellen zu einer Untersuchung zusammengefaßt werden. Die Untersuchung wird von mehreren ausgesuchten Instituten durchgeführt.

Die Untersuchung gliedert sich in 3 Teile (Tranchen), die separat nach verschiedenen Erhebungsmethoden ablaufen (keine Single Source-Untersuchung!):

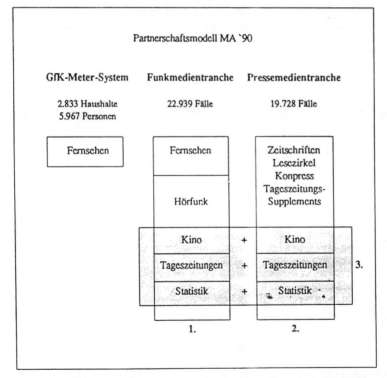

Partnerschaftsmodell

Quelle: Wessbecher/Unger: Mediapraxis, Heidelberg 1991

Die Ergebnisse aus den Einzelanalysen werden fusioniert, um intermediale Vergleiche durchführen zu können.

| Presse-Tranche: | (TZ / Zeitschriften / Kino) |
| | Stichprobe: ca. 27.000 Fälle (1993) |

| Elektronische Tranche: | (Funk) |
| | Stichprobe: ca. 34.000 Fälle (1993) |

| GfK-TV-Panel: | (Fernsehen) |
| | Stichprobe: ca. 4.000 Fälle (1993) |

Die Maßeinheiten für die Bestimmung der Reichweiten sind je nach Werbeträger exakt festgelegt.

LpA =
Leser pro Ausgabe, bezeichnet die aufgrund von Nutzungswahrscheinlichkeiten errechnete Leserschaft eines Titels

SpTZ =
Seher pro Sendetag und Zeitabschnitt Seher, der mindestens 60 Sekunden innerhalb einer durchschnittlichen halben Stunde konsekutiv (durchgehend) den jeweiligen Sender genutzt hat

HpTZ =
Hörer einer durchschnittlichen Stunde oder eines Zeitabschnitts eines Senders

KpW =
Besucher eines Kinos pro durchschnittlicher Woche

Beispiele für die Reichweitendaten der Medien aus der MA auf der folgenden Seite.

⟨MA⟩ 90

Pressemedien
Leserschaft pro Ausgabe (LpA)
Reichweite in %
Gesamt
Basis: Pressemedientranche

| | Geschlecht | | Altersgruppen | | | | | | | Ausbildung | | | | Tätigkeit | | | |
| | Männer | Frauen | 14-19 Jahre | 20-29 Jahre | 30-39 Jahre | 40-49 Jahre | 50-59 Jahre | 60-69 Jahre | 70 Jahre und älter | Volksschule ohne Lehre | Volksschule mit Lehre | weiterführende Schule ohne Abitur | Abitur Hochschulreife Studium | in Ausbildung Lehrlinge Schüler Studenten | berufstätig | nicht berufstätig Rentner Pensionäre | nicht berufstätig |
Total																	
Total	19728	8872	10856	1274	3536	3446	3074	3001	3028	2369	3576	7603	5379	3170	1950	9730	4589	3459
Bunte	9.7	8.5	10.7	7.3	6.8	8.6	11.3	9.8	11.7	12.4	8.5	10.4	10.7	8.3	6.4	9.2	12.3	9.9

▼ Lesebeispiel:　Die BUNTE hat eine Gesamtreichweite von 9.7 %, die bei den Männern 8.5 % und bei den Frauen 10.7 % beträgt.
Die BUNTE erreicht in der Altersgruppe der 20- bis 29-jährigen einen prozentualen Anteil von 6.8 %.

⟨MA⟩ 90

Pressemedien
Leserschaft pro Ausgabe (LpA)
Reichweite in %
Gesamt
Basis: Pressemedientranche

	Total	Männer	Frauen	14-19 Jahre	20-29 Jahre	30-39 Jahre	40-49 Jahre	50-59 Jahre	60-69 Jahre	70 Jahre und älter	Volksschule ohne Lehre	Volksschule mit Lehre	weiterführende Schule ohne Abitur	Abitur Hochschulreife Studium	in Ausbildung Lehrlinge Schüler Studenten	berufstätig	nicht berufstätig Rentner Pensionäre	nicht berufstätig
Total	19728	8872	10856	1274	3536	3446	3074	3001	3028	2369	3576	7603	5379	3170	1950	9730	4589	3459
Konpress	8.2	6.9	9.3	4.4	3.8	4.0	6.8	10.2	13.0	16.6	10.2	8.6	7.2	6.5	4.0	5.7	15.0	9.6
Lesezirkel	20.8	19.9	21.5	21.0	23.8	20.6	20.7	20.7	20.4	16.9	18.5	20.7	22.3	20.9	21.2	22.0	19.1	19.1
Basis Kombination 2	11.3	13.4	9.4	10.3	12.3	12.2	13.5	11.4	11.2	6.8	8.8	13.3	11.7	8.6	9.5	13.3	9.9	8.6
Basis Kombination 3	22.5	24.2	21.0	23.8	23.7	23.5	24.1	22.6	22.4	17.0	20.1	25.0	23.5	17.7	21.2	24.5	20.7	20.3
Basis Kombination 4	31.0	32.4	29.7	32.8	31.7	31.7	32.2	30.6	31.0	26.8	30.3	34.3	31.3	23.1	29.2	32.6	30.3	28.5
Basis Kombination Programmzeitschr	23.1	23.1	23.1	26.4	23.2	23.7	22.6	22.4	23.5	21.9	24.6	24.9	23.3	16.5	22.7	23.3	23.5	27.3

▼ Lesebeispiel:　Konpress erreicht in der Gesamtbevölkerung 8.2 %.
Bei den 50- bis 59-jährigen beträgt die Reichweite von Konpress 10.2 %.

⟨MA⟩ 90

Tageszeitungen
Leserschaft pro Ausgabe (LpA)
Reichweite in %
Gesamt
Basis: MA 89 u. 90 beide Tranchen

	Total	Männer	Frauen	14-19 Jahre	20-29 Jahre	30-39 Jahre	40-49 Jahre	50-59 Jahre	60-69 Jahre	70 Jahre und älter	Volksschule ohne Lehre	Volksschule mit Lehre	weiterführende Schule ohne Abitur	Abitur Hochschulreife Studium	in Ausbildung Lehrlinge Schüler Studenten	berufstätig	nicht berufstätig Rentner Pensionäre	nicht berufstätig
Total	82592	37645	44947	5492	14701	13983	12962	12557	12770	10127	15592	32271	21668	13061	8223	40943	19320	14106
Die Abendzeitung	1.1	1.2	1.0	1.1	1.2	1.3	1.3	1.1	0.8	0.9	0.6	1.1	1.5	1.2	1.1	1.4	0.9	0.5
Express	22.2	26.9	18.0	16.7	19.6	22.2	25.3	26.7	24.1	18.7	25.5	30.0	16.7	7.6	12.4	25.8	22.8	17.8
	1.7	2.0	1.4	1.1	1.8	1.8	1.8	2.3	1.5	1.0	1.7	2.2	1.2	1.1	1.1	2.1	1.3	1.4
Hamburger-Morgenpost	0.7	0.9	0.6	0.6	0.9	0.8	0.8	0.7	0.6	0.5	0.5	0.7	0.9	1.0	0.8	0.9	0.6	0.4
	0.6	0.7	0.6	0.4	0.8	0.7	0.8	0.6	0.6	0.5	0.5	0.7	0.8	0.5	0.4	0.8	0.5	0.4
Frankfurter Allgemeine Zeitung	1.9	2.4	1.4	1.3	2.1	2.2	2.9	1.9	1.3	0.8	0.3	0.7	2.1	6.5	2.6	2.3	1.0	1.3
Frankfurter Rundschau	1.4	1.6	1.1	1.0	2.0	2.0	1.9	0.9	0.7	0.5	0.3	0.6	1.5	4.4	2.4	1.6	0.6	0.8
Handelsblatt	1.0	1.4	0.5	0.6	1.1	1.4	1.6	1.1	0.4	0.1	0.1	0.4	1.3	2.8	0.9	1.5	0.2	0.3
Süddeutsche Zeitung	2.3	2.7	1.8	1.7	2.5	3.3	3.2	1.9	1.4	1.2	0.4	1.0	3.1	6.4	3.0	2.8	1.2	1.4
Die Welt	1.4	1.9	0.9	0.7	1.4	1.5	2.2	1.7	1.0	1.0	0.2	0.7	1.7	4.3	1.7	1.7	0.9	1.0

▼ Lesebeispiel:　Auf der Basis beider Tranchen MA 89 und MA 90 beträgt die Reichweite der SÜDDEUTSCHEN ZEITUNG in der Gesamtbevölkerung 2.3. %.
Die SÜDDEUTSCHE ZEITUNG erreicht in der Altersgruppe der 40- bis 49-jährigen 3.2 %.

*   **Allensbacher Werbeträgeranalyse (AWA)**

Die AWA wird jährlich vom Institut für Demoskopie, Allensbach in Eigenregie herausgegeben. Es handelt sich gewissermaßen um eine "Konkurrenzuntersuchung" zur MA. Insbesondere weil sie auf der Basis der gleichen Grundgesamtheit dieselben Werbeträgergruppen untersucht wie die MA. Die Stichprobe umfaßt ca. 22.000 Fälle, die nach dem Quoten-Verfahren ausgesucht werden. Im Gegensatz zur MA handelt es sich bei der AWA um eine Single Source-Untersuchung, d.h. alle Personen der Stichprobe werden nach der Nutzung aller Medien innerhalb eines Fragebogens befragt.

Die AWA erhebt mehr Spezialtitel als die MA. Außerdem weist sie sog. kontaktqualifizierende Merkmale aus (z.B. Lesemenge, Nähe zur Zeitschrift), die den Weg vom Werbe*träger*kontakt zum Werbe*mittel*kontakt aufzeigen sollen.

Die AWA weist neben den Reichweitendaten weitere wichtige Zielgruppenkriterien aus, wie z.B. Produktinformationsinteresse, Freizeitbeschäftigungen, Kaufverhalten, Kaufentscheider, Lebensziele usw. (siehe Aufstellung auf der folgenden Seite).

Datenübersicht der AWA 90 (Auszug)

Gruppen	Anzahl der Merkmale bzw. Abstufungen
Geschlecht	2
Altersstufen ab 14 Jahre	16
Familienstand	4
Haushalt (ist die befragte Person Haushaltsvorstand oder nicht)	2
Lebensphasen (z.B. verheiratet mit Kindern im Haushalt)	6
Haushaltsgröße (Anzahl der Personen im Haushalt)	5
Anzahl der Kinder im Haushalt unter 24 Jahre	nach 8 Altersklassen
Schulbildung / Schulabschluß	4
Berufliche Ausbildung	6 + 3
Tätigkeit (Berufstätigkeit, Ausbildung, Schüler etc.)	9
Berufsstellung des Befragten (z.B. Leitender / Nichtleitender Angesteller)	12
Beruf der befragten Person	nach verschiedenen Gruppierungen
Beruf des Ernährers im Haushalt	nach verschiedenen Gruppierungen
Nettoeinkommen des Hauptverdieners	11
Ist die befragte Person Hauptverdiener oder nicht	2
Monatliches Haushaltsnettoeinkommen	11
Monatlich frei verfügbares Geld	5
Gesellschaftlicher / wirtschaftlicher Status	3
Persönlichkeitsstärke	4
Konfession	4
Häufigkeit des Kirchenbesuchs	5
Wohnortgröße (politische)	4
Nielsengebiete	5
Produktinformationsinteresse	50 Interessensbereiche (wechselnd)
Freizeitbeschäftigungen	64 Bereiche
Kaufverhalten	14 Statements
Kaufentscheidende (wer entscheidet was im Haushalt)	17 Produktbereiche
Lebensziele	16 Statements
Selbstbild-Zuordnung	30 Personengruppen
Wohnstil	8 Stilarten

Quelle: Wessbecher / Unger: Mediapraxis, Heidelberg 1991

* **Verbraucher-Analyse**

Die VA wird unter Führung der Verlage Heinrich Bauer und Axel Springer jährlich von fast 30 Verlagen herausgegeben. Sie ist insofern für die Mediaplaner von besonderer Bedeutung, weil die Daten über das Mediaverhalten mit den Daten des Konsumverhaltens verknüpft sind.

Es handelt sich um eine Media-Analyse nach dem Single-Source-Prinzip. Jede Person der Stichprobe wird sowohl nach ihrem Media- wie nach ihrem Konsumverhalten befragt. Es handelt sich um eine transformierte Haushaltsstichprobe, die 1993 ca. 15.000 Fälle umfaßte.

Die Media-Daten werden nach einem MA-analogen Modell ermittelt und jährlich an die Daten der MA angepaßt (Justierung).

Die VA ist eine Untersuchung mit großer Informationsbreite und -tiefe, sie gibt Auskunft über:
- die demografische Struktur der Bevölkerung
- das Mediaverhalten der Nutzer
- das Konsumverhalten (Produkt- und Markenverwendung)
- die Nutzung von Dienstleistungen (z.B. Bankverbindungen / Urlaubsreisen)
- den Besitzstand (z.B. technische Hausgeräte)
- die Anschaffungswünsche (Kaufabsichten in naher Zukunft)
- das Produktinformationsinteresse (z.B. über Babynahrung / Zigaretten)
- die Freizeitgestaltung (in 34 Bereichen)
- und sonstige Einstellungen (z.B. zur Umwelt, Gesundheit usw.)

Die VA ist eine ideale Datenquelle zur Zielgruppenbestimmung und zur Werbeplanung!

* **ZAW-Rahmenschema**

Der Zentralverband der deutschen Werbewirtschaft (ZAW) e.V. hat für die Analyse von Werbeträgern ein Rahmenschema entwickelt, das für den Mediaforscher eine Reihe bindender Vorschriften enthält. Die Vorschriften beziehen sich auf die Definition der Grundgesamtheit, die Stichprobenauswahl, die Hochrechnung, die Berechnung der Werbeträgerkontakte und die Berichtslegung. Auf diese Weise sollen verbindliche Standards für die Mediaanalyse geschaffen werden, um die Seriosität und Vergleichbarkeit von Mediadaten zu garantieren.

Das Rahmenschema schreibt u.a. vor, daß eine Verallgemeinerung der erhobenen Ergebnisse nur dann zulässig ist, wenn von der definierten Grundgesamtheit 85 % oder mehr mit der Stichprobe erfaßt wurden. Ist dies nicht der Fall, muß auf die begrenzte Aussage der Ergebnisse hingewiesen werden.

Bei der Ermittlung des Werbeträgerkontaktes muß sichergestellt sein, daß der jeweilige Werbeträger, seine kleinste veröffentlichte Einheit und die Zielperson zweifelsfrei identifiziert werden können.

Der Ergebnisbericht muß eine ausführliche Methodenbeschreibung beinhalten.

4.5.3 qualitative Werbeträgerforschung

Neben den Informationen über Reichweite und Struktur der Mediennutzer interessieren den Mediaplaner und Marketingfachmann weitere wichtige Aspekte der Werbeträger, die als "qualitative Merkmale" bezeichnet werden.

Dazu zählen solche Begriffe wie
*   Image
*   Werbequalität / Leseklima
*   Kontaktqualität
*   Werbemittelkontaktchancen
*   redaktionelles Umfeld

Image:
Das Image der Medien bestimmt ihre Wertigkeit beim Nutzer und hat maßgeblichen Einfluß auf die Streuüberlegungen der Mediaplaner. Image- und Akzeptanzstudien sowie redaktionelle Copytests sollen Aufschluß geben über die Einstellungen der Nutzer zu bestimmten Medienobjekten und ihrer direkten Konkurrenz. Aufgrund solcher Untersuchungen lassen sich u.a. auch Positionierungsmodelle für die Medien entwikkeln.

Lesequalität / Leseklima:
In diesen Untersuchungen werden die Zusammenhänge zwischen Lesedauer einerseits und Bezugsart und Leseart andererseits erforscht. Ein weiteres Untersuchungsgebiet ist die emotionale Bindung der Nutzer an ihr Medium, die u.a. Einfluß auf die Leser-Blatt-Bindung und die Nutzungsintensität hat.

Kontaktqualität:

Die Kontaktqualität von Medien, insbesondere Zeitschriften, wird anhand sog. "kontaktqualifizierender Merkmale" festgestellt (siehe auch AWA). Maßstab für die Bestimmung der Kontaktqualität sind die Begriffe: Zuwendung, Nähe, Lesemenge, Seiten- / Mehrfachkontakt und Werbeaufgeschlossenheit.

Werbemittelkontaktchancen:

Die in den quantitativen Mediauntersuchungen ausgewiesenen Kontakte (Bruttoreichweite) stellen faktisch Werbeträgerkontakte dar, d.h. sie geben keine Information über den Kontakt zu einem Werbemittel (z.B. Anzeige, Spot). Für die Werbungtreibenden ist aber wichtig zu wissen, wer und wieviele Nutzer ihre Werbung (z.B. Anzeige, Spot) gelesen, gesehen oder gehört haben.

In den Printmedien (Zeitschriften) versucht man, hier einen verläßlichen Wert über den Seitenkontakt (LpS) bzw. den Seiten-Mehrfachkontakt (SMK) zu bieten.

-   LpS =
    Chance, daß eine Zielperson eine durchschnittliche Seite eines Titels aufschlägt und betrachtet

-   SMK =
    Chance, daß eine Zielperson eine durchschnittliche Seite eines Titels mehr als einmal aufschlägt und betrachtet.

Diese Daten werden im Rahmen der MA in einer Parallelwelle erhoben und der werbenden Wirtschaft zur Verfügung gestellt.

Im Fernsehen sind über das GfK-Meter ebenfalls Werbemittelkontaktchancen ausweisbar. D.h. es wird ausgewiesen, welche Chance besteht, daß eine Zielperson eine Minute in einem Zeitabschnitt einen Sender nutzt. Technisch sind auch kürzere Zeitintervalle meßbar und ausweisbar!

redaktionelles Umfeld:

Die Gestaltung des redaktionellen Umfeldes (Text, Programm usw.) hat entscheidenden Einfluß auf die Werbemittelkontaktchancen. Erhebungen zu diesem Thema erfolgen durch "Copy-Tests" und qualitative "Inhaltsanalysen".

5 AUSZÄHLTECHNIKEN UND DATENANALYSEN...................199

5 Auszähltechniken und Datenanalysen

Die durch die Erhebungsinstrumente zusammengetragenen Daten beinhalten in der Regel eine Fülle von Informationen. Aufgabe der Datenanalyse ist es, diese Daten zu ordnen, zu prüfen, zu analysieren, zu verdichten und übersichtlich darzustellen. Letztlich müssen die Informationen bereitgestellt werden, die dem Unternehmen / der Institution zur Entscheidungsfindung fehlten. Grundlage ist ein *Auswertungsplan* entsprechend der Untersuchungszielsetzung.

Normalerweise ist die Datenauswertung / -analyse aufgrund ihrer Komplexität nur mit EDV-technischen Programmen durchführbar. Wir unterscheiden zwischen

- den eingesetzten Auszähltechniken und
- den eingesetzten statistischen Verfahren!

5.1 AUSZÄHLTECHNIKEN

Es geht zunächst darum, mit welchen "Techniken" man die Rohdaten auswerten kann. Entscheidend für die Wahl der Techniken ist in erster Linie die Datenmenge. Bei qualitativen Untersuchungen mit kleinen Stichproben lohnt sich oftmals nicht der Einsatz von Computertechnik, während er bei quantitativen Untersuchungen mit großen Stichproben notwendig ist. Grundsätzlich können wir drei Verfahren unterscheiden:

* *manuelle Auswertung:*
  Feststellung der Häufigkeiten von Merkmalen "per Hand" (anhand von Strichlisten)

* *maschinell-mechanische Verfahren:*
  Einsatz spezieller Datenträger (z.B. IVE-Befragungskarte), die einen maschinellen Sortier- und Auszählvorgang erlauben

* *elektronische Datenverarbeitung:*
  Eingabe der verschlüsselten Rohdaten (jede Ausprägung einer Variablen hat einen spezifischen Code) oder Eingabe maschinenlesbarer Fragebögen. Auswertung anhand spezieller Statistikprogramme (z.B. SPSS)

5.2 WESEN DER STATISTISCHEN VERFAHREN

Die im folgenden dargestellten Verfahren zählen zur sog. deskriptiven / beschreibenden Statistik. Sie dienen dazu, die auf Basis von Stichproben erhobenen Daten im Hinblick auf Häufigkeitsverteilungen und Abhängigkeiten untereinander zu untersuchen.

Man kann sich auf die Analyse einer, zweier oder mehrerer Variablen konzentrieren. Je nachdem spricht man von

- univariaten
- bivariaten oder
- multivariaten

Verfahren. Während die univariaten Verfahren eindimensionale Häufigkeitsverteilungen untersuchen, analysieren die bi- bzw. multivariaten Verfahren die Beziehungen zwischen zwei oder mehreren Variablen.

5.3 UNIVARIATE VERFAHREN

5.3.1 Häufigkeitsverteilungen

Die univariate Analyse untersucht die Verteilung einer einzelnen Variablen / eines Merkmalsträgers über alle Merkmalsausprägungen (Meßwerte) hinweg. Bei nominalskalierten Daten beschränkt sich die Analyse auf die Darstellung der absoluten und relativen Häufigkeiten. (Beispiel: „Airbag im PKW ")

Merkmals-wert xi	Merkmal i	abs.Häufig-keit ni	rel.Häufigkeit f (xi)	kumulativeHäufigkeit abs. Si	rel. F (xi)
sehr wichtig	1	250	50,0	250	50,0
ziemlich wichtig	2	155	31,0	405	81,0
weniger wichtig	3	35	7,0	440	88,0
unwichtig	4	60	12,0	500	100,0
		500 n	100 %		

relative Häufigkeit $= \dfrac{n_i}{n} \cdot 100$

kumulierte Häufigkeit $= S_i = n_1 + n_2 + \ldots n_i = \sum\limits_{1}^{i} n$

5.3.2 Lageparameter

Die bekanntesten Lageparameter sind die **Mittelwerte**. Sie bestimmen die Position mehrerer Merkmalswerte auf einer Merkmalsdimension durch einen **einzigen** Wert.

* **Modus**

   Der Modus ist derjenige Wert, der in einer Häufigkeitsverteilung am häufigsten vorkommt, d.h. er bestimmt die Lage des Maximums der Häufigkeitsverteilung (häufigster Wert). Nominales Skalenniveau.

   Beispiel:
   Merkmalswerte 3, 5, 4, 5, 6, 5, 4, 3, 5
   Der am häufigsten auftretende Wert ist $\overline{X}D = 5$

* **Median**

   Der Median oder Zentralwert ist derjenige Wert, der eine der Größe nach geordnete Reihe von Merkmalswerten halbiert. Rechts und links des Medians liegen also gleich viele Merkmalswerte. Es genügt ordinales Skalenniveau.
   Beispiel:

Merkmalswerte	1, 5, 3, 2, 4, 5, 1, 2, 4
geordnete Werte	1, 1, 2, 2, 3, 4, 4, 5, 5
Der zentrale Wert ist	$\overline{X}_z = 3$

$$\overline{X}_z = X_{\left(\frac{n+1}{2}\right)}$$ ungerade Zahl von Merkmalsträgern

$$\overline{X}_z = \frac{1}{2}\left[X_{\left(\frac{n}{2}\right)} + X_{\left(\frac{n+1}{2}\right)}\right]$$ gerade Zahl von Merkmalsträgern

*   **arithmetischer Mittelwert**

Beim arithmetischen Mittelwert (Durchschnittswert) unterscheidet man zwischen dem ungewogenen und gewogenen Mittelwert. Voraussetzung ist ein metrisches Skalenniveau!

Der **ungewogene** arithmetische Mittelwert $\overline{X}$ wird gebildet aus der Summe der Merkmalswerte, dividiert durch die Anzahl der Merkmalswerte

Beispiel: $\overline{X} = \dfrac{X_1 + X_2 + X_3 \ldots\ldots X_n}{n}$

Merkmalswerte: 1, 5, 3, 2, 4, 5, 1, 2, 4

$n = \quad 9$

$\overline{X} = \quad \dfrac{27}{9} \quad = 3$

Der **gewogene** arithmetische Mittelwert geht davon aus, daß die verschiedenen Merkmalsträger eine unterschiedliche Gewichtung haben. Es werden deshalb die Merkmalsträger xi mit den Gewichtsfaktoren gi multipliziert, dann aufaddiert und durch die Summe der Gewichtungsfaktoren dividiert.

$$\overline{X} = \frac{g_1 \cdot X_1 + g_2 \cdot X_2 + g_3 \cdot X_3 \ldots\ldots g_i \cdot X_i}{g_1 + g_2 + g_3}$$

Beispiel:

Merkmalswerte	120	240	300
Gewichtung	20	15	10

$$\overline{X} = \frac{2.400 + 3.600 + 3.000}{45} \quad = \quad \frac{9.000}{45} \quad = 200$$

5.4 BIVARIATE VERFAHREN

Bei den bi-variaten Verfahren geht es um die Aufklärung des Zusammenhanges zwischen zwei Merkmalsausprägungen (Variablen). Unter Verwendung der im folgenden beschriebenen Analyseverfahren lassen sich zwei oder mehrere Variable simultan in die Untersuchung einbeziehen und die Art ihrer Beziehung analysieren. In der Praxis werden die Analysen aufgrund ihrer Komplexität und des damit verbundenen Rechenaufwandes mit Hilfe der EDV bearbeitet.

Die Darstellung der bi-variaten Verfahren konzentriert sich auf die wichtigsten statistischen Methoden; dies sind:
- die Kreuztabellierung
- die einfache Korrelationsanalyse
- die einfache Regressionsanalyse

5.4.1 Kreuztabellierung

Das einfachste Verfahren zur Darstellung von Zusammenhängen zwischen zwei Variablen ist die Kreuztabellierung. Hierbei werden die Merkmalsausprägungen von zwei Variablen in einer Matrix (Kreuztabelle) dargestellt.
Ein typischer Anwendungsbereich ist der Zusammenhang zwischen dem Verhalten / den Einstellungen von Probanden und ihrer demografischen Struktur.
Beispiel:
Zusammenhang zwischen dem Kauf von Zigarettensorten und Geschlecht

Geschlecht/ Zigaretten	Männer	Frauen	Gesamt
mit Filter	200 (66,6 %)	150 (75 %)	350
ohne Filter	100 (33,3 %)	50 (25 %)	150
gesamt	300	200	500

Man erkennt, daß Frauen in stärkerem Maße Zigaretten mit Filter bevorzugen (75 %) als Männer (66,6 %)!

Ob dieser Zusammenhang statistisch gesichert ist oder zufällig eingetreten ist, läßt sich mit spez. Testverfahren (Chi-Quadrat-Test) überprüfen.

Die Kreuztabellierung setzt kein bestimmtes Skalenniveau voraus.

5.4.2 Einfache Korrelationsanalyse

Die Korrelationsanalyse untersucht den linearen Zusammenhang zwischen jeweils zwei metrischen Variablen. Sie erklärt, zu welchem Teil eine Änderung der Merkmalswerte einer Variablen auf die Änderung der Merkmalswerte einer (oder mehrerer) anderer Variablen (und umgekehrt) zurückzuführen ist.

Die Beziehung zwischen zwei metrischen Variablen wird mathematisch durch den sog. **"Bravais-Pearson'schen Korrelationskoeffizienten"** (rxy) ausgedrückt! Er ist ein Maß für den Grad der gemeinsamen Variation zwischen den Variablen x und y!

$$r_{xy} = \frac{\sum_{i=1}^{n} (x_i - \overline{x}) \cdot (y_i - \overline{y})}{\sqrt{\sum_{i=1}^{n} (x_i - \overline{x})^2 \cdot \sum_{i=1}^{n} (y_i - \overline{y})^2}}$$

xi = Merkmalsausprägungen der Untersuchungseinheit i
     auf die Variablen x (i = 1 bis n)
yi = Merkmalsausprägungen der Untersuchungseinheit i
     auf die Variablen y (i = 1 bis n)
$\overline{x}$ = Mittelwerte aller Meßwerte der Variablen x
$\overline{y}$ = Mittelwerte aller Meßwerte der Variablen y
n = Anzahl der Untersuchungseinheiten / Meßwerte
(Beachte: Die Verwendung dieses Koeffizienten kann zu Scheinkorrelationen führen, wenn wechselseitige Beziehungen zwischen mehr als zwei Variablen bestehen. Dies ist nur über die partielle Korrelationsanalyse zu klären, auf die nicht näher eingegangen wird!)

Der Koeffizient kann Werte im Definitionsbereich zwischen +1 und -1 annehmen. Durch die Größe des Wertes wird die Stärke, durch die Vorzeichen die Richtung des Zusammenhanges angezeigt. Bei einem positiven Zusammenhang nimmt der Koeffizient den Wert in Richtung +1 an, bei negativem Zusammenhang den Wert in Richtung -1! Je geringer der Zusammenhang, desto mehr tendiert der Wert gegen 0.

Die Extremwerte haben folgende Bedeutung

r = -1:
Vollständiger, negativer Zusammenhang, d.h. je größer die Variable x wird, desto kleiner wird die Variable y. Geometrisch verteilen sich die Punkte entlang einer abwärts gerichteten Geraden.

r = 0:
Es besteht kein linearer Zusammenhang zwischen den beiden Variablen. Die beiden Variablen sind voneinander unabhängig.

r = +1:
Vollständiger, positiver Zusammenhang, d.h. je größer die Werte der Variablen x werden, desto größer werden auch die Werte der Variablen y. Geometrisch sind die Merkmalsausprägungen entlang einer aufwärts gerichteten Geraden angeordnet.

Verteilungsdiagramme und Korrelationskoeffizienten

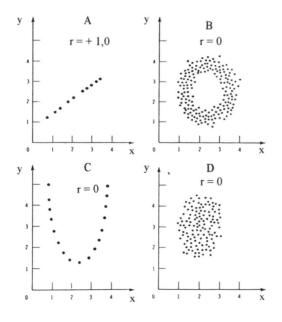

Beispiel:

Es soll errechnet werden, ob ein Zusammenhang zwischen Kaufpreis in TDM und Hubraum bei einer Automarke besteht!

Typ (i)	ccm Hubraum xi	Kaufpreis in TDM yi	xi-$\bar{x}$	yi-$\bar{y}$	(xi-$\bar{x}$) · (yi-$\bar{y}$)
A	1.800	49	- 620	- 12,8	7.936
B	2.000	54	- 420	- 7,8	3.276
C	2.500	59	80	- 2,8	- 224
D	2.800	65	380	+ 3,2	1.216
E	3.000	82	580	20,2	11.716
					Σ 23.920

$$\bar{x} = \frac{12.100}{5} = 2.420 \qquad \bar{y} = \frac{309}{5} = 61,8$$

(xi - $\bar{x}$)²	(yi - $\bar{y}$)²
384.400	163,84
176.400	60,84
6.400	7,84
144.400	10,24
336.400	408,04
Σ 1.048.000	Σ 650,80

$$1.048.000 \cdot 650,80 = 682.038.400$$

$$\sqrt{682.038.400} = 26.115,846$$

$$r = \frac{23.920}{26.116} = 0,9159$$

Es besteht ein enger Zusammenhang zwischen Kaufpreis und Hubraumgröße.

5.4.3 Einfache Regressionsanalyse

Während die Korrelationsanalyse den wechselseitigen Zusammenhang zwischen zwei Variablen untersucht, prüft die Regressionsanalyse die *einseitige* Beziehung zwischen einer *abhängigen* (metrisch skalierten) und einer (mehreren) *unabhängigen* (metrisch skalierten) Variablen. Welche Variable "abhängig" und welche "unabhängig" ist, hängt vom Untersuchungszweck ab und wird vom Untersuchungsleiter vorab festgelegt. Die einmal festgelegte Richtung der Beziehung ist dann eindeutig und nicht mehr umkehrbar.

Mit der Regressionsanalyse lassen sich z.B. Ursache-Wirkungs-Beziehungen aufdekken, die letztlich durch die sog. *"Regressionsgerade"* gemessen und dargestellt werden können.

Ausgangspunkt der Regressionsanalyse ist das Eintragen der Meßwerte der beiden untersuchten Variablen (x/y) in ein Streudiagramm. Die Streuung der Meßwerte führt zu Punktwolken, die entweder einen linearen, funktionalen oder keinen Zusammenhang erkennen lassen (siehe Abbildung Streudiagramme).

Die Aufgabe der Regressionsanalyse besteht nun darin, eine Gerade oder eine Kurve durch die Punktwolken zu legen, die sich der empirisch erhobenen Punkteverteilung möglichst gut anpaßt (Regressionsgerade / Regressionskurve).

In der Marketingforschung kommt den linearen Funktionen eine besondere Bedeutung zu, da sich viele Zusammenhänge linear beschreiben lassen.

REGRESSIONSGLEICHUNG

Im Rahmen der linearen Einfachregression bestimmen zwei Parameter die Lage der Geraden.
a = gibt den y-Wert für x = 0 an
b = drückt die Neigung der Geraden aus

Die Funktion der Geraden lautet deshalb: $\hat{y} = a + b\,x$

$\hat{y}_i$ stellt den Schätzwert / Näherungswert der Regressionsgeraden dar, der an der Stelle des empirisch gefundenen Wertes y_i am Punkt x_i tritt.

Die Parameter der Regressionsgeraden müssen nun so bestimmt werden, daß die Abweichung zwischen den empirischen Werten und den Werten auf der Geraden möglichst klein ist. Dies geschieht dadurch, daß die Summe der Quadrate der einfachen Abweichung (SAQ) minimiert wird.

SAQ = $(y_i - \hat{y}_i)^2$ ----> min.

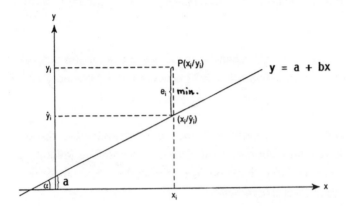

Für $\hat{y}_i$ wird in die SAQ die Regressionsfunktion eingesetzt, also:

SAQ = $(y_i - a - b{\bullet}x_i)^2$ ----> min.!

Unbekannte Zielgrößen sind a + b, die sich nach folgenden Formeln berechnen lassen:

a = $\qquad \bar{y} - b\bar{x}$

b = $\qquad \dfrac{\sum\limits_{i=1}^{n} x_i y_i - n\bar{x}\,\bar{y}}{\sum\limits_{i=1}^{n} x_i^2 - n\bar{x}^2}$

n = Anzahl der Meßwerte / Merkmalswerte

$\bar{y}$ = Mittelwert aller Merkmalswerte yi

$\bar{x}$ = Mittelwert aller Merkmalswerte xi

a = Regressionskonstante

b = Regressionskoeffizient

Beispiel:

Es soll untersucht werden, in welcher Abhängigkeit der Preis von der Hubraumgröße verschiedener Automodelle steht. (Errechnung der Regressionsfunktion)

Typ (i)	ccm Hubraum xi	Kaufpreis in TDM yi	xi·yi	xi²	
A	1.800	49	88.200	3.240.000	$\bar{x}$ = 2.420
B	2.000	54	108.000	4.000.000	$\bar{y}$ = 61,8
C	2.500	59	147.500	6.250.000	
D	2.800	65	182.000	7.840.000	
E	3.000	82	246.000	9.000.000	
			Σ 771.700	Σ 30.330.000	

$$n \cdot \bar{x}^2 = 5 \cdot 5.865.400 = 29.282.000$$

$$n \cdot \bar{y}^2 = 5 \cdot 3.819,24 = 19.096,20$$

$$n\bar{x} \cdot \bar{y} = 5 \cdot 2.420 \cdot 61,8 = 747.780$$

$$b = \frac{771.700 - 747.780}{30.330.000 - 29.282.000} = \frac{23.920}{1.048.000} = 0,0228$$

a = 61,8 - 0,0228 · 2.420 = 61,8 - 55,176 = 6,624

$\hat{y}$ = a + bx

$\hat{y}$ = 6,624 + 0,0228x

Ein Wagen mit 2.000 ccm Hubraum müßte demnach

$\hat{y}$ = 6,624 + 0,0228 · 2.000 = 6,624 + 45,600 = 52,224 TDM kosten

"ERKLÄRTE" UND "UNERKLÄRTE" ABWEICHUNG

Wie oben schon ausgeführt, stellt $\hat{y}$ nur einen Schätzwert bzw. einen Annäherungswert dar. Dies wird deutlich, wenn wir in unserem Beispiel den Kaufpreis für einen PKW berechnen; es ergeben sich 52.224 DM bei 2 l Hubraum.

Tatsächlich müssen aber lt. Preisliste 54 TDM bezahlt werden.

Die Abweichung des Näherungswertes vom tatsächlichen Wert läßt sich nicht allein auf den Preis zurückführen, maßgeblich dafür sind noch andere Faktoren (z.B. Prestige / Luxus).

Wenn zwischen dem Hubraum und dem Verkaufspreis eine strikt lineare Funktion bestünde (ausgedrückt durch die Regressionsgerade), dann müßte ein 2 l-PKW zu einem Preis von 52.224 DM zu erwerben sein. Die Abweichung dieses Wertes vom durchschnittlichen Verkaufspreis aller Angebote ($\bar{y}$) bezeichnet man als ***"erklärte Abweichung"*** (sie ist allein durch den Preis verursacht).

Nun liegt der tatsächliche Preis für ein 2 l-Modell aber bei 54.000 DM. Diese Abweichung ist auf andere Faktoren zurückzuführen und wird als ***"unerklärte Abweichung"*** bezeichnet.

BERECHNUNG DES BESTIMMUNGSMASSES

Das Bestimmungsmaß ist eine Maßzahl, die den Einfluß der unabhängigen Variablen auf die abhängigen Variablen bestimmt. Dabei setzt man die "erklärte Streuung" zur Gesamtstreuung ins Verhältnis. Rechnerisch ergibt sich das Bestimmungsmaß aus der Quadrierung des einfachen Korrelationskoeffizienten.

$$r^2 = \frac{\text{erklärte Streuung (Abweichungsquadratsumme)}}{\text{Gesamtstreuung (zu erklärende Abweichungsquadratsumme)}}$$

$$r^2 = \frac{\sum\limits_{i=1}^{n} (\hat{y}_i - \bar{y})^2}{\sum\limits_{i=1}^{n} (y_i - \bar{y})^2} \qquad 0 \le r^2 \le 1$$

Es gilt:

$\overline{y}$ = Mittelwert der abhängigen Variablen

yi = empirischer Wert der abhängigen Variablen

$\hat{y}i$ = aufgrund der Regression errechneter Schätzwert der abhängigen Variablen

Die "unerklärte Abweichung" (Streuung) läßt sich durch folgende Gleichung erklären:

$$k^2 = \frac{\sum_{i=1}^{n} (y_i - \hat{y}_i)^2}{\sum_{i=1}^{n} (y_i - \hat{y})^2} \qquad 0 \leq k^2 \leq 1$$

Beide Streuungsmaße zusammen erklären die Gesamt-Streuung, d.h.

$r^2 + k^2 = 1$

Wollen wir die "unerklärte" Abweichung anhand unseres Beispiels aus dem PKW-Markt erklären, dann gilt unter Nutzung der obigen Formel:

Beispiel:

Es soll die „unerklärte" Abweichung errechnet werden.

Typ (i)	ccm Hubraum xi	Kaufpreis in DM yi	geschätzter Kaufpreis $\hat{y}i$	$(yi - \hat{y}i)^2$	$(yi - \overline{y})^2$
A	1.800	49.000	47.664	1.784.896	163.840
B	2.000	54.000	52.224	3.154.176	60.840
C	2.500	59.000	63.624	21.381.376	7.840
D	2.800	65.000	70.464	29.855.296	10.240
E	3.000	82.000	75.024	48.664.576	408.040
				$\Sigma = 104.840.320$	$\Sigma = 650.800.000$

$$k^2 = \frac{104.840.320}{650.800.000} = 0{,}161$$

D.h. ca. 16 % der Gesamtabweichung sind <u>nicht</u> durch den Preis erklärbar.

Da $r^2 = 1 - k^2$ ist, erhalten wir für die „erklärte" Abweichung einen Wert von 0,839. Somit sind 83,9 % der Gesamtstreuung auf den Preis zurückzuführen!

5.5 MULTIVARIATE VERFAHREN

5.5.1 Wesen und Klassifikation

Im Gegensatz zu den uni- und bivariaten Analyseverfahren werden bei den multivariaten Verfahren die Beziehungsstrukturen zwischen mehreren Variablen dargestellt und interpretiert.

Je nachdem, ob es sich bei der Analyse um unabhängige oder abhängige Variable handelt oder um wechselseitige Beziehungen zwischen mehreren Variablen, spricht man im ersten Fall von "Dependenzanalysen", im zweiten Fall von "Interdependenzanalysen".

* ***Dependenzanalyse (Analyse von Abhängigkeiten)***
   Es gibt einen Kausalzusammenhang in der Form, daß eine oder mehrere abhängige Variable von anderen unabhängigen Variablen beeinflußt werden. Ziel ist es, den Einfluß der unabhängigen Variablen auf die abhängigen Variablen zu untersuchen.

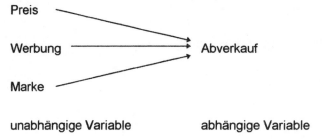

unabhängige Variable   abhängige Variable

* ***Interdependenzanalyse (Analyse von Zusammenhängen)***
   Bei der Interdependenzanalyse werden wechselseitige Beziehungen unterstellt, ohne daß eine Wirkungsrichtung analysiert wird.

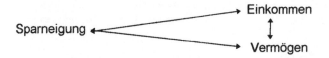

Ob ein Zusammenhang zwischen den Variablen realiter bestehen kann, muß vorab durch eine Plausibilitätsprüfung untersucht werden. Die angewandten statistischen Verfahren beruhen nämlich auf ***rein mathematischen Kriterien***, die u.U. Zusammenhänge aufzeigen können, die in der Praxis ausgeschlossen sind!

Ein weiteres wichtiges Klassifizierungsmerkmal für multivariate Verfahren ist die Feststellung, welches Skalenniveau die einbezogenen Variablen aufweisen müssen.

Im folgenden wird ein Überblick über die wichtigsten Verfahren gegeben und welche Aufgaben sie in der Marktforschung lösen können.

5.5.2 Multiple Regressionsanalyse

Im Unterschied zur einfachen Regression, die nur die Abhängigkeit einer Variablen von einer anderen untersucht, geht es bei der multiplen Regressionsanalyse um die Abhängigkeit einer abhängigen Variablen von mehreren unabhängigen Variablen.

Die bisherige Formel der einfachen Regression muß erweitert werden:

$\hat{y}$ $\qquad = a + b_1 x_1 + b_2 x_2$

a $\qquad$ = Regressionskonstante

$b_1 + b_2$ $\qquad$ = partielle Regressionskoeffizienten

Es gelten zur Berechnung von a und b_1 bzw. b_2

$$a = \bar{y} - b_1 \bar{x}_1 - b_2 \bar{x}_2$$

$$\sum_{i=1}^{n} x_{1i} y_i - n\bar{x}_1 \bar{y} = b_1 \left(\sum_{i=1}^{n} x_{1i}^2 - n\bar{x}_1^2\right) + b_2 \left(\sum_{i=1}^{n} x_{1i} \cdot x_{2i} - n\bar{x}_1 \bar{x}_2\right)$$

$$\sum_{i=1}^{n} x_{2i} y_i - n\bar{x}\bar{y} = b_1 \left(\sum_{i=1}^{n} x_{1i} \cdot x_{2i} - n\bar{x}_1 \bar{x}_2\right) + b_2 \left(\sum_{i=1}^{n} x_{2i}^2 - n\bar{x}_2^2\right)$$

Das bei der einfachen Regression dargestellte Beispiel aus dem Automarkt könnte z.B. um die Variable Höchstgeschwindigkeit (x_2) ergänzt werden. D.h. es würde dann in der multiplen Regressionsanalyse der Einfluß von Hubraum und Höchstgeschwindigkeit auf den Kaufpreis untersucht.

STANDARDISIERUNG ÜBER DEN BETA-KOEFFIZIENTEN:

Da die Regressionskoeffizienten oftmals aufgrund unterschiedlicher Dimensionen der unabhängigen Variablen nicht vergleichbar sind (z.B. Preis und Hubraum), müssen die Regressionskoeffizienten "standardisiert", d.h. vergleichbar gemacht werden. Dazu werden die Variablen so umgerechnet, daß ihr Mittelwert über alle Merkmalsausprägungen = 0 und ihre Varianz = 1 ist!
Es gilt:

$$BETA_i = b_i \cdot \frac{\text{Standardabweichung } x_i}{\text{Standardabweichung } y}$$

Ergeben sich für die standardisierten Koeffizienten (z.B. die Werte 0,09 und 0,81), so lautet die standardisierte Regressionsgleichung

$$\hat{y}_i \text{ Stand} = 0{,}09\, x_1 + 0{,}81 x_2$$

Daraus ist abzuleiten, daß eine relative Veränderung der Variablen x_2 einen neunmal so großen Einfluß auf die abhängige Variable ausübt wie eine relative Veränderung der Variablen x_1!
(siehe auch: Meffert, H.: Marketingforschung und Käuferverhalten, Wiesbaden 1992)

5.5.3 Varianzanalyse (Streuungszerlegung)

Das Verfahren der Varianzanalyse verfolgt das Ziel, den kausalen Zusammenhang zwischen einer oder mehreren Variablen auf eine Zielgröße zu untersuchen. Dabei sollen die Einflußgrößen (auch Faktoren genannt) nominal skaliert sein, während die Zielgröße metrisch skaliert sein soll.
Interessiert bei der Untersuchung nur *eine* Zielgröße (abhängige Variable), so sprechen wir von *univariater* Varianzanalyse. Ist nur *eine* Einflußgröße (unabhängige Variable) wirksam, spricht man von "einfaktorieller", sind mehrere Einflüsse wirksam, von "mehrfaktorieller" Varianzanalyse.
Sollen *mehrere* Zielgrößen gleichzeitig analysiert werden, so spricht man von *multivariater* Varianzanalyse. Auch hier kann es einfaktorielle oder mehrfaktorielle Einflüsse geben.

	unabhängige Variable(n)		abhängige Variable(n)	
uni-variates Ver-fahren	Produktvarianten	->	Abverkaufsmenge	(einfaktoriell)
	Produktvarianten		Abverkaufswege	(multi-faktoriell)
	Betriebsform d.EH			
multi-variates Ver-fahren	Produktvarianten		Kaufbereitschaft	(ein-faktoriell)
			Qualitätsbeurteilung	
	Produktgestaltung	->	Kaufbereitschaft	(multi-faktoriell)
	Preisgestaltung	->	Qualitätsbeurteilung	

Da das Grundkonzept der univariaten Varianzanalyse ohne weiteres auf die multivaria-te übertragen werden kann, wollen wir uns im folgenden insbesondere mit der univaria-ten Varianzanalyse befassen.

Ein Produkt soll in drei verschiedenen Produktvarianten angeboten werden, die sich in Farbe, Form und Design voneinander unterscheiden. Im Rahmen eines **Storetests** soll nun untersucht werden, inwieweit die verschiedenen Produktvarianten A1, A2, A3 (unabhängige Variable) sich auf den Abverkauf x_i (abhängige Variable) auswirken. Wenn die verschiedenen Formen der Produktgestaltung keinen Einfluß auf den Abver-kauf haben, dann müßten die durchschnittlichen Abverkaufszahlen der Produkte A1, A2, A3 gleich sein. Umgekehrt müßten unterschiedliche Abverkaufszahlen auf ver-schiedene Einflußgrößen / Faktoren hinweisen.

Die Abweichung eines Meßwertes (x_i) vom Gesamtmittelwert ($\bar{x}$), der sich aus den Mit-telwerten der Abverkaufsmenge je Produkt ($\bar{x}_i$) ergibt, läßt sich entsprechend der Re-gressionsanalyse in 2 Komponenten zerlegen, nämlich die "erklärte" und die "unerklärte" Abweichung. Da sich die beiden Abweichungen in der Regel nicht klar voneinander trennen lassen, zerlegt die Varianzanalyse die Gesamtabweichung der einzelnen Meßwerte vom Gesamtmittelwert ($x_{ij} - \bar{x}$) in eine Abweichung der Abver-kaufszahlen **zwischen** den Produktvarianten A1, A2, A3 und eine Abweichung der Ab-verkaufszahlen **innerhalb** jeder Produktvariante (Streuungszerlegung!)

Es gilt:

$$\sum_{j=1}^{m} \sum_{i=1}^{n} (x_{ij} - \bar{x})^2 = \sum_{j=1}^{m} \sum_{i=1}^{n} (x_{ij} - \bar{x}_{ij})^2 + n \sum_{j=1}^{m} (\bar{x}_{ij} - \bar{x})^2$$

Dabei ist

$\sum_{j=1}^{m} \sum_{i=1}^{n} (x_{ij} - \bar{x})^2$	=	die Summe der quadrierten Gesamtabweichungen (S.d.Q.A.)
$\sum_{j=1}^{m} \sum_{i=1}^{n} (x_{ij} - \bar{x}_{ij})^2$	=	Summe der quadrierten Abweichungen **innerhalb** der Gruppen (Näherungswert für die unerklärte Abweichung)
$\sum_{j=1}^{m} (x_{ij} - \bar{x})^2 \cdot n$	=	Summe der quadrierten Abweichungen **zwischen** den Gruppen (Näherungswert für die erklärte Abweichung)

Grundsätzlich ist festzustellen: je größer die erklärte Abweichung gegenüber der unerklärten ist, desto eher kann ein Zusammenhang zwischen der unabhängigen und der abhängigen Variablen unterstellt werden.

Im nächsten Schritt erhält man die einzelnen *Varianzen* durch Division der Summen der quadrierten Abweichungen durch die zugehörige Zahl der Freiheitsgrade. Auf diese Weise erhält man die mittleren quadratischen Abweichungen = S^2!
Für die Summe der quadrierten Gesamtabweichungen ergeben sich $(n \cdot m - 1)$ Freiheitsgrade. Für die erklärte Abweichung beträgt der Freiheitsgrad $(m - 1)$, für die erklärte Abweichung $m \cdot (n - 1)$.

Für die mittlere quadratische Abweichung (Varianz) ergibt sich somit:

zwischen den Gruppen

$$S^2_{(m)} = \frac{n}{m-1} \sum_{j=1}^{m} (x_{ij} - \overline{x})^2$$

innerhalb der Gruppe

$$S^2_{(n)} = \frac{1}{m(n-1)} \sum_{j=1}^{m} \sum_{i=1}^{n} (x_{ij} - \overline{x}_{ij})^2$$

Gesamt-varianz

$$S^2_{(9)} = \frac{1}{n \cdot m - 1} \sum_{j=1}^{m} \sum_{i=1}^{n} (x_{ij} - \overline{x})^2$$

Für das Beispiel „Storetest" gilt:

(entnommen aus: Weis / Steinmetz, Marktforschung, Ludwigshafen 1991)

$\overline{x}_{ij}$ =   arithmetischer Mittelwert der j-ten Gruppe

$\overline{x}$ =   arithmetischer Gesamt-Mittelwert

n =   Umfang der Stichprobe pro Gruppe

m =   Anzahl der Gruppen / Faktoren

Es werden zunächst die Abverkaufsmeßwerte in m = 3 Gruppen / Spalten zerlegt (siehe Tabelle)

Faktor A: Produktvariante			
	A1	A2	A3
j / i	x_{i1}	x_{i2}	x_{i3}
1	1.149	1.041	1.346
2	1.315	1.030	1.220
3	1.285	1.108	1.364
4	1.277	1.196	1.231
5	1.115	1.023	1.228
6	1.063	1.157	1.256
7	1.124	1.101	1.351
8	1.056	1.046	1.340
9	1.217	1.256	1.275
10	1.287	1.201	1.361
11	1.318	1.196	1.257
12	1.155	1.139	1.368
$\bar{x}_{ij}$	1.196,75	1.124,50	1.299,75
$\bar{x}..$		= 1.207,00	

Insgesamt 36 Stichprobenwerte, von denen auf die m = 3 Produktvarianten n = 12 Meßwerte xi entfallen. Dabei stellt $\bar{x}j$ den arithmetischen Mittelwert der j-ten Gruppe / Spalte dar. Der Gesamtmittelwert der nxm Einzelwerte sind mit $\bar{x}$ bezeichnet.

Die Abweichung ***zwischen*** den Produktvarianten errechnet sich aus der Summe der quadratischen Abweichungen zwischen dem Gruppenmittelwert und dem Gesamtmittelwert $(\bar{x}_{ij} - \bar{x})^2$.

Analog dazu stellt die Summe der quadratischen Abweichungen ***innerhalb*** jeder Produktvariante / Gruppe, die sich als Differenz zwischen dem jeweiligen Meßwert und dem Mittelwert der Gruppe ergibt $(x_{ij} - \bar{x}_{ij})^2$, einen Wert für die Abweichung dar. Für die S.d.q.A ***"innerhalb"*** der Gruppe erhält man den Wert 212.505,5 durch Addition der Summen in Spalte 2 der Rechentabelle.

Für die S.d.q.A ***"zwischen"*** den Gruppen erhält man:

$12\ [(1.196,75 - 1.207)^2 + (1.124,5 - 1.207)^2 + (1.299,75 - 1.207)^2] = 186.166,50$

Auswertung des Zahlenbeispiels zur einfachen Streuungszerlegung

$(x_{ij} - \overline{x}._j)$	$(x_{ij} - \overline{x}._j)^2$	
(1)	(2)	
− 47,75	2.280,0625	
+ 118,25	13.983,0625	
+ 88,25	7.788,0625	
+ 80,25	6.440,0625	
− 81,75	6.683,0625	
− 133,75	17.889,0625	$j = 1$
− 72,75	5.292,5625	
− 140,75	19.810,5625	
+ 20,25	410,0625	
+ 90,25	8.145,0625	
+ 121,25	14.701,5625	
− 41,75	1.743,0625	
$\Sigma = 0$	$\Sigma = 105.166,25$	
− 83,5	6.972,25	
− 94,5	8.930,25	
− 16,5	272,25	
+ 71,5	5.112,25	
− 101,5	10.302,25	
+ 32,5	1.056,25	$j = 2$
− 23,5	552,25	
− 78,5	6.162,25	
− 131,5	17.292,25	
+ 76,5	5.852,25	
+ 71,5	5.112,25	
+ 14,5	210,25	
$\Sigma = 0$	$\Sigma = 67.827,0$	
+ 46,25	2.139,0625	
− 79,75	6.360,0625	
+ 64,25	4.128,0625	
+ 68,75	4.426,5625	
− 71,75	5.148,0625	
− 43,75	1.914,0625	$j = 3$
+ 51,25	2.626,5625	
+ 40,25	1.620,0625	
− 24,75	612,5625	
+ 61,25	3.751,5625	
− 42,75	1.827,5625	
+ 68,25	4.658,0625	
$\Sigma = 0$	$\Sigma = 39.512,25$	

Quelle: Entnommen aus Weis/Steinmetz, Marktforschung
Ludwigshafen 1991

Aus dem Storetest läßt sich als Ergebnis ableiten:

	S.d.q.A.	Zahl der Freiheits- grade	mittlere quadratische Abweichung (Varianz)	
zwischen den Gruppen	186.166,5	2	$s^2(m) =$	93.083,25
innerhalb der Gruppen	212.505,5	33	$s^2(n) =$	6.439,56
insgesamt	398.672,0	35	$s^2(g) =$	11.390,63

Die S.d.q.A insgesamt und die Gesamtvarianz werden in diesem Beispiel zu 46,7 % (186.166,5 : 398.672,0 • 100) durch den Einfluß der 3 Produktvarianten A_1, A_2 und A_3 erklärt. 53,3 % des Einflusses auf die Absatzmenge können nicht erklärt werden.

5.5.4 Diskriminanzanalyse (Trennverfahren)

Aufgabe der Diskriminanzanalyse ist es, zwei oder mehrere Objekte oder Personengruppen so zu trennen, daß die Diskriminierung der Objekte oder Personengruppen anhand unabhängiger (die Gruppen bestmöglich trennender bzw. charakterisierender) Variablen erklärt werden kann.

Abweichend von der Regressionsanalyse und Varianzanalyse, wo die abhängigen Variablen metrisch skaliert sein mußten, genügt bei der Diskriminanzanalyse für die abhängige Variable nominales Skalenniveau. Die unabhängigen Variablen (also die Zugehörigkeit zur Gruppe erklärender Variablen) sollten natürlich skaliert sein.

Es geht also darum festzustellen, ob z.B. zwischen a priori vorgegebenen Gruppen von Elementen (z.B. Personen) signifikante Unterschiede hinsichtlich einzelner Eigenschaften oder Merkmale (unabhängige Variable) bestehen.

Von *einfacher* Diskriminanzanalyse sprechen wir, wenn nur zwei Gruppen von Elementen zu trennen sind (Zwei-Gruppen-Fall); von *multipler* Diskriminanzanalyse spricht man, wenn mehr als 2 Gruppen getrennt werden sollen.

Uns interessiert im folgenden der Zwei-Gruppen-Fall!

VORGEHENSWEISE

Erste Aufgabe der Diskriminanzanalyse ist es, eine Trenngerade so in ein Ordinaten-system (Streudiagramm) einzupassen, daß die durch ihre Merkmale gekennzeichneten Personen bestmöglich in zwei Gruppen getrennt werden (siehe Abb.).

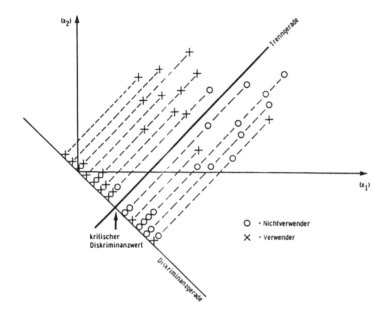

Graphische Darstellung der Diskriminanzanalyse

Neben der Trenngeraden interessiert aber in erster Linie die senkrecht zu dieser ver-laufende Diskriminanzgerade (-achse). Die auf die Diskriminanzgerade projizierten Häufigkeitsverteilungen der Merkmalsträger sollen eine möglichst geringe Überschnei-dung aufweisen und in sich möglichst hoch verdichtet sein, was einer geringen Streu-ung der Gruppenelemente entspricht. Außerdem soll der Abstand zwischen den Grup-penmittelwerten (-kernen) möglichst groß sein. Die Varianz zwischen den Gruppen ist also im Verhältnis zur Varianz innerhalb der Gruppen zu maximieren.

Die Funktion für die Diskriminanzgerade lautet (bei zwei unabhängigen Variablen)

$yi = b_1 \cdot x_{1i} + b_2 \cdot x_{2i}$

$yi =$ Wert der Diskriminanzfunktion für den Merkmalsträger i

$xij =$ Merkmalsausprägung der unabhängigen Variable x_j (j = 1 bis m) bei dem Merkmalsträger i (i = 1 bis n)

$bj =$ Diskriminanzkoeffizient der unabhängigen Variablen j

Die Aufgabe besteht nun darin, den Diskriminanzkoeffizienten bj dahingehend festzulegen, daß sich die arithmetischen Mittel der Diskriminanzwerte der beiden Gruppen signifikant voneinander unterscheiden.

$dj = \bar{x}_{jA} - \bar{x}_{jB}$

$dy = \bar{y}_A - \bar{y}_B \quad \text{--> max}$

Gleichzeitig sollen aber die Diskriminanzwerte innerhalb der Gruppe möglichst gering um den Gruppenmittelwert streuen. Anders ausgedrückt: die Summe der quadrierten Abweichungen der Diskriminanzwerte innerhalb der Gruppe soll möglichst klein sein.

$$S = \sum_{i=1}^{nA} (yi_A - \bar{y}_A)^2 + \sum_{i=1}^{nB} (yi_B - \bar{y}_B)^2 \text{ --> Min.}$$

$$S = S^A + S^B$$

Als geeignete Zielfunktion läßt sich das Verhältnis von dy^2 (quadratische Abweichung der mittleren Diskriminanzwerte beider Gruppen) zu S (Summe der quadrierten Abweichungen innerhalb der Gruppen) formulieren. Dieses Verhältnis sollte möglichst groß sein.

$$Z = \frac{dy^2}{S} \quad \text{--> max.}$$

Zur Bestimmung von bj setzten wir bei der linearen Regressionsrechnung die partiellen Ableitungen der obigen Gleichung $\frac{dy^2}{S} = 0$

Abgeleitet erhält man bei zwei unabhängigen Variablen

$$b_1 S_{11} + b_2 S_{12} = d_1$$
$$b_1 S_{12} + b_2 S_{22} = d_2$$

Es bedeutet

S_{11} = S.d.q.A. der Beobachtungswerte vom Mittelwert $\overline{x}_{1A}$
bzw. x_{1B} bezüglich des Merkmals x_1

S_{22} = S.d.q.A. der Beobachtungswerte vom Mittelwert $\overline{x}_{2A}$
bzw. x_{2B} bezüglich des Merkmals x_2

S_{12} = Summe der Abwicklungsprodukte x_1 und x_2
innerhalb der Gruppen

Beispiel:

Es wurden jeweils 8 Käufer des Produktes A und Produktes B bezüglich ihres Jahreseinkommens und ihres Alters befragt. Die Befragung erbrachte folgendes Ergebnis: (entnommen aus: Weis / Steinmetz: Marktforschung, Ludwigshafen 1991)

Produkte	Person	Einkommen in TDM/a x_1	Alter [a] x_2
(1)	(2)	(3)	(4)
A	1	37	20
	2	45	27
	3	53	28
	4	55	25
	5	60	39
	6	65	30
	7	80	50
	8	69	45
		$\overline{x}_{1A} = 58$	$\overline{x}_{2A} = 33$
B	1	20	20
	2	16	25
	3	30	20
	4	30	30
	5	40	27
	6	35	38
	7	44	35
	8	57	45
		$\overline{x}_{1B} = 34$	$\overline{x}_{2B} = 30$
Gesamtmittelwert:		$\overline{x}_1 = 46$	$\overline{x}_2 = 31,5$

Unter Verwendung der nachfolgenden Rechentabelle ergeben sich folgende Zahlenwerte:

Für $b_1 \cdot S_{11} + b_2 S_{12} = d_1$ ergibt sich
    $2.520 b_1 + 1.552 b_2 = 24$

Für $b_1 \cdot S_{12} + b_2 S_{22} = d_2$ ergibt sich
    $1.552 b_1 + 1.320 b_2 = 3$

Daraus errechnet sich für $b_1 + b_2$
$b_1 = + 0,0294 \ (0,0294476)$
$b_2 = - 0,0324 \ (0,0323506)$

Somit lautet die Funktion für die Diskriminanzgerade:
$y_i = + 0,0294 x_{1i} - 0,0324 x_{2i}$

Das abgebildete Streudiagramm enthält neben den 16 Befragungswerten auch noch die Diskriminanzachse. Man erhält sie als Gerade durch den Koordinatenursprung und den Punkt (0,0294 / - 0,0324).

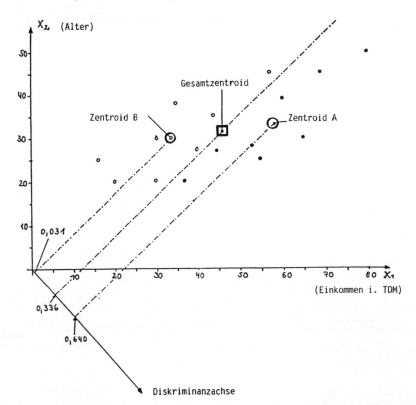

Gruppe	i	Einkommen in TDM/a x_{1A}	Alter in Jahren x_{2A}	$(x_{1A} - \bar{x}_{1A})$	$(x_{1A} - \bar{x}_{1A})^2$	$(x_{2A} - \bar{x}_{2A})$	$(x_{2A} - \bar{x}_{2A})^2$	$(x_{1A} - \bar{x}_{1A})(x_{2A} - \bar{x}_{2A})$
(1)	(2)	(3)	(4)	(5)	(6)	(7)	(8)	(9)
A	1	37	20	− 21	441	− 13	169	+ 273
	2	45	27	− 13	169	− 6	36	+ 78
	3	53	28	− 5	25	− 5	25	+ 25
	4	55	25	− 3	9	− 8	64	+ 24
	5	60	39	+ 2	4	+ 6	36	+ 12
	6	65	30	+ 7	49	− 3	9	− 21
	7	80	50	+ 22	484	+ 17	289	+ 374
	8	69	45	+ 11	121	+ 12	144	+ 132
Mittelwerte		$\Sigma = 464$ $\bar{x}_{1A} = 58$	$\Sigma = 264$ $\bar{x}_{2A} = 33$	$\Sigma = 0$	$\Sigma = 1.302$ s_{11}^A	$\Sigma = 0$	$\Sigma = 772$ s_{22}^A	$\Sigma = + 897$ s_{12}^A

Gruppe	i	x_{1B}	x_{2B}	$(x_{1B} - \bar{x}_{1B})$	$(x_{1B} - \bar{x}_{1B})^2$	$(x_{2B} - \bar{x}_{2B})$	$(x_{2B} - \bar{x}_{2B})^2$	$(x_{1B} - \bar{x}_{1B})(x_{2B} - \bar{x}_{2B})$
B	1	20	20	− 14	196	− 10	100	+ 140
	2	16	25	− 18	324	− 5	25	+ 90
	3	30	20	− 4	16	− 10	100	+ 40
	4	30	30	− 4	16	0	0	0
	5	40	27	+ 6	36	− 3	9	− 18
	6	35	38	+ 1	1	+ 8	64	+ 8
	7	44	35	+ 10	100	+ 5	25	+ 50
	8	57	45	+ 23	529	+ 15	225	+ 345
Mittelwerte		$\Sigma = 272$ $\bar{x}_{1B} = 34$	$\Sigma = 240$ $\bar{x}_{2B} = 30$	$\Sigma = 0$	$\Sigma = 1.218$ s_{11}^B	$\Sigma = 0$	$\Sigma = 548$ s_{22}^B	$\Sigma = + 655$ s_{12}^B

Auswertung des Beispiels Zweigruppen - Zweivariablen - Diskriminanzanalyse

Quelle: Weis/Steinmetz, Marktforschung, Ludwigshafen 1991

Durch Einsetzen der Mittelwertkoordinaten in $y_i = + 0,0294x_{1i} - 0,0324x_{2i}$ erhält man die entsprechenden Diskriminanzwerte:

$$
\begin{aligned}
A &= & + 0,0294 \cdot 58 - 0,0324 \cdot 33 & & = 0,0640 \\
B &= & + 0,0294 \cdot 34 - 0,0324 \cdot 30 & & = 0,0307 \\
\text{Gesamt} &= & + 0,0294 \cdot 46 - 0,0324 \cdot 31,5 & & = 0,336
\end{aligned}
$$

Mit der Diskriminanzfunktion wird das Verhältnis der Abweichungsquadrate der Gruppenmittelwerte zu den Summen der Abweichungsquadrate innerhalb der Gruppe maximiert

$$
Z = \frac{dy^2}{S} \quad \text{--> max.}
$$

Man ist nunmehr in der Lage, auch weitere Personen mit den Merkmalen Einkommen und Alter in die beiden Gruppen einzuordnen. Z.B. eine Person von 40 Jahren und einem Einkommen von 50 TDM/p.a. wird der Gruppe B zugeordnet.

$y_i = 0,0294 \cdot 50 - 0,0324 \cdot 40$
$y_i = + 0,174$

Da dieser Diskriminanzwert kleiner ist als der Wert des Gesamtzentroids (0,336), wird die Person der Gruppe B zugeordnet!

5.5.5 Faktorenanalyse

Durch die Faktorenanalyse werden größere Variablen auf eine kleinere Zahl voneinander unabhängiger Größen, den sog. *Faktoren*, zurückgeführt bzw. reduziert. Ohne eine Einteilung in abhängige oder unabhängige Veriable erfolgt eine gleichzeitige Analyse der Beziehungen aller Variablen untereinander (Interdependenzanalyse).

Die untersuchten Variablen müssen mindestens intervallskaliert sein.

Die folgende Abbildung veranschaulicht das Prinzip der Faktorenanalyse:

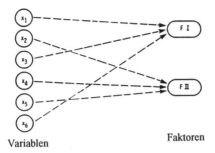

Variablen   Faktoren

D.h. die sechs Variablen X_1 - X_6 lassen sich auf zwei voneinander unabhängige Variable FI und FII zurückführen. Gelingt es, eine Vielzahl von Variablen auf einige wichtige Faktoren zu reduzieren, so stellt das eine erhebliche Erleichterung der empirischen Forschungsarbeit dar.

FAKTORLADUNG

Bevor man einzelne Faktoren ermittelt, ist es notwendig, die Zusammenhänge zwischen den Ausgangsvariablen meßbar zu machen. Dazu bedient man sich der Korrelationsrechnung. Die Korrelationen geben ein Maß für die Stärke und Richtung der Zusammenhänge zwischen Faktor und ursprünglichen Variablen an. Diese Korrelationen werden *"Faktorladungen"* genannt und in der sog. "Faktorladungsmatrix" dargestellt (siehe Beispiel). Die Faktorladung gibt dabei an, wieviel ein Faktor mit einer Ausgangsvariablen zu tun hat. Im mathematisch-statistischen Sinne sind Faktorladungen also nichts anderes als Maßgrößen für den Zusammenhang zwischen Variablen und Faktor oder anders ausgedrückt: Sie sind der Korrelationskoeffizient zwischen Faktor und Variablen.

Faktoren \\ Variablen	I	II	III	Kommunalität
1	0,49	0,69	0,41	0,88
2	0,38	− 0,51	0,19	0,44
3	0,20	0,60	0,42	0,58
4	0,38	− 0,33	0,35	0,38
5	0,54	− 0,42	0,10	0,48
6	0,45	0,29	− 0,42	0,46
7	0,16	0,02	0,22	0,07
8	0,30	− 0,42	0,14	0,29
9	0,60	0,17	− 0,36	0,52
10	0,50	0,25	− 0,55	0,62
11	0,65	− 0,16	0,08	0,45
Eigenwert	2,21	1,76	1,20	5,17
Varianzanteil (Eigenwert/Zahl der Variablen)	20 %	16 %	11 %	47 %

Faktorladungsmatrix

VEKTORENDARSTELLUNG

Das Prinzip der Variablenreduktion läßt sich grafisch durch ein Vektoren-Diagramm darstellen. Handelt es sich um unabhängige Variable (Korrelationskoeffizient = 0), so lassen sich diese geometrisch als rechtwinklig angeordnete Vektoren darstellen. Geometrisch ist der Korrelationskoeffizient der Kosinus des eingeschlossenen Winkels. Bei einem Winkel von 60° ergibt sich ein Korrelationskoeffizient von cos 60° = 0,5.

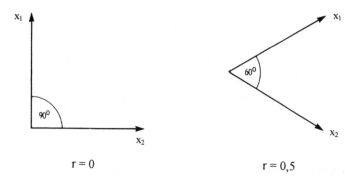

Bei geometrischer Betrachtungsweise ist der hinter zwei Variablen stehende Faktor nichts anderes als die Resultante der beiden Variablen / Vektoren.

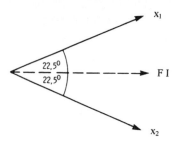

D.h. der Winkel zwischen Variablenvektor und Faktorenvektor drückt die Korrelation zwischen den beiden Größen aus. Dieser Korrelationskoeffizient wird wie oben dargestellt als **"Faktorladung"** bezeichnet. Bei einem Winkel von 22,5° ergibt sich eine Korrelation / Faktorladung von cos 22,5° = 0,92. D.h. je kleiner der Winkel zwischen den Vektoren, desto größer wird die Faktorladung des Faktors in bezug auf die beiden Variablen (der Kosinus nimmt nämlich mit abnehmendem Winkel zu!).

VARIABLENAUSWAHL

Grundlage für ein Beispiel soll die Bewertung von sechs Automarken durch eine Gruppe von Autofahrern sein. Den Personen dieser Gruppe wird eine Liste mit 6 Eigenschaften vorgelegt, die sie jeweils anhand einer Skala bewerten sollen.

Beurteilen Sie bitte die Automarke "A" anhand folgender Eigenschaften:

X_1 = Spritverbrauch

X_2 = Unterhaltkosten

X_3 = Wiederverkaufspreis

X_4 = Wendigkeit

X_5 = Übersichtlichkeit

Will man jede der 6 Automarken gleichzeitig analysieren, so werden für jede Eigenschaft pro Marke Durchschnittswerte über alle Befragten errechnet. Wir erhalten dann eine 6 x 5 Matrix, die wie folgt aussehen könnte (Mittelwerte auf ganze Zahlen aufgerundet!):

	Eigenschaften / Variablen				
Marke	X_1	X_2	X_3	X_4	X_5
A	1	1	2	1	2
B	2	6	3	3	4
C	4	5	4	4	5
D	5	6	6	2	3
E	2	3	3	5	7
F	3	4	4	6	7

Eine Analyse der Matrix zeigt, daß die Eigenschaften (Variablen) X_1, X_2 und X_3 bei Automarke B, C, D tendenziell höher bewertet werden als bei den Marken A, E und F. Die Eigenschaften X_4 und X_5 werden dagegen bei den Marken E und F höher bewertet als bei den übrigen Marken.

Diese erste Untersuchung der Daten läßt vermuten, daß es zwei Gruppen (X_1, X_2, X_3 und X_4 und X_5) von Variablen gibt, die sich in ihrer Beurteilung aber unterscheiden. Unterstellen wir, daß hinter den beiden Gruppen von Variablen jeweils zwei Faktoren stehen, so ließe sich folgende Struktur darstellen:

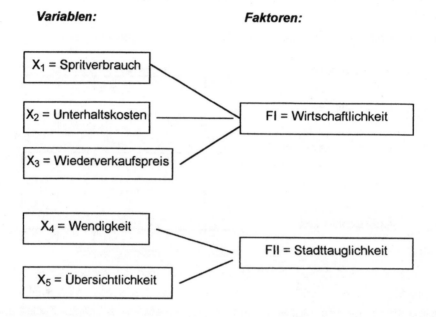

Variablen: **Faktoren:**

X_1 = Spritverbrauch

X_2 = Unterhaltskosten — FI = Wirtschaftlichkeit

X_3 = Wiederverkaufspreis

X_4 = Wendigkeit

FII = Stadttauglichkeit

X_5 = Übersichtlichkeit

KORRELATIONSMATRIX

Um die Beziehungen der Variablen untereinander exakt zu messen, greifen wir - wie oben schon aufgeführt - auf die Korrelationsrechnung zurück. D.h. wir berechnen den Korrelationskoeffizienten jeder Variablen (Eigenschaft) mit jeder anderen Variablen (Eigenschaft). Ein hoher Korrelationskoeffizient zwischen zwei Variablen weist auf eine hohe gegenseitige Abhängigkeit dieser beiden Größen hin.

Für die Korrelation zwischen X_1 (Spritverbrauch) und X_2 (Unterhaltkosten) läßt sich der Korrelationskoeffizient r_{X_1,X_2} wie folgt errechnen:

x_{1k} = Ausprägung der Variablen 1 bei Objekt k
(k läuft von 1 bis 6 = 6 Marken)

$\overline{x}_1$ = Mittelwert der Ausprägung der Variablen 1
über alle Marken

x_{2k} = Ausprägung der Variablen 2 bei Objekt k

$\overline{x}_2$ = Mittelwert der Ausprägung von Variable 2
über alle Marken

Es gilt:

$$\frac{\sum\limits_{k=1}^{k} (x_{1k} - \overline{x}_1) \cdot (x_{2k} - \overline{x}_2)}{\sqrt{\sum\limits_{k=1}^{k} (x_{1k} - \overline{x}_1)^2 \cdot \sum\limits_{k=1}^{k} (x_{2k} - \overline{x}_2)^2}}$$

Dabei stellt $\overline{x}_1$ den Mittelwert der Eigenschaft "Spritverbrauch" über alle 6 Marken dar.

$(1 + 2 + 4 + 5 + 2 + 3) : 67 = 2,83$

Berechnen wir für alle Ausgangswerte* die Korrelationen und setzen diese in eine Matrix um, so ergeben sich folgende Daten:

	x_1	x_2	x_3	x_4	x_5
x_1	1.0000				
x_2	0.71176	1.0000			
x_3	0.96134	0.70397	1.0000		
x_4	0.10894	0.13771	0.07825	1.0000	
x_5	0.04385	0.06652	0.02362	0.98334	1.0000

* Die im folgenden aufgeführten Zahlenwerte entstammen dem Buch "Multivariate Analysemethoden" (Backhaus, Erichson, Plinke, Weiber, Berlin u.a. 1994)

Es ist üblich, im Rahmen der Faktorenanalyse die Ausgangsdatenmatrix zu **standardisieren**, da dadurch die zukünftigen Rechenoperationen erleichtert werden.

Die Standardisierung erfolgt durch die Bildung der Differenz zwischen Mittelwert und dem jeweiligen Beobachtungswert einer Variablen sowie der anschließenden Division durch die Standardabweichung. Die Werte der standardisierten Matrix werden nicht mehr mit x, sondern mit z bezeichnet.

$$z_{jk} = \frac{x_{jk} - \overline{x}_j}{s_j}$$

x_{jk} = Beobachtungswert der Variablen j beim Objekt k

$\overline{x}_j$ = Durchschnitt aller Beobachtungswerte (aller Befragten) der Variablen j über alle Objekte (6 Marken)

s_j = Standardabweichung der Variablen j

z_{jk} = Standardisierter Beobachtungswert der Variablen j bei Objekt k

Durch diese Rechenoperation wird sichergestellt, daß der neue Mittelwert Z gleich Null und die Standardabweichung einer Variablen gleich 1 ist!

Aus der standardisierten Matrix ergibt sich für die Berechnung der Korrelationsmatrix R folgende Formel:

$$R = \frac{1}{K-1} \cdot Z \cdot Z'$$

wobei Z' die transponierte Matrix aus der Ausgangsmatrix Z darstellt.

FAKTORENBESTIMMUNG

Die bisherigen Überlegungen haben zunächst die Zusammenhänge zwischen den Variablen aufgezeigt. Nunmehr geht es um die Frage, wie sich die Faktoren aus den Variablen ermitteln lassen?
Dazu greifen wir auf das Vektorenmodell zurück. Wie oben schon ausgeführt, ist der hinter zwei Variablen stehende Faktor nichts anderes als die Resultante der beiden Variablen / Vektoren!
Um den Sachverhalt aus unserem Beispiel grafisch darzustellen, ergänzen wir die Korrelationsmatrix um die jeweils zugehörigen Winkelmaße. Dabei erinnern wir uns daran, daß sich jeder Korrelationskoeffizient zwischen zwei Variablen auch durch zwei Vektoren mit ihrem definierten Winkel darstellen läßt (siehe Tabellen mit Cosinus- und Winkelmaßen).

Die ergänzte Korrelationsmatrix* stellt sich dann wie folgt dar:

	x_1	x_2	x_3	x_4	x_5
x_1		10°	70°	90°	100°
x_2	0,9848		60°	80°	90°
x_3	0,3420	0,5000		20°	30°
x_4	0,0000	0,1736	0,9397		10°
x_5	0,1736	0,0000	0,8660	0,9848	

(*Bitte beachten: Die Werte der Matrix entsprechen nicht der Berechnung aus den Ausgangswerten j. Sie wurden bewußt ausgewählt, um die Vektorendarstellung besser zu erklären!)

Werte für den Cosinus

(entnommen aus: Gellert, W.; Küstner, H., Heilwich, M.; Kästner, H.: Kleine Enzyklo-
pädie Mathematik, Leipzig 1969, S. 799)

Grad	cos	Grad	cos
45	0,7071	90	0,0000
44	7193	89	0175
43	7314	88	0349
42	7431	87	0523
41	7547	86	0698
40	0,7660	85	0872
39	7771	84	1045
38	7880	83	1219
37	7986	82	1392
36	8090	81	1564
35	8192	80	0,1736
34	8290	79	1908
33	8387	78	2079
32	8480	77	2250
31	8572	76	2419
30	0,8660	75	2588
29	8746	74	2756
28	8829	73	2924
27	8910	72	3090
26	8988	71	3256
25	9063	70	0,3420
24	9135	69	3584
23	9205	68	3746
22	9272	67	3907
21	9336	66	4067
20	0,9397	65	4226
19	9455	64	4384
18	9511	63	4540
17	9563	62	4695
16	9613	61	4848
15	9659	60	0,5000
14	9703	59	5150
13	9744	58	5299
12	9781	57	5446
11	9816	56	5592
10	0,9848	55	5736
9	9877	54	5878
8	9903	53	6018
7	9925	52	6157
6	9945	51	6293
5	9962	50	0,6428
4	9976	49	6561
3	9986	48	6691
2	9994	47	6820
1	9998	46	6947
0	1,0000	45	7071
Grad	cos	Grad	cos

Grafisch läßt sich der Inhalt der Matrix so darstellen:

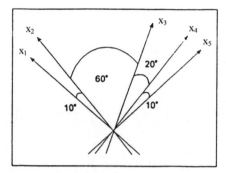

Der erste gesuchte Faktor ist nichts anderes als die Resultante aus den 5 dargestellten Vektoren. Dies läßt sich bildhaft so erklären, als wenn die 5 Vektoren fünf Seile darstellen mit einem Gewicht in 0; dies würde sich in eine bestimmte Richtung bewegen, die in der folgenden Grafik durch die gestrichelte Linie angegeben ist.

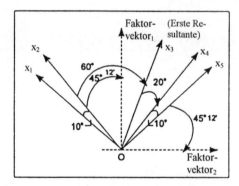

Untersucht man die jetzt entstandenen Winkel zwischen dem 1.Faktor und den Ausgangsvektoren, so erhält man die gesuchten **Faktorladungen**.

So beträgt z.B. der Winkel zwischen dem Vektor / Variable x_1 und der Resultante 55°12', dies entspricht einem cos von 0,5707. Ein zweiter Faktor, der vom 1. Faktor unabhängig sein soll, steht rechtwinklig zum ersten Faktor.

Damit ergibt sich in diesem speziellen Beispiel der Tatbestand, daß alle Zusammenhänge zwischen den Variablen durch 2 Faktoren erklärt werden können (determi-
nistisches Modell!).

	Faktor 1	Faktor 2
x_1	0,5707	- 0,8211
x_2	0,7046	- 0,7096
x_3	0,9668	0,2554
x_4	0,8211	0,5707
x_5	0,7096	0,7046

Die Matrix gibt also die Faktorladungen der Faktoren auf die Variablen an. Die Faktorladung von 0,9668 des Faktors 1 auf die Variable x_3 läßt beispielsweise einen großen
Zusammenhang erkennen. Negative Faktorladungen geben an, daß der jeweilige Faktor negativ mit der jeweiligen Variablen verknüpft ist.

Durch die Standardisierung der Ausgangsvariablen erzeugen wir jeweils einen Mittelwert von 0 und eine Standardabweichung von 1. Da die Varianz das Quadrat der Standardabweichung ist, ist auch die Varianz = 1.

Es gilt: $\quad S^2 = r^2 x_{1FI} + r^2 x_{1FII} = 1$

Das zeigt, daß durch die Quadratierung der Faktorladungen in bezug auf eine Variable
(z.B. x_1) und deren Summation der durch die Faktoren wiedergegebene Varianzerklä-
rungsanteil der jeweiligen Variablen dargestellt wird; dies ist nichts anderes als das
sog. ***Bestimmungsmaß*** (siehe Regressionsanalyse!).

Quadriert man z.B. die Faktorladung des Faktors I auf die Variable x_3, so erhält man

$r^2 x_{3FI} = (0,9668)^2 = 0,9348.$

Für den Faktor II ergibt sich in bezug auf die gleiche Variable

$r^2 x_{3FII} = (-0,8211)^2 = 0,0652.$

Es gilt: $r^2x_{3FI} + r^2x_{3FII} = 1$
             $0,9348 + 0,0652 = 1$

Anders ausgedrückt besagt dies, daß die Varianz der Variablen x_3 zu ca. 93 % durch den Faktor I und zu ca. 7 % durch den Faktor II erklärt wird.

BESTIMMUNG DER KOMMUNALITÄT

Summiert man für jede Variable die quadrierten Faktorladungen über alle Faktoren auf, so erhält man die sog. ***"Kommunalitäten"***. Dies ist der Teil der Varianz einer Variablen, der durch gemeinsame Faktoren erklärt wird.

In unserem vorstehenden Beispiel konnte die Varianz durch zwei Faktoren scheinbar völlig erklärt werden. Dies hängt mit der besonderen Auswahl der Werte unserer Korrelationsmatrix zusammen. In der Regel ist es so, daß durch die Faktoren nur ein Teil der Gesamtvarianz erklärt werden kann (= Kommunalität = h^2); der verbleibende Rest ist unerklärt (z.B. durch Meßungenauigkeit).

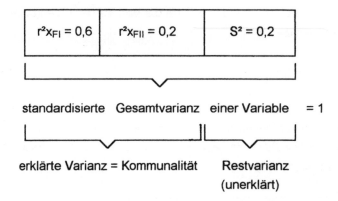

Ein erhebliches Problem der Faktorenanalyse besteht in der Schätzung der Kommunalitäten, die vorab nicht bekannt sind. Diese müssen nämlich vor Erstellung der Faktorladungsmatrix bekannt sein. Es bleibt deshalb dem Untersuchungsleiter nichts anderes übrig, als die Kommunalitäten zu schätzen.

Setzt er die Kommunalität auf 0,9, so geht er davon aus, daß 90 % der Ausgangsvarianz durch gemeinsame Faktoren erklärt werden können.

In der Praxis greift man zur Bestimmung der Kommunalitäten auf die sog. *"Hauptkomponentenanalyse"* zurück. Sie unterstellt, daß die Varianz einer Variablen immer **vollständig** durch die Faktoren erklärt werden kann, d.h. für jede Variable wird der Kommunalitätenwert auf 1 gesetzt. Es gibt somit keine unerklärte Restvarianz.

Die aus der ursprünglichen Korrelationsmatrix errechneten Faktorladungen stellen sich wie folgt dar:

	Faktor I	Faktor II
x_1	0.94331	- 0.28039
x_2	0.70669	- 0.16156
x_3	0.92825	- 0.30210
x_4	0.38926	0.91599
x_5	0.32320	0.93608

ZAHL DER ZU EXTRAHIERENDEN FAKTOREN

In den vorangegangenen Abschnitten wurde deutlich, daß wir uns mehr oder weniger willkürlich für zwei Faktoren entschieden haben. Es handelte sich also um die subjektive Auswahl des Durchführenden.

Rein theoretisch können soviele Faktoren extrahiert werden, wie es Variable gibt. Da wir aber zu einer Datenverdichtung kommen wollen, sollten nur diejenigen Faktoren extrahiert werden, die einen möglichst hohen Anteil an der Gesamtvarianz aller Variablen erklären.

Um dies zu erreichen, verfährt man nach dem sog. *"Kaiser-Kriterium"*. Danach ist die Zahl der zu extrahierenden Faktoren gleich der Zahl der Faktoren mit Eigenwerten größer eins (>1). Die *Eigenwerte* werden berechnet als Summe der quadrierten Faktorladungen eines Faktors über alle Variablen.

Wir können die Faktorladungsmatrix aus unserem Beispiel zur Berechnung der Eigenwerte und der Kommunalitäten heranziehen.

	Faktor I	(x_n^2)	Faktor II	(x_n^2)	Kommunalität
x_1	0.94331	(0.8898)	-0.28039	(0.0786)	0.96845
x_2	0.70669	(0.4994)	-0.16156	(0.0261)	0.52552
x_3	0.92825	(0.8616)	-0.30210	(0.0913)	0.95292
x_4	0.38926	(0.1515)	0.91599	(0.8390)	0.99056
x_5	0.32320	(0.1045)	0.93608	(0.8762)	0.98070
Eigenwert		2.5068		1.9112	

Der Eigenwert ergibt sich aus der vertikalen Summierung der quadrierten Faktorladungen pro Faktor; die Kommunalität aus der horizontalen Summierung der quadrierten Faktorladungen pro Variable.

Nach dem Kaiser-Kriterium werden in unserem Beispiel also 2 Faktoren extrahiert, ein dritter Faktor hätte einen Eigenwert unter Eins (< 0,4).

FAKTORINTERPRETATION

Nachdem die Zahl der Faktoren bestimmt ist, müssen die gefundenen Faktoren sinnvoll interpretiert werden.

Im Falle unseres Beispiels zeigt sich, daß der Faktor I besonders stark mit den Variablen

$x_1 =$ Spritverbrauch
$x_2 =$ Unterhaltkosten
$x_3 =$ Wiederverkaufspreis

korreliert, während der Faktor II besonders stark mit den Variablen

$x_4 =$ Wendigkeit und
$x_5 =$ Übersichtlichkeit

korreliert. D.h. die ersten drei Variablen laden hoch auf den Faktor I, dagegen gering auf den Faktor II, und umgekehrt sind die Verhältnisse bei den Variablen vier und fünf. Wir haben es hier mit einer **Einfachstruktur** zu tun, die es auch relativ leicht macht, die Faktoren zu deklarieren, nämlich

Faktor I   = Wirtschaftlichkeit und
Faktor II   = Stadttauglichkeit!

In der Praxis kommt es aber vor, daß mehrere Variable auf mehrere Faktoren gleich hoch laden, so daß eine Faktorinterpretation schwierig wird. Dieses Problem wird durch die sog. **Faktorrotation** gelöst. Dazu dreht man das Koordinatenkreuz in Punkt 0, bis die Faktorvektoren eine Einfachstruktur wiedergeben (siehe Beispiel).

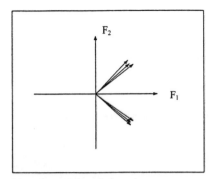
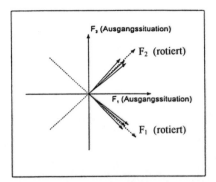

Unrotierte Faktorladungen   Rotierte Faktorladungen

Damit wird die Interpretation erheblich leichter, ohne daß sich an den Beziehungen der Variablen untereinander etwas ändert oder an der Kommunalität.

Würde man in unserem Beispiel die Faktorladungsmatrix um 90 ° rotieren, so ergeben sich die folgenden Werte!
Die Faktorladungen sind gegenüber der Ausgangsmatrix noch höher geworden.

	Faktor I	Faktor II
x1	0.98357	0.03229
x2	0.72152	0.07020
x3	0.97615	0.00694
x4	0.07962	0.99208
x5	0.01060	0.99025

BESTIMMUNG DER FAKTORWERTE

Im Regelfall ist mit der Faktorinterpretation die Faktorenanalyse abgeschlossen. Es können darüber hinaus aber auch noch die **Faktorenwerte** für jeden Befragten ermittelt werden. D.h. es wird erklärt, wie wichtig ein Faktor für die Beurteilung eines Produktes / einer Marke ist.

Die gefundenen Faktorenwerte ermöglichen dann eine Positionierung der untersuchten Produkte / Marken im mehrdimensionalen Faktorenraum (je nach Zahl der Faktoren!).

5.5.6 Clusteranalyse

AUFGABE UND ZIELSETZUNG

Unter einer Clusteranalyse versteht man ein Verfahren zur Gruppenbildung. Die Zielsetzung der Clusteranalyse besteht darin, die untersuchten Objekte (Personen, Produkte usw.) in Gruppen (Cluster) zusammenzuführen, so daß die Gruppen in sich möglichst homogen (in bezug auf ausgewählte Merkmale), untereinander aber möglichst heterogen (in bezug auf ausgewählte Merkmale) sind. Im Gegensatz zur Faktorenanalyse, die die Zahl der Variablen reduzieren hilft, will die Clusteranalyse die **Zahl der Objekte komprimieren**! Dabei stehen nicht mehr die Abhängigkeiten von Variablen im Vordergrund, sondern die Zusammenhänge zwischen untersuchten Objekten (Ähnlichkeit ihrer Merkmalsausprägungen).

Im Gegensatz zur Diskriminanzanalyse, die a priori festgelegte Gruppen in bezug auf signifikante Unterschiede hinsichtlich bestimmter Merkmale untersuchen will, geht es bei der Clusteranalyse erst einmal darum, Gruppen zu finden bzw. zu bilden.

Im Rahmen der Marketingkonzeption liefert die Clusteranalyse wichtige Entscheidungshilfen für die **Marktsegmentierung**. Durch Bildung homogener Konsumentengruppen (anhand demografischer, psychografischer oder verhaltensbezogener Merkmale) können Hinweise für eine zielgruppenspezifische Marktbearbeitung gegeben werden.

AUSGANGSDATEN

Die Schwierigkeit einer Clusterbildung besteht darin, daß in der Praxis die Cluster nicht nur durch zwei Variablen charakterisiert werden können, sondern durch eine Vielzahl von Variablen (z.B. Alter, Einkommen, Haushaltsgröße, Kaufhäufigkeit, Preisbewußtsein). Da das menschliche Vorstellungsvermögen nicht ausreicht, mehr als 3 Merkmale gleichzeitig zu klassifizieren, muß ein Verfahren gefunden werden, das diese Aufgabe erfüllen kann; das ist die Clusteranalyse.

Grundlage der Clusteranalyse ist zunächst eine Matrix, die die Objekte (z.B. Personen, Unternehmen) und die sie beschreibenden Variablen enthält.

	Variable 1	Variable 2	Variable k
Objekt 1			
Objekt 2			
.			
.			
Objekt n			

Im Inneren der Matrix finden wir die Variablenwerte, die metrisch (z.B. Einkommen) oder nicht metrisch (z.B. Geschlecht) ausgeprägt sein können.

Diese Rohdatenmatrix muß nun in eine ***"Distanz- oder Ähnlichkeitsmatrix"*** überführt werden. Um dies zu erreichen, braucht man Maße, die eine Quantifizierung der Ähnlichkeit oder Distanz zwischen den Objekten ermöglichen; diese werden als "Proximitätsmaße" bezeichnet. Inhalt der neuen Matrix sind also ***Proximitätsmaße***, die die Ähnlichkeit bzw. Distanz zwischen den aufgeführte Objekten darstellen.

	Objekt 1	Objekt 2	Objekt n
Objekt 1			
Objekt 2			
.			
.			
Objekt n			

PROXIMITÄTSMASSE

Grundsätzlich lassen sich zwei Arten von Proximitätsmaßen unterscheiden, die immer auf einem Paarvergleich zwischen zwei Objekten beruhen:

* **Ähnlichkeitsmaße**

    sind Maßzahlen für die Ähnlichkeit zwischen zwei Objekten. Je größer der Wert, desto ähnlicher sind zwei Objekte. Ähnlichkeitsmaße werden insbesondere genutzt, wenn nominal skalierte (nicht metrische) Daten verglichen werden müssen.

* **Distanzmaße**

    sind Maßzahlen für die Unähnlichkeit (Distanz) zwischen zwei Objekten. Je größer die Distanz, desto unähnlicher sind sich zwei Objekte. Die Distanzmaße setzen metrisches Meßniveau voraus.

Welches Proximitätsmaß verwendet wird, hängt also vom Skalenniveau der verwendeten Variablen ab. Die Praxis hat dazu verschiedene Koeffizienten bzw. Distanzmaße entwickelt.

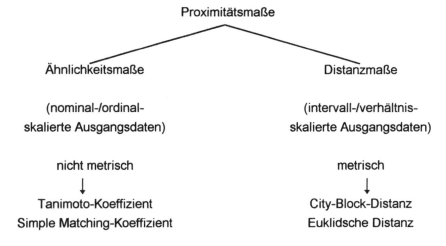

ÄHNLICHKEITSMESSUNG

Bei der Ähnlichkeitsmessung geht man in Form des Paarvergleiches vor, d.h. es werden immer zwei Objekte miteinander verglichen, ob ihre Merkmalsausprägungen übereinstimmen oder nicht. Werden z.B. zwei Objekte anhand eines Merkmals (Eigenschaft) verglichen, so ergeben sich vier grundsätzliche Möglichkeiten:

-     bei beiden Objekten ist die Eigenschaft vorhanden   (a)
-     nur Objekt 2 weist die Eigenschaft auf   (b)
-     nur Objekt 1 weist die Eigenschaft auf   (c)
-     bei beiden Objekten ist die Eigenschaft nicht vorhanden   (d)

| | Objekt 2 | | |
Objekt 1	Eigenschaft vorhanden (1)	Eigenschaft nicht vorhanden (0)	Zeilensumme
Eigenschaft vorhanden (1)	a	b	a + c
Eigenschaft nicht vorhanden (0)	b	d	b + d
Spaltensumme	a + b	c + d	m

Der **Simple-Matching-Koeffizient** stellt die positiven und negativen Übereinstimmungen der Gesamtzahl der Kombinationsmöglichkeiten gegenüber

$$S = \frac{a+d}{m}$$

Der **Tanimoto-Koeffizient** läßt die negativen Übereinstimmungen außer Betracht

$$S = \frac{a}{a+b+c}$$

Der Maßzahlbereich der beiden Koeffizienten liegt zwischen Null und Eins, wobei 0 = totale Unähnlichkeit und 1 = totale Ähnlichkeit bedeutet. Die auf diese Weise gefundenen Ähnlichkeitsmaße werden in der Ähnlichkeitsmatrix für die untersuchten Objekte aufgeführt!

DISTANZMESSUNG

Liegt bei den Ausgangsdaten metrisches Skalenniveau vor, so wird die Ähnlichkeit zwischen zwei Objekten durch Distanzmaße festgestellt. Ist die Distanz zwischen zwei Objekten klein, sind sie sich ähnlich; ist die Distanz groß, so sind sie sich unähnlich. Je geringer der Distanzwert, desto größer die Ähnlichkeit.

Es gilt: $d_{jk} = \sum\limits_{i=1}^{m} (x_{ji} - x_{ki})$ City-Block-Distanz

$$d_{jk} = \sqrt{\sum\limits_{i=1}^{m} (x_{ji} - x_{ki})}$$ Euklidsche Distanz

d_{jk} =   Distanz zwischen den Objekten
j,k =   Objekt- (Personen-) index
i =   Variablenindex

Folgende Ausgangsdaten sollen die Errechnung der Distanzmaße verdeutlichen. Befragt wurden 5 Objekte (Personen) mit jeweils zwei Variablen (deren Skalenwerte in der Ausgangsmatrix aufgeführt sind).

Person	Variable a	Variable b
1	2	5
2	1	3
3	2	3
4	4	1
5	5	2

(entnommen aus H. Meffert: Marketingforschung und Käuferverhalten)

Bei der *City-Block-Distanz* werden für jedes Objekt- (Personen-) paar die Unterschiede zwischen den Variablen (Eigenschafts-) paaren errechnet und aufsummiert. Die Summen stellen die Distanzwerte d_{jk} dar.

Objekt	1	2	3	4	5
1	-	3	2	6	6
2		-	1	5	5
3			-	4	4
4				-	2
5					-

Beispiel: $d_{13} = (2-2) + (5-3) = 2$

Bei der Verwendung der **Euklidschen Distanz** werden die errechneten Unterschiede je Variable- (Eigenschafts-) -paar quadriert, aufaddiert und die Wurzel gezogen. (In der folgenden Tabelle sind die quadrierten Werte enthalten!).

Objekt	1	2	3	4	5
1	-	5	4	20	18
2		-	1	13	17
3			-	8	10
4				-	2
5					-

Beispiel: $d_{14} = \sqrt{(2 - 4)^2 + (5 - 1)^2} = \sqrt{18} = 4{,}47$

Die Proximitätsmatrixen sind Grundlage der nun folgenden Clusterbildung.

CLUSTERBILDUNG

Im nächsten Schritt erfolgt die eigentliche Clusterbildung, wobei das entscheidende Problem darin besteht, die optimale Zahl an Clustern zu bestimmen.

In der Praxis haben sich zwei Methoden herausgebildet:
- die hierarchischen Verfahren und
- die iterativen / partitionierenden Verfahren

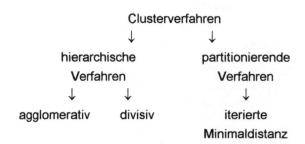

Bei den hierarchischen Verfahren unterscheidet man zwischen agglomerativem und divisivem Verfahren. Beim **agglomerativen Verfahren** bildet die feinste mögliche Gruppierung den Ausgangspunkt (jedes Objekt bildet ein eigenes Cluster) und führt schließlich zu einer **Zusammenfassung von Gruppen**. Beim **divisiven Verfahren** hingegen bildet die gröbste mögliche Gruppierung (alle Untersuchungsobjekte in einem

Cluster) den Ausgangspunkt und führt im Lauf des Verfahrens zu einer **Aufteilung der Gesamtheit in Gruppen**.

Im folgenden soll der Ablauf der hierarchischen und partitionierenden Verfahren kurz dargestellt werden.

HIERARCHISCHE VERFAHREN

Das in der Praxis am häufigste hierarchische Verfahren (agglomerativ) ist das sog. **"Simple-Linkage-Verfahren"**. Der Ablauf des Verfahrens läßt sich in Schritten darstellen.

1. Schritt:
Man startet mit der feinsten möglichen Gruppierung. d.h. jedes Objekt bildet ein eigenes Cluster

2. Schritt:
Man berechnet für alle untersuchten Objekte die Distanz (siehe Matrix mit den quadrierten Euklidschen Distanzmaßen)

3. Schritt:
Aus der Matrix werden die beiden Objekte (Cluster) mit der geringsten Distanz (größte Ähnlichkeit) herausgesucht

4. Schritt:
Die beiden Objekte mit der geringsten Distanz werden zu einem neuen Cluster zusammengefaßt. Aus den Merkmalsausprägungen wird das arithmetische Mittel gebildet, das den Mittelpunkt des neuen Clusters darstellt

5. Schritt:
Es werden die Distanzen zwischen dem neuen und den restlichen Objekten (Clustern) errechnet. Anschließend wird mit dem 3. Schritt fortgefahren, bis schließlich alle Objekte in einem Cluster zusammengefaßt sind. Die optimale Zahl der Cluster richtet sich u.a. nach der Forderung in sich homogener und nach außen heterogener Gruppen.

Die Vorteile des hierarchischen Verfahrens liegen darin, daß der Ablauf des Verfahrens (Clusterung) grafisch dargestellt werden kann *(im Dendogramm)*, somit jederzeit nachvollziehbar ist.

Darüber hinaus ist vorteilhaft, daß keine Vorgabe der Clusterzahl notwendig ist und kein formales Abbruchkriterium existiert.

Dendogramm

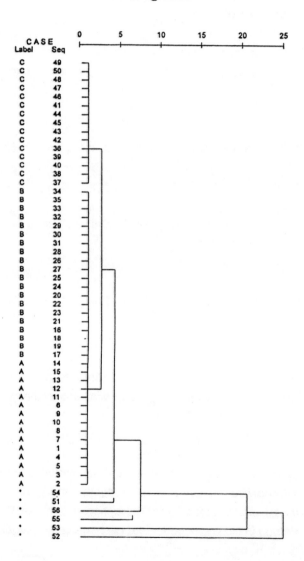

PARTITIONIERENDE VERFAHREN

Die partitionierenden Verfahren gehen grundsätzlich von einer vorgegebenen Gruppeneinteilung aus und versuchen, durch **Verlagerung der Objekte in andere Gruppen** zu besseren Lösungen zu kommen. Hinzu kommt, daß diese Verfahren die Objekte nicht sukzessiv (wie die hierarchischen Verfahren), sondern **simultan** zu gruppieren versuchen. Die Güte einer modifizierten Aufteilung wird anhand einer Zielfunktion überprüft. Ziel ist es, die Distanzen der Objekte in einem Cluster zum jeweiligen Clustermittelpunkt (Zentroid) zu minimieren.

SQS ->   min!

D.h. die Summe der quadrierten Distanzen (SQS) wird minimiert, da eine Gruppe umso homogener ist, je geringer die Abstände der Elemente einer Gruppe von ihrem Mittelpunkt (Zentroid) sind.

1. Schritt:
Es wird eine Ausgangsgruppierung vorgegeben

2. Schritt:
Es wird pro Gruppe für jede Eigenschaft das arithmetische Mittel errechnet

3. Schritt:
Man ermittelt für die Ausgangsgruppierung die Abweichungsquadratsumme (Zielfunktion)

4. Schritt:
Es wird geprüft, ob die Verlagerung eines Objektes das Zielkriterium vermindern kann

5. Schritt:
Das Objekt, das eine maximale Veränderung des Zielkriteriums herbeiführt, wird in die entsprechende Gruppe ausgelagert

6. Schritt:
Für die empfangende und die abgebende Gruppe müssen nun Mittelwerte errechnet werden. Das Verfahren wird solange fortgesetzt, bis sich durch Verlagerung von Objekten die Zielfunktion nicht mehr verbessert.

INTERPRETATION DER CLUSTER

Die gefundenen Cluster werden zum Abschluß der Analyse interpretiert.

Dabei orientiert man sich an den Variablen, die man ursächlich zur Clusterbildung herangezogen hat. Auf diese Weise ist in der Regel eine "typisierende Beschreibung" der Cluster möglich.

Insbesondere bei der ***Marktsegmentierung***, wo Personen mit ähnlichen Eigenschaften und Verhaltensweisen zu ***Zielgruppen*** zusammengefaßt werden, kommt der exakten Beschreibung der Segmente / Cluster eine besondere Bedeutung zu. Die Zielgruppenbeschreibung ist Grundlage für die Arbeit des Marketings, insbesondere im Bereich der Produkt- und Kommunikationspolitik.

5.5.7 Multidimensionale Skalierung (MDS)

AUFGABE UND ZIELSETZUNG

Das Grundprinzip der MDS besteht darin, Objekte (z.B. Marken) in einem mehrdimensionalen Raum so zu positionieren, daß die geometrische Nähe die Ähnlichkeit (Distanzen) der Objekte wiedergibt.
Dabei versucht man, die Dimensionen des Raumes auf möglichst drei zu begrenzen.

Um die Positionen von Objekten im Wahrnehmungsraum einer Person zu bestimmen, gibt es grundsätzlich zwei Möglichkeiten:

-   über die Messung relevanter Eigenschaften (z.B. über Ratingskalen) und die Bestimmung daraus resultierender Dimensionen (z.B. über die Faktorenanalyse)

-   oder die Messung von Ähnlichkeiten zwischen den Objekten, wobei die Auskunftsperson lediglich die subjektiv empfundene Ähnlichkeit oder Unähnlichkeit zwischen den Objekten schätzen muß.

Letztere Möglichkeit ist Grundlage der MDS. Im Unterschied zu anderen multivariaten Verfahren werden also keine spezifizierten Merkmale vorgegeben. Die relevanten Eigenschaften / Merkmale können unbekannt sein.

In der Marketingforschung wird die MDS immer dann angewendet, wenn z.B. Marken von Untersuchungspersonen auf ihre Ähnlichkeit oder Unähnlichkeit untersucht werden sollen und das Ergebnis in einer niedrigdimensionierten Abbildung (Positionierungs-modell) dargestellt werden soll.

GRUNDPRINZIP

Das Grundprinzip der MDS läßt sich am einfachsten anhand des folgenden Beispiels erklären, nämlich der Positionierung von Städten im zweidimensionalen Raum. Die zwei Dimensionen sind die Achsen Nord / Süd und West / Ost. Die Anordnung der Städte soll anhand der Entfernungsdistanzen ihre tatsächliche Lage zueinander mög-lichst exakt wiedergeben. Ausgangspunkt ist die Entfernungsmatrix zwischen den Städten.

Orte	Berlin	Bremen	Frank-furt	Ham-burg	Hanno-ver	Köln	Mün-chen	Nürn-berg	Stutt-gart
Berlin	-	380	555	265	280	570	585	435	625
Bremen		-	470	120	125	315	755	580	670
Frankfurt			-	490	360	190	400	225	215
Hamburg				-	155	420	780	610	695
Hannover					-	290	635	465	555
Köln						-	580	410	375
München							-	170	220
Nürnberg								-	190
Stuttgart									-

Die Positionierung der Städte im Ordinatenkreuz hat die 36 Distanzwerte in einer übersichtlichen Abbildung verdichtet (siehe Positionsierungsmodell). Damit ist das we-sentliche Ziel der MDS erreicht.

Bei dem aufgezeigten Beispiel ist allerdings zu berücksichtigen, daß die Daten metri-sches Skalenniveau haben. Es kommt aber häufig vor, daß die Ausgangsdaten nicht metrisch skaliert sind. In diesen Fällen sind sog. Ähnlichkeitsmatrixen Ausgangspunkt der weiteren Überlegungen. Wie diese Ähnlichkeiten gemessen werden, soll nun dar-gestellt werden.

Darstellung: Räumliche Positionierung deutscher Städte

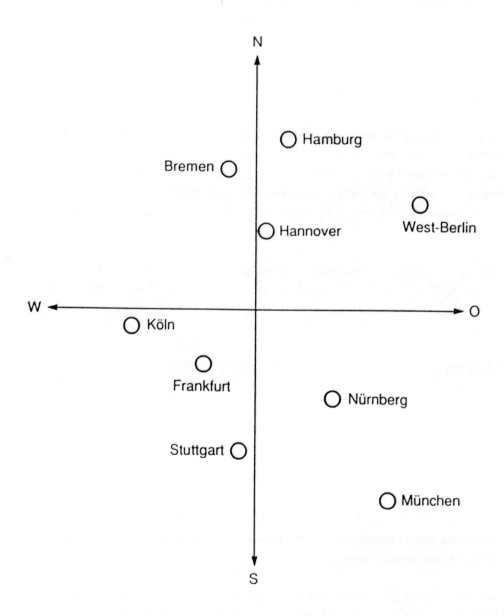

MESSUNG VON ÄHNLICHKEITEN

Für die Durchführung einer MDS mit nicht metrischen Daten muß zunächst die subjektive Wahrnehmung der Ähnlichkeit von Objekten gemessen werden. Dazu müssen die Ähnlichkeitswertungen der Befragten erhoben werden, wobei sich diese Wertungen immer auf Beurteilung von *zwei* Objekten (Paarvergleich) beziehen.

Diese Vorgehensweise hat den Vorteil, daß den Befragten keine spezifischen Eigenschaftskriterien vorgegeben werden, die u.U. für die Objektbewertung keine Rolle spielen. Auch die Bedeutung der Eigenschaften für die Bewertung bleibt außer Acht, da die Gewichtung von Person zu Person unterschiedlich ausfallen kann. Einzig relevant ist die subjektive Feststellung der Befragten, ob sich die Objektpaare ähnlich sind oder nicht.

Die beiden am häufigsten verwendeten Methoden zur Messung von Ähnlichkeiten sind die "Rangreihung" und das "Ratingverfahren".

- **Rangreihung**
  Bei diesem Verfahren werden den Befragten Kärtchen mit Objektpaaren (z.B. 2 Marken) vorgegeben. Sie werden gebeten, die Kärtchen bzw. Objektpaare nach der empfundenen Ähnlichkeit zu ordnen, und zwar in der Weise, daß sie nach aufsteigender oder abfallender Ähnlichkeit in eine Rangfolge gebracht werden. Bei zehn zu bewertenden Objekten ergeben sich z.B. 45 Objektpaare, die in eine Rangfolge gebracht werden müssen, wobei 1 das ähnlichste Paar ist und 45 das unähnlichste Paar.

- **Ratingverfahren**
  Dem Befragten wird eine zweipolige Ratingskala vorgelegt. (Z.B. die Marken A und B sind ... sehr ähnlich / sehr unähnlich) Auf diese Weise werden alle interessierenden Objektpaare über eine 7-stufige Skala bewertet.

Die erhobenen Werte der Rangreihung oder des Ratingverfahrens werden dann in einer Dreiecksmatrix zusammengefaßt.

FESTLEGUNG DER KONFIGURATION

Im nächsten Schritt sollen nun die Objekte in einem möglichst gering dimensionierten Raum positioniert werden (Anordnung der Objekte im geometrischen Raum). Dabei gilt die Bedingung, daß ähnliche Objekte eine geringe Distanz und unähnliche Objekte eine große Distanz aufweisen. In der gesuchten Konfiguration sollte die Rangfolge der Distanzen zwischen den Objekten möglichst gut die Rangfolge der Ähnlichkeiten / Unähnlichkeiten wiedergeben *(Monotoniebedingung)*.

1. Schritt:
Es wird eine Startkonfiguration in das EDV-Programm eingegeben, d.h. die Koordinatenwerte aller Objekte werden im mehrdimensionalen Raum bestimmt

2. Schritt:
Es werden die Distanzen zwischen den Objekten mit Hilfe eines Distanzmaßes bestimmt (in der Regel mit dem Euklidschen Distanzmaß)

3. Schritt:
Es wird die Monotoniebedingung überprüft, d.h. es wird ein Vergleich der Distanzrangfolge mit der Ähnlichkeitsrangfolge durchgeführt. Dies erfolgt mathematisch dadurch, daß die Relationen der Distanzen zwischen den Positionen der Produktpaare und ihrer Ähnlichkeitsränge eine Funktion bilden, die monoton ansteigen soll. Inwieweit dies durch die jeweilige Konfiguration erfüllt wird, mißt der sog. Stresswert (S)

$$S = \sqrt{\frac{\sum\limits_{ij} (d_{ij} - \hat{d}_{ij})^2}{\sum\limits_{ij} d_{ij}^2}} \qquad \text{(Stresswert)}$$

$d_{ij} =$ Euklidsche Distanz des Objektes i vom Objekt j

$\hat{d}_{ij} =$ tatsächlicher Ähnlichkeitsabstand des
Objektes i vom Objekt j

Die optimale Konfiguration liegt vor, wenn S bei einer vorgegebenen Zahl von Dimensionen ein Minimum annimmt!

Für die Beurteilung der Monotoniebedingung gilt folgende Faustregel:

Streßwert	Bewertung der Konfiguration
> 0,4	schlecht
0,2	mäßig
0,1	gut
0,05	ausgezeichnet
0	perfekt

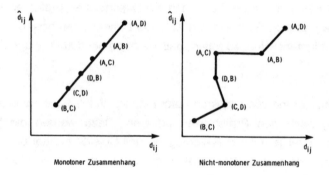

Monotoner Zusammenhang   Nicht-monotoner Zusammenhang

4. Schritt:

Die jeweilige Konfiguration wird solange verändert, bis der Stresswert einem vorgegebenen Wert entspricht oder es erfolgt ein Abbruch der Operation.

5. Schritt:

Liegt die erste Konfiguration vor, beginnt der Iterationsprozeß von neuem. Die Zahl der
Durchläufe hängt von der Anzahl der Dimensionen ab. Aus den schließlich für verschiedene Dimensionen vorliegenden Lösungskonfigurationen muß die optimale ausgewählt werden. Obwohl der Stresswert mit jeder zusätzlichen Dimension abnimmt
(also eine bessere Reproduktion der Ähnlichkeitsbeziehungen ermöglicht), verzichtet
man in der Praxis auf möglichst viele Dimensionen, um der Forderung nach geringer
Dimensionalität der Darstellung Rechnung zu tragen.

INTERPRETATION DER DIMENSIONEN

Ein wesentliches Problem der MDS ist die Interpretation der Dimensionen. Dieses Problem kennen wir schon von der Faktoren- und Clusteranalyse. Zur Lösung werden 3 Vorgehensweisen empfohlen.

- *Expertenbeurteilungen*

  Die Dimensionen des Positionierungsmodells werden durch Experten inhaltlich interpretiert.

- *Vektorenrotation*

  Ähnlich wie bei der Faktorenanalyse kann man die Dimensionen (Vektorachsen) rotieren, um die Interpretation zu erleichtern. D.h. die Dimensionen bzw. die Achsen werden im Koordinatensystem so rotiert, daß sie nahe bei den Objektgruppen liegen.

- *Idealpunktmodell*

  Zusätzlich zur Positionierung von Objekten aufgrund ihrer Ähnlichkeit, kann auch eine Positionierung nach den Präferenzen erfolgen. Dazu werden die Versuchspersonen nach ihrer jeweiligen Bevorzugung der Objekte befragt und eine entsprechende Rangfolge erstellt. Der Idealpunkt markiert die von einer Person als ideal empfundene Kombination von Eigenschaften.

  Es gilt: je geringer die Distanz eines Objektes zum Idealpunkt ist, desto größer ist die Präferenz der Personen für dieses Objekt.

Multidimensionale Skalierung

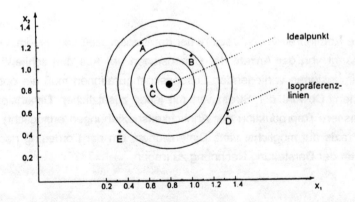

Vektormodell der Präferenz: Präferenz-Vektor und Iso-Präferenz-Linien im Idealpunktmodell

Quelle: Backhaus u.a.: Multivariate Analysemethoden Berlin u.a.O. 1994

Die MDS wird in der Marketingpraxis insbesondere bei der strategischen Positionie-rung von Marken und zum Auffinden von Marktnischen angewendet!

Konfiguration und Clusterung von Marken

(entnommen aus: Backhaus u.a.; Multivariate Analysemethoden, Berlin u.a.O. 1994)

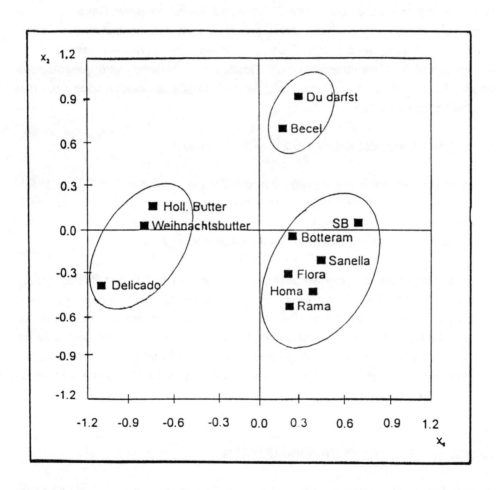

5.5.8 Conjoint Measurement (CM)

ZIELSETZUNG

Das Verfahren des CM ermöglicht es, Präferenzen bzw. Nutzenvorstellungen von Personen bezüglich alternativer Produkt- / Markenkonzepte zu erklären, zu beeinflussen und vorherzusagen. Im Gegensatz zu anderen multivariaten Verfahren werden beim CM nicht Einzelurteile über bestimmte Objekteigenschaften zu einem Gesamturteil zu-sammengeführt (kompositioneller Ansatz), sondern es werden Gesamturteile zu alternativen Produktkonzepten erhoben (Gesamtnutzenwert), aus denen der Beitrag einzelner Eigenschaften (Teilnutzenwert) zum Gesamturteil bestimmt wird *(dekompositioneller Ansatz)*. Es wird also unterstellt, daß sich der Gesamtnutzen additiv aus den Teilnutzen zusammensetzt.

Der besondere Vorteil des CM liegt in 2 Punkten begründet:

-    es ist ein *ganzheitlicher Ansatz*! D.h. das CM geht davon aus, daß jedes Individuum Produkte / Marken ganzheitlich in bezug auf seinen Gesamtnutzen beurteilt. Der Gesamtnutzen ist gewissermaßen ein "Kompromiß" aus der Bewertung der einzelnen Produkteigenschaften und ihrer Ausprägungen.

-    es ist ein *prognostischer Ansatz*! Das CM weist nach, welchen Beitrag spezifische Eigenschaften (Teilnutzenwerte) zum Gesamtnutzen eines Produktes liefern. Dies ist wichtig bei der Neueinführung von Produkten und Produktrelaunches, da das Marketing bei der Gestaltung der Produkte wissen muß, welche Produkteigenschaften (und in welchen Ausprägungen) für den Wahlentscheid der Verbraucher relevant sind. Damit läßt sich voraussagen, welche Produktkonzepte im Markt eine Chance haben.

EIGENSCHAFTEN UND IHRE AUSPRÄGUNGEN

Der erste Schritt bei der Anwendung des CM ist die Bestimmung der Objekt-/Produkt-Eigenschaften. Auf diese Eigenschaften beziehen sich später die Teilnutzenwerte. Dabei müssen folgende Gesichtspunkte berücksichtigt werden:

- Die Eigenschaften müssen *relevant* sein, d.h. Bedeutung für den Kaufentscheid der Konsumenten haben.
- Die Eigenschaften müssen *beeinflußbar* und *realisierbar* sein. D.h. die Eigenschaften müssen so variierbar sein, daß sie Gegenstand der Produktgestaltung sein können. Sie sollten außerdem technisch realisierbar sein.
- Die Eigenschaften sollten *unabhängig* sein, d.h. der Nutzen einer Eigenschaft sollte nicht durch den Nutzen einer anderen Eigenschaft beeinflußbar sein. Ein Verstoß gegen diese Bedingung widerspricht dem additiven Modell des CM.
- Die Eigenschaften sollten in einer *kompensatorischen* Beziehung zueinander stehen. Das bedeutet, daß in der subjektiven Wahrnehmung der Konsumenten die Nutzenänderung einer Eigenschaft (z.B. höherer Preis) durch eine Nutzenänderung einer anderen Eigenschaft (z.B. bessere Qualität) kompensiert werden kann. Innerhalb des Gesamtnutzenwertes = 100 % können die Anteile der Teilnutzenwerte durch Kompensation variieren!
- Die *Anzahl* der Eigenschaften sollte *begrenzt* sein, da der Befragungsaufwand exponentiell mit der Zahl der Eigenschaften wächst.
- Die Eigenschaften brauchen lediglich *ordinal skaliert* sein.

Beispiel: *Auto*

Eigenschaften:	Ausprägungen		
Preis	= 30.000 DM	50.000 DM	80.000 DM
Benzinverbrauch	= 12 Liter	14 Liter	-
Zubehör	= wenig Zubehör	viel Zubehör	-

ERHEBUNGSMETHODEN

In der Praxis haben sich zwei Methoden zur Erhebung der Ausgangsdaten durchgesetzt: die "Profilmethode" (Full Concept Approach) und die "Zwei-Faktor-Methode" (Pairwise Trade Off Approach).

Profilmethode
Bei dieser Methode werden vollständige Produktkonzepte unter Einbeziehung aller Produkteigenschaften vorgelegt. Die denkbaren Kombinationen der Eigenschaftsausprägungen werden auf Kärtchen den Befragten vorgelegt, wobei sie aufgefordert wer-

den, eine Rangfolge aller vorgelegten Produktkonzepte zu bilden. Für unser Auto-Beispiel ergeben sich bei drei Eigenschaften mit jeweils zwei bzw. drei Ausprägungen 2 x 2 x 3 = 12 Konzepte. So kann z.B. ein denkbares Konzept lauten:
(Preis = 30.000 DM/Benzinverbrauch = 12 Liter/Zubehör = wenig)

Zwei-Faktor-Methode

Bei dieser Methode, die auch "Trade Off Analyse" genannt wird, werden jeweils Eigenschaftspaare zur Bewertung vorgelegt. Für jedes denkbare Paar wird eine sog. Trade-Off-Matrix erstellt. Man erhält damit bei n Eigenschaften ($\frac{n}{2}$) Matrizen. In unserem Autobeispiel gibt es 3 Matrizen (Preis / Benzinverbrauch, Preis / Zubehör, Benzinverbrauch / Zubehör), wobei innerhalb der Matrix die jeweiligen Ausprägungen der beiden Eigenschaften miteinander verglichen und in eine Rangfolge gebracht werden müssen.

Die Zwei-Faktor-Methode ist für die Befragten einfacher zu handhaben, da sie immer nur zwei Eigenschaften gegeneinander abwägen müssen. Die Profilmethode ist zwar realitätsnäher, verlangt aber vom Befragten ein hohes Differenzierungsvermögen, da nicht einzelne Eigenschaften, sondern Konzepte (Eigenschaftsbündel) miteinander verglichen werden.

SCHÄTZUNG DER NUTZENWERTE

In unserem Auto-Beispiel haben wir 3 Eigenschaften, die wir mit A, B und C bezeichnen wollen (A = Preis, B = Verbrauch, C = Zubehör). Um den im folgenden dargestellten Rechenvorgang zu vereinfachen, beschränken wir uns auf die beiden Eigenschaften A und B mit jeweils 3 bzw. 2 Ausprägungen. Die daraus denkbaren Eigenschaftspaare sind:

I	=	A1 / B1	30.000 DM / 12 Liter
II	=	A1 / B2	30.000 DM / 14 Liter
III	=	A2 / B1	50.000 DM / 12 Liter
IV	=	A2 / B2	50.000 DM / 14 Liter
V	=	A3 / B1	80.000 DM / 12 Liter
VI	=	A3 / B2	80.000 DM / 14 Liter

Die relevanten Eigenschaftspaare müssen nun von den Befragten nach dem jeweils empfundenen Nutzen in eine Rangreihe gebracht werden (wobei Gleichabständigkeit der Ränge unterstellt wird, d.h. metrisches Skalenniveau). Es gilt: 1 = geringer Nutzen und 6 = sehr hoher Nutzen! Daraus ergibt sich folgende Rangwertmatrix (entnommen aus: Berekoven u.a., Multivariate Analysemethoden, Berlin u.a. 1994)

	Eigenschaft B	
	1	2
Eigenschaft A1	2	1
A2	3	4
A3	6	5

Unterstellt man, daß die Addition der Teilnutzen den Gesamtnutzen ergibt, so sollen sich folgende Funktionen für die Gesamtnutzenwerte bilden; wobei ß die einzelnen Teilnutzenwerte darstellt.

$$y_I = \ss_{A1} + \ss_{B1}$$
$$y_{II} = \ss_{A1} + \ss_{B2}$$
$$y_{III} = \ss_{A2} + \ss_{B1}$$
$$y_{IV} = \ss_{A2} + \ss_{B2}$$
$$y_V = \ss_{A3} + \ss_{B1}$$
$$y_{VI} = \ss_{A3} + \ss_{B2}$$

Die Funktionen werden noch um eine Konstante μ erweitert, so daß sich die Funktion
$$y = \mu + \ss A + \ss B$$
ergibt.

Die Konstante μ ist gewissermaßen der Basisnutzen, von dem die Eigenschaftsausprägungen positiv oder negativ abweichen. Die Summe der empirischen Rangwerte aus unserem Beispiel ergibt 1 + 2 + 3 + 4 + 5 + 6 = 21. Der **_"Durchschnittsrang"_** beträgt 21 : 6 = 3,5.

Als nächstes wird für jede Eigenschaftsausprägung der durchschnittliche Rangwert ermittelt. Aus unserer Matrix ersehen wir, daß z.B. für die Eigenschaftsausprägung A1 die Rangwerte 2 und 1 gegeben wurden, der durchschnittliche Rangwert beträgt also 3 : 2 = 1,5.

Der **Teilnutzenwert** der Eigenschaftsausprägung A_1 wird aus der Differenz zwischen dem Durchschnittsrang 3,5 und der durchschnittlichen Ausprägung von $A_1 = 1,5$ errechnet, also 1,5 - 3,5 = -2,0 (negativ, da der Wert von A1 hinter dem Durchschnittswert zurückbleibt).

Entsprechend wird mit jeder Eigenschaftsausprägung verfahren. Daraus ergibt sich die folgende Matrix, wobei ßA und ßB die durchschnittlichen Rangwerte der Eigenschaftsausprägungen von A und B darstellen und ß den Durchschnittsrang aller Rangwerte darstellt.

	Eigenschaft		$\overline{P}_A$	$\overline{P}_A$-$\overline{P}$
	B1	B2		
Eigenschaft A1	2	1	1,5	-2,0
A2	3	4	3,5	0,0
A3	6	5	5,5	2,0
$\overline{P}_B$	3,6667	3,333	3,5	
$\overline{P}_B$ - $\overline{P}$	0,1667	-0,1667		

$$\mu = 3,5$$
$$\text{ß}_{A1} = -2,000 \qquad \text{ß}_{B1} = 0,1667$$
$$\text{ß}_{A2} = 0,000 \qquad \text{ß}_{B2} = -0,1667$$
$$\text{ß}_{A3} = 2,000$$

Für das Eigenschaftspaar y_I ergibt sich damit ein **Gesamtnutzenwert** von $y_I = 3,5 + (-2,0) + 0,1667 = 1,6667$

Eigenschafts- paare	subj. Rangwert	Gesamt nutzenwert
I	2	1.6667
II	1	1.3333
III	3	3.6667
IV	4	3.3333
V	6	5.6667
VI	5	5.3333
	21	21.000

Das bisherige Beispiel bezieht sich auf die Nutzenstruktur einer *einzelnen Person*. Will man die Analysen verschiedener Personen miteinander vergleichen, so müssen Daten vergleichbar gemacht, d.h. *normiert* werden. Dadurch soll sichergestellt werden, daß die errechneten Teilnutzenwerte für alle Befragten auf dem gleichen "Nullpunkt" basieren. Dazu wird der Gesamtnutzenwert des am stärksten präferierten Eigenschaftspaares bei allen Befragten auf 1 gesetzt.

Die absolute Höhe der Teilnutzenwerte läßt auf die Bedeutsamkeit einer Eigenschaftsausprägung auf den Gesamtnutzen einer Eigenschaftskombination schließen. Sie läßt aber keine Aussage über die relative Wichtigkeit einer Eigenschaft zur Gesamtpräferenz zu. Die *relative Wichtigkeit* einer Eigenschaft wird aus der *Spannweite*, d.h. aus der Differenz zwischen dem höchsten und wichtigsten Teilnutzenwert der verschiedenen Ausprägungen einer Eigenschaft berechnet.

So könnten in unserem Auto-Beispiel die relativen Wichtigkeiten der 3 Eigenschaften so aussehen (fiktiv!):

	Spannweite	Nutzenanteil
Preis	= 1.000 – 0.000 = 1.000	58,6%
Verbrauch	= 0.776 – 0.222 = 0.554	32,5%
Zubehör	= 0.575 – 0.432 = 0.152	8,9%
Summe:	1.706	100,0%

D.h. der Preis ist die bestimmende Eigenschaft für die Präferenzbildung der Befragten.

Die Conjoint Analyse kann für jeden einzelnen Befragten oder auf aggregiertem Niveau vollzogen werden.

In der Regel ist es für den Anbieter ausreichend, wenn er die durchschnittliche Nutzenstruktur seiner potentiellen Käufer oder Zielpersonen kennt.

Sind die Teilnutzenwerte wie oben dargestellt "normiert", so lassen sich die individuellen Teilnutzenwerte je Eigenschaftsausprägung durch Mittelwertbildung über alle Personen aggregieren.

6 PROGNOSEVERFAHREN 265

6 PROGNOSEVERFAHREN

6.1 WESEN DER PROGNOSE

6.1.1 Begriffsbestimmung

Eine wesentliche Aufgabe der Marktforschung ist es, Chancen und Risiken in den Märkten frühzeitig zu erkennen und berechenbar zu machen. Dies ist nur möglich, wenn über die Ist-Analyse hinaus Prognosen in die Zukunft gemacht werden können. Vor allem in sich schnell verändernden Märkten braucht das Marketing Informationen darüber, ob, wie und in welchem Ausmaß sich insbesondere die Absatzmärkte entwickeln. Prognosen sollen helfen, Entscheidungen für die Zukunft sicherer zu machen. Gegenstand der Prognose sind insbesondere Aussagen über die zukünftige Entwicklung des Markt- und Absatzpotentials, des Markt- und Absatzvolumens sowie des Marktanteils!

Unter einer „Prognose" verstehen wir eine *systematische Aussage über zukünftige Ereignisse bzw. Entwicklungen*. Prognosen beruhen auf Daten und Informationen der Vergangenheit, die aufgrund bestimmter Gesetzmäßigkeiten und systematischer Verläufe Erkenntnisse für die Zukunft zulassen. Voraussetzung für die Anwendung solcher Verfahren sollte ein hohes Maß an Systematik und Objektivität sein!

6.1.2 Grenzen der Prognose

Bei der Anwendung von Prognosen muß man sich bewußt sein, daß diese nie völlig frei von Unsicherheit und Subjektivität sind. Unsicherheit entsteht dadurch, daß die Annahme von Gesetzmäßigkeiten in der Zukunft nicht unbedingt gültig sein muß (Zeitstabilitätshypothese). D.h. man geht von falschen Prämissen und Hypothesen aus!

Subjektivität wird dadurch in die Prognose hineingetragen, daß die Auswahl von Daten und Methoden letztlich von der Beurteilung des Durchführenden abhängig ist. Jede Prognose beinhaltet somit ein gewisses Risiko! Die Ergebnisse aus den Prognosen können eine Genauigkeit vortäuschen, die tatsächlich nicht begründet ist. Die Güte einer Prognose läßt sich aber dadurch erhöhen, daß verschiedene Prognoseverfahren parallel und unabhängig voneinander eingesetzt werden.

6.1.3 Arten von Prognosen

Prognosen lassen sich nach unterschiedlichen Kriterien kategorisieren, die sich insbesondere auf den Prognosezeitraum und die angewandten Methoden beziehen.

* Prognosezeitraum
  bezieht sich auf die Fristigkeit der Prognose. Es wird in kurzfristige (Tage, Wochen, Monate), mittelfristige (ein bis drei Jahre) und langfristige (mehr als 4 Jahre) Prognosen unterschieden. Je länger der Prognosezeitraum, desto unsicherer die Ergebnisse der Prognose.

* Nach Zahl der abhängigen Variablen
  Bei „einfachen" Prognosen wird nur eine Variable vorhergesagt, bei „multiplen" Prognosen mehrere Variablen.

* Nach Zahl der unabhängigen Variablen
  Bei „univariaten" Prognosen geht man davon aus, daß die Marktentwicklung von einer Einflußgröße abhängig ist. „Multivariate" Prognosen unterstellen, daß gleichzeitig mehrere Einflußfaktoren die Variablen der zukünftigen Entwicklung bestimmen. Die Einflußfaktoren stehen in einem kausalen Zusammenhang!

* Entwicklungs- und Wirkungsprognosen
  Von „Entwicklungsprognose" spricht man, wenn die unabhängigen Einflußgrößen nicht vom Unternehmen kontrolliert und beeinflußt werden können. Kann das Unter-

nehmen die Einflußfaktoren selbst beeinflussen (z.B. Werbung, Preise) und sollen deren Wirkungen in der Zukunft bestimmt werden, so spricht man von „Wirkungsprognose".

*   Quantitative und qualitative Prognosen
Bei „quantitativen" Modellen erfolgt die Prognose auf der Grundlage mathematischer Gleichungssysteme, die die Beziehungen zwischen den Variablen definieren (z.B. lineare Funktion, Exponentialfunktion). „Qualitative" Prognosen beruhen auf Erfahrungswerten, Schätzungen und Analogien (z.B. von Experten)), haben somit informalen und subjektiven Charakter. Bei dieser Art von Prognosen werden entweder explorative (Befragung) oder projizierende Verfahren (Szenariotechnik) eingesetzt.

6.1.4 Vorgehensweise

Meffert und andere Autoren empfehlen, insbesondere bei quantitativen Prognosen, eine Vorgehensweise in systematischen Arbeitsschritten:

1. Schritt: Erhebung von Daten
Es geht primär um die Auswertung interner und externer Datenquellen (Sekundärstatistik), die Anhaltspunkt über die bisherige Entwicklung der Märkte und die Kaufabsichten der Verbraucher geben. Die bereits erhobenen Daten sollen die Basis für die nachfolgende Prognose sein.

2. Schritt: Analyse der Daten
Die Datenanalyse hat die Aufgabe, Gesetzmäßigkeiten im zeitlichen Ablauf der Daten festzustellen (Zeitreihenanalyse). Normalerweise lassen sich in Zeitreihen drei charakteristische Verläufe erkennen.
-   die Trend-Entwicklung (d.h. die von Einzelschwankungen unabhängig festzustellende Grundrichtung)
-   den Konjunktur- oder Saisonverlauf (d.h. gesamtwirtschaftlich oder branchenbedingte zyklische Schwankungen einer Zeitreihe)
-   den Zufallsverlauf (d.h. die unregelmäßigen, zufallsbedingten Schwankungen einer Zeitreihe).

3. Schritt: Ermittlung von Zusammenhängen

Mit Hilfe der Korrelations- bzw. Regressionsanalyse (siehe Kapitel 5.4 und 5.5) wird festgestellt, welche Einflußfaktoren in welchem Ausmaß auf die Absatz- und Marktentwicklung einwirken. Darüber hinaus sind die Art des funktionalen Zusammenhanges (z.B. linear oder exponentiell) und die Stärke der Korrelation zwischen den Variablen (Korrelationskoeffizient) zu bestimmen.

4. Schritt: Übertragbarkeit der Gesetzmäßigkeiten

In diesem Schritt ist zu klären, ob sich die aus den Vergangenheitsdaten ermittelten Beziehungen und Verläufe auf die Zukunft übertragen lassen. D.h. kann man davon ausgehen, daß die gefundenen Gesetzmäßigkeiten auch in der Zukunft unverändert gültig sind.

5. Schritt: Ableitung der Prognose

Sind die ersten vier Schritte positiv abgeschlossen, kann die Ableitung der Prognose erfolgen. Es werden zunächst die Werte der unabhängigen Variablen ermittelt, diese dann in die als gültig erkannte Abhängigkeitsfunktion eingesetzt und der Prognosewert errechnet.

6.2 QUANTITATIVE VERFAHREN

Im Rahmen quantitativer Prognosemodelle unterscheidet man zwischen „Extrapolationsverfahren" und „Verfahren auf der Basis von Strukturmodellen". Erstere basieren ausschließlich auf der Analyse einer Zeitreihe der Prognosevariablen, letztere berücksichtigen neben der Prognosevariablen weitere empirisch meßbare Variablen (Prädiktorvariablen). Im folgenden beschränken wir uns auf die Extrapolationsverfahren.

6.2.1 Trendextrapolation

Allen Trendmodellen liegt der Gedanke zugrunde, daß eine in der Vergangenheit gefundene Zeitreihe in die Zukunft fortgeschrieben werden kann, d.h. man unterstellt, daß die bisherige Entwicklung sich unverändert in die Zukunft fortsetzt. Die bisher festgestellte Gesetzmäßigkeit (Trend) wird in die Zukunft *extrapoliert*! Diese Vorgehensweise ist nicht unproblematisch, da sie mögliche Veränderungen und Brüche im Trend willkürlich ausschließt. Dennoch wird diese Methode recht häufig angewandt, da sie einfach und überschaubar in der Durchführung ist.

Die Trendextrapolation kann grundsätzlich auf grafischem oder mathematischem Wege erfolgen. Grafisch in der Form, daß man versucht, durch die aufgezeichneten Meßwerte (Streudiagramm) eine Trendlinie / -kurve zu legen (Abszisse = Zeit, Ordinate = z.B. Absatz). Sie muß die Bedingung erfüllen, daß die Abweichungen oberhalb und unterhalb der Linie / Kurve gleich groß sind.

Das grafische Verfahren ist sehr ungenau, so daß eine mathematische Lösung des Problems sinnvoller ist. Es wird zunächst der Funktionstyp der bisherigen Zeitreihe bestimmt. Die numerischen Werte für die Parameter der Funktion werden dann nach der *„Methode der kleinsten Quadrate"* errechnet. Es wird letztlich die Funktion ermittelt, bei der die Summe der quadratischen Abweichungen am geringsten ist!

Grundsätzlich lassen sich verschiedene Grundformen der Verlaufsfunktion erkennen; nämlich ein linearer, exponentieller oder logistischer Trend (siehe Abb.).

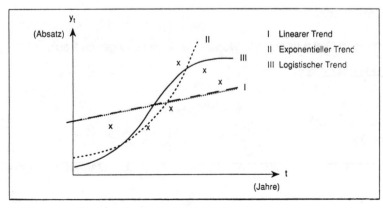

Abbildung   Grundformen von Trendfunktionen

Ein Unternehmen hat in den Jahren 1985 bis 1994 folgende Stückzahlen im Markt abgesetzt:

Jahr	Absatz in Tsd. Stck.
1985	50
86	75
87	100
88	115
89	130
90	140
91	155
92	170
93	190
94	215

Es soll prognostiziert werden, welcher Absatz in Stück in den Jahren 1995, 1996 und 97 zu erwarten ist.

Die aufgeführte Zahlenreihe der abgesetzten Stücke läßt einen linearen Verlauf erkennen. Wir unterstellen eine Funktion des Typs

$$y_t = a + b \cdot t$$

Die Aufgabe besteht nun darin, die Summe der quadrierten Abweichungen der realen Absatzwerte y_t und die der Schätzwerte $\hat{y}_t$ aus der Trendfunktion zu minimieren.

$$\sum_t (y_t - \hat{y}_t)^2 = \sum_t (y_t - a - bt)^2 \rightarrow min.!$$

Durch Auflösung der beiden Gleichungen erhalten wir für a und b folgende Formeln:

$$a = \frac{\sum t^2 \sum y_t - \sum t \cdot \sum y_t \cdot t}{n \cdot \sum t^2 - (\sum t)^2}$$

$$b = \frac{n \cdot \sum t \cdot y_t - \sum t \sum y_t}{n \cdot \sum t^2 - (\sum t)^2}$$

Unter Verwendung der folgenden Arbeitstabelle lassen sich die Konstanten a + b errechnen.

Jahre	t	t^2	y_t	y_t^2	$t \cdot y_t$
1985	1	1	50	2.500	50
86	2	4	75	5.625	150
87	3	9	100	10.000	300
88	4	16	115	13.325	460
89	5	25	130	16.900	650
90	6	36	140	19.600	840
91	7	49	155	24.025	1.085
92	8	64	170	28.900	1.360
93	9	81	190	36.100	1.710
94	10	100	215	46.225	2.150
Σ	55	385	1.340	203.200	8.755

Für a errechnet sich unter Nutzung der Formel

$$a = \frac{385 \cdot 1.340 - 55 \cdot 8.755}{10 \cdot 385 - 55^2} = 41.66$$

$$b = \frac{10 \cdot 8.755 - 55 \cdot 1.340}{10 \cdot 385 - 55^2} = 16.73$$

Als Trendfunktion ergibt sich nunmehr

$$\hat{y}_t = 41.66 + 16.73 \cdot t$$

Um die Stärke des Zusammenhanges zwischen abhängiger y_t und unabhängiger Variable t zu erkennen, errechnen wir den Korrelationskoeffizienten r.

$$r_{yt} = \frac{n \cdot \Sigma t \cdot y_t - \Sigma t \cdot \Sigma y_t}{\sqrt{n \cdot \Sigma t^2 - (\Sigma t)^2} \cdot \sqrt{n \cdot \Sigma y_t^2 - (\Sigma y_t)^2}}$$

$$r_{yt} = \frac{10 \cdot 8.755 - 55 \cdot 1.340}{\sqrt{10 \cdot 385 - 55^2} \cdot \sqrt{10 \cdot 203.200 - 1.340^2}} = 0{,}988$$

Der Korrelationskoeffizient zeigt einen deutlichen Zusammenhang zwischen den beiden Variablen, so daß eine Prognose mit der unabhängigen Variablen t als zuverlässig
bezeichnet werden kann. Die errechnete Trendfunktion kann also zur Prognose herangezogen werden. Für die Jahre 1995, 96 und 1997 ergeben sich folgende Prognose-
werte:

1995	=	41,66 + 184,03	=	225,69 Stück
1996	=	41,66 + 200,76	=	242,42 Stück
1997	=	41,66 + 217,49	=	259,15 Stück

6.2.2 Methode der gleitenden Durchschnittswerte

Die Methode der gleitenden Durchschnittswerte beruht auf der Nutzung von *arithmetischen Mittelwerten* aus mehreren zurückliegenden Beobachtungswerten. D.h. der errechnete Mittelwert aus den letzten Beobachtungswerten wird als Prognosewert für die
Folgeperiode genutzt. „Gleitend" ist das Verfahren, weil bei Vorlage eines neuen Beobachtungswertes der jeweils älteste Wert aus der Berechnung fällt.

Das Hauptproblem der Methode liegt in der Bestimmung der Durchschnittsschritte. Soll
z.B. der Mittelwert auf der Basis von 3, 5 oder 7 Beobachtungswerten errechnet werden.

Unter Verwendung der Absatzzahlen aus Pkt. 6.2.1 lassen sich auf der Basis eines
3er-Durchschnittsschrittes folgende Mittelwerte errechnen:

Jahr	Absatz i.T.Stck.	Σy_t 3er Schritte	gleitender 3er Durchschnitt $\hat{y}_t$
1985	50	-	-
86	75	225	75,0
87	100	290	96,7
88	115	345	115,0
89	130	385	128,3
90	140	425	141,7
91	155	465	155,0
92	170	515	171,7
93	190	575	191,7
94	215	-	-

Für 1990 ergibt sich demnach ein Wert von

$\hat{y}$ = 1/3 (y_{t-1} + y_t + y_{t+1}) = 191,7 Stück

Die Berechnung zeigt, daß das Ergebnis erheblich von der Festlegung der Durchschnittsschritte und der Auswahl der Perioden abhängig ist.

6.2.3 Exponentielle Glättung

Die Methode der exponentiellen Glättung ist eine Weiterentwicklung der gleitenden Durchschnittswerte. Dabei werden die Durchschnittswerte mit unterschiedlichen Gewichtungsfaktoren versehen, die sicherstellen sollen, daß aktuellere Werte eine höhere Gewichtung bekommen als ältere, zurückliegende Werte. Dieses Vorgehen erscheint sinnvoll, weil aktuelle Werte für die zukünftige Entwicklung aussagefähiger sind als ältere Daten.

Die Formel für die exponentielle Glättung lautet:

$$\hat{y}_{t+1} = \alpha y_t + (1 - \alpha)\, \hat{y}_t$$

Die Formel zeigt, daß der Prognosewert $\hat{y}$ vom Ist-Wert der Periode t und dem Durchschnittswert der Periode t multipliziert mit dem Glättungsparameter / Gewichtungsfaktor abhängig ist!

Dabei stellt α einen Gewichtungskoeffizient bzw. einen Glättungswert (Schätzwert) dar, der Werte zwischen 0 und 1 annehmen kann. Es bedeuten:

$\hat{y}_{t+1}$	=	der für die zukünftige Periode t + 1 zu prognostizierende Wert
$\hat{y}_t$	=	der durch Glättung gebildete, gewichtete Mittelwert der vergangenen Perioden, bezogen auf die Periode t
y_t	=	der Beobachtungswert für die Periode t
α	=	der Gewichtungs- oder Glättungskoeffizient

Die aufgeführte Gleichung deutet an, daß sich der Prognosewert $\hat{y}_{t+1}$ aus α % des letzten Beobachtungswertes und aus (1 - α) % des aus der Zeitreihe berechneten Mittelwertes ergibt. Je größer der Glättungswert α ist, desto schwächer erfolgt die Gewichtung der in der Vergangenheit liegenden Beobachtungswerte. Allgemein gilt: Verändern sich die Beobachtungswerte einer Zeitreihe nur langsam, so ist ein niedriger Glättungswert zu wählen, verändern sie sich von Fall zu Fall stark, so ist ein hoher Glättungsfaktor einzusetzen! Bei einer Zeitreihe wie unter Pkt. 6.2.1 und 6.2.2 dargestellt, empfiehlt sich ein Glättungsfaktor zwischen 0,1 und 0,3.

6.2.4 Multivariate Prognosemodelle

In der Praxis zeigt sich, daß die Zeit als allein erklärende Variable häufig nicht ausreicht, um eine brauchbare Prognose zu erstellen. Es sind oft mehrere Variablen, die auf den Verlauf des Marktes und Absatzes einwirken.

In der Praxis haben sich insbesondere *„Indikatormodelle"* zur Berechnung längerfristiger Prognosen durchgesetzt. Dabei geht man davon aus, daß zwischen dem Verlauf bestimmter Indikatoren und der abhängigen Variable eine hohe Korrelation besteht und die Indikatoren einen beständigen Verlauf aufweisen. Man unterscheidet zwischen makroökonomischen Indikatoren (z.B. Bruttosozialprodukt, Konsumneigung, persönlichem Einkommen, Sparrate usw.), technischen Indikatoren (z.B. KfZ-Bestand, Baugenehmigungen, ISDN-Anschlüssen usw.) und sozio-demografischen Indikatoren (Bevölkerungsentwicklung, Haushaltsstruktur, Altersaufbau usw.)! So hat z.B. die Zahl der Baugenehmigungen Einfluß auf die Bautätigkeit, das Ausbaugewerbe, den Absatz von Elektro- und Sanitärprodukten. Die Zahl der Baugenehmigungen ist somit ein denkbarer Indikator für die zukünftige Entwicklung in verschiedenen Produktbereichen.

In der Praxis werden zur Bestimmung multivariater Prognosen primär die stufenweise und *multiple Regression* eingesetzt. Mit Hilfe der Regression läßt sich der Einfluß mehrerer Faktoren auf die abhängige Variable simultan errechnen.

6.2.5 Wirkungsprognose

Während bei den oben geschilderten „Entwicklungsprognosen" ein Unternehmen keinen Einfluß auf die unabhängigen Variablen hat, bestimmt es bei der „Wirkungsprognose" die beeinflussenden Variablen selbst. Es geht in erster Linie darum, den Einfluß der Marketing-Mix-Instrumente (Produkt, Preis, Distribution, Kommunikation) auf unternehmerische Zielgrößen wie Umsatz, Absatz, Marktanteil usw. zu untersuchen.

Wird der Einfluß nur eines Marketing-Mix-Faktors (z.B. auf den Umsatz) untersucht, so sprechen wir von monoinstrumentalen Modellen, werden gleichzeitig mehrere Faktoren berücksichtigt, von polyinstrumentalen Modellen. Ein typisches monoinstrumentales Modell ist die sog. „Preis-Absatz-Funktion". In der Praxis wird im Rahmen von Markttests der Einfluß verschiedener Preisstellungen auf den Absatz eines Produktes untersucht. Die Beobachtungswerte werden zur Grundlage der nachfolgenden Prognosen herangezogen. Ähnlich wie bei den Trendmodellen ist auch hier die Bestimmung der Verlaufsfunktion (Marktreaktionsfunktion) das entscheidende Problem.

6.3 QUALITATIVE VERFAHREN

Während bei den quantitativen Verfahren statistisch-mathematische Verfahren angewendet werden, um eine Prognose für die zukünftige Entwicklung zu erstellen, sind es bei den qualitativen Verfahren subjektive, intuitive Methoden, wie z.B. Befragungen und Expertenmeinungen. Man spricht deshalb auch vom „heuristischen" Prognoseverfahren.

In der Praxis haben die qualitativen Prognosen eine große Bedeutung gefunden, da sie relativ schnell, einfach und kostengünstig zu erstellen sind. Die am häufigsten angewendeten Verfahren sind die Expertenbefragung, die Delphi-Methode und die Szenario-Technik.

6.3.1 Expertenbefragung

Immer dann, wenn es darum geht, relativ schnell Erkenntnisse über die zukünftige Entwicklung zu bekommen, bieten sich sog. Expertenbefragungen an. „Experten" sind solche Personengruppen, die aufgrund ihres Wissens und ihrer Erfahrung in der Lage sind, Aussagen über die zukünftige Entwicklung zu machen. Dazu zählen u.a. Wissenschaftler, Führungskräfte, Bereichsmanager, Außendienstmitarbeiter, Händler und Kunden. Entscheidend ist, solche Personen zu finden, die im Sinne der Prognose relevante und fundierte Aussagen machen können. Unabhängig davon, welche Personen befragt werden, müssen die Einzelaussagen gesammelt und verglichen werden. Erst aus der Analyse einer Vielzahl von Meinungen und übereinstimmenden Aussagen bezüglich der Entwicklungsrichtung läßt sich eine Prognose ableiten.

Das Problem der Expertenbefragungen liegt darin, daß subjektive Wertungen, Wunsch- und Zielvorstellungen in die Prognose einfließen können, so daß das Ergebnis der Prognose verzerrt werden kann. Prognosen auf der Basis von Expertenbefragungen sind deshalb mit Vorsicht zu behandeln; ihr Wert liegt häufig darin, daß man schnell Anhaltspunkte über mögliche Trends bekommt, die dann durch andere Prognoseverfahren überprüft und abgesichert werden müssen.

6.3.2 Delphi-Methode

Die „Delphi-Methode" beruht ebenfalls auf Expertenaussagen. Der Ablauf der Befragung ist aber stärker strukturiert und systematisiert und läuft in mehreren Runden ab.

1. Schritt:	Es werden 5 bis max. 20 Experten, die sich mit unterschiedlichen Aspekten des Prognoseproblems beschäftigt haben, in das Delphi-Team eingeladen.
2. Schritt:	Ein Koordinator versendet an die Teammitglieder Fragebögen und bittet um die Schätzung der Experten. Die Antworten erfolgen schriftlich und anonym zurück an den Koordinator.

3. Schritt: Der Koordinator wertet die Aussagen der Experten aus und sendet das „Durchschnittsergebnis" der 1. Runde wieder an das Team zurück. Die Experten werden aufgefordert, das Ergebnis zu überprüfen und abweichende Meinungen zu begründen.

4. Schritt: Die Antworten der Experten werden erneut eingesammelt und ausgewertet und anschließend den Teilnehmern „kontrolliert" wieder zu einer weiteren Schätzung zugesandt. Dieser Ablauf kann sich über max. 5 Runden erstrecken.

Der Vorteil der Delphi-Methode gegenüber der normalen Expertenbefragung liegt darin, daß hier gewissermaßen eine „Gruppenprognose" erfolgt. Durch den Austausch der Ergebnisse über mehrere Runden erfolgen positive Rückkoppelungen. Der Zwang zur Begründung abweichender Meinungen führt zu einer Stabilisierung des Ergebnisses.

Nachteilig kann sich auswirken, daß der Versuch, zu einer Konvergenz der Meinungen zu kommen, die Schätzungen vorsichtiger als notwendig ausfallen läßt. Es besteht die Gefahr einer „Übersteuerung" des Beurteilungsprozesses nach mehreren Runden.

Ablaufschema einer Delphi-Umfrage

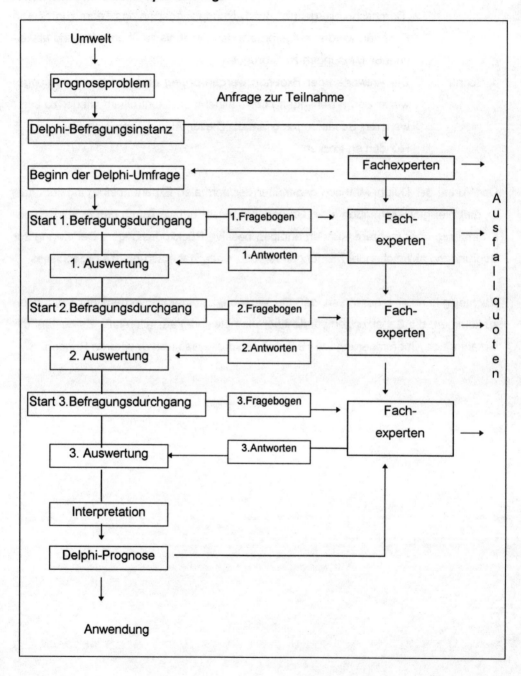

Quelle: Hüttner, M., Markt- und Absatzprognosen, a.a.O., S. 30

6.3.3 Szenario-Technik

Die Szenario-Technik wurde in den 50er Jahren von Hermann Kahn entwickelt. Man versucht mit dieser Methode, die künftige Entwicklung einer Situation bei alternativen Rahmenkonstellationen zu beschreiben. Es entsteht auf diese Weise nicht ein Zukunftsbild, sondern mehrere denkbare, alternative Zukunftsbilder (Szenarien).

In der Literatur wird die Szenario-Technik meistens anhand des sog. „Szenario-Trichters" erklärt.

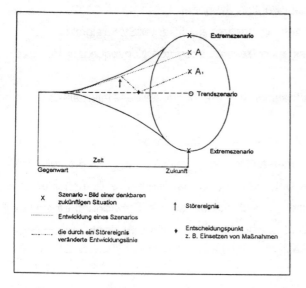

Die Abbildung zeigt, daß sich aufgrund der gegenwärtigen Ausgangslage verschiedene Szenarien entwickeln lassen, die sich alle innerhalb des Trichters befinden. Der Trichter bringt zum Ausdruck, daß die Zahl der Alternativen mit größerer Distanz zur Gegenwart stark zunimmt. An der Trichteröffnung liegen alle denkbaren Szenarien. Die gegenüberliegenden Punkte auf dem äußeren Trichterrand stellen Extremvarianten dar, die z.B. ein optimistisches und ein pessimistisches Zukunftsbild beschreiben.

In der Praxis werden nicht alle denkbaren Szenarien entwickelt, sondern es genügen drei bis fünf Varianten. Es sollten zumindest die beiden Extremvarianten und eine Trendverlängerung der derzeitigen Situation ausgearbeitet werden. Wesentlich ist, daß die Zukunftsbilder in sich stimmig sind, unabhängig davon, ob ihr Eintritt in die Zukunft wahrscheinlich ist oder nicht.

U. v. Reibnitz (1983) schlägt folgende acht Arbeitsschritte bei der Durchführung vor:

1. Schritt:	Definition und Strukturierung des Untersuchungsfeldes
2. Schritt:	Umfeldanalyse zur Identifizierung der wichtigsten Einflußbereiche auf das Untersuchungsfeld
3. Schritt:	Ermittlung von Entwicklungstendenzen und kritischen Deskriptoren für die Umfelder
4. Schritt:	Bildung und Auswahl alternativer konsistenter Annahmebündel
5. Schritt:	Interpretation der ausgewählten Szenarien
6. Schritt:	Einführung und Auswirkungsanalyse signifikanter Störereignisse
7. Schritt:	Ausarbeiten der Szenarien bzw. Ableiten von Konsequenzen für das Untersuchungsfeld
8. Schritt:	Konzipieren von Maßnahmen und Planungen für das Unternehmen

Die Szenario-Technik bietet für die Unternehmen die Möglichkeit zu erkennen, welche Faktoren mit welcher Abhängigkeit voneinander und welcher Wirkung auf die zukünftige Entwicklung Einfluß nehmen. Die Unternehmen können alternative Zukunftsplanungen vornehmen, die sicherstellen, daß sie sich flexibel auf die Entwicklung einstellen können. Die Szenario-Technik verdeutlicht die Multidimensionalität der künftigen Entwicklung und verhindert eindimensionale Prognosen.

Hier liegt aber auch das Problem dieser Technik, da lediglich „Zukunftsbilder" prognostiziert werden und keine exakten Zahlen im Sinne einer Trendextrapolation. Es hängt also von der jeweiligen Unternehmensleitung ab, wie sie die Szenarien bewertet und in planerisches Handeln umsetzt.

6.3.4 Kohortenanalyse

Eine Methode, die sich u.a. auch für prognostische Zwecke einsetzen läßt, ist die sog. „Kohortenanalyse".

Eine *„Kohorte"* ist eine Gruppe von Personen, die wesentliche Erlebnisse (z.B. Geburt, Abitur, Berufseintritt, Eheschließung, Hausbau usw.) im gleichen Zeitintervall hatten. Die Personen werden über einen längeren Zeitraum wiederholten Befragungen unterzogen, da man davon ausgeht, daß innerhalb der Kohorte im Zeitablauf *Effekte* zu beobachten sind, die zu prognostischen Zwecken herangezogen werden können. So können z.B. Einstellungsänderungen in der Gruppe auf einen Wertewandel hindeuten, der zu einem geänderten Kaufverhalten führt.

M. Hüttner (1989) unterscheidet drei verschiedene Effekte (Kohorteneffekte):

* Periodeneffekt

   Verhaltensveränderungen aufgrund von Umweltbedingungen (Wirtschaftslage, technischer Fortschritt usw.)

* Reifungseffekt

   Verhaltensmuster, die durch das Altern, den Familienzyklus und individuelle Erlebnisse geprägt werden

* Generationseffekt

   Einflüsse, die durch das spezifische Erleben einer Kohorte (gleicher Jahrgang, gleiche Schule) hervorgerufen werden

Kohortenanalysen bestehen in der Regel aus wiederholten Querschnittsuntersuchungen, die zu festgelegten Zeitpunkten bei der Kohorte durchgeführt werden. Die Festlegung der Zeitpunkte hängt von spezifischen Ereignissen (z.B. Währungsumstellung) oder demografischen Gegebenheiten (z.B. Anfang und Ende einer Altersstufe) ab. Es kann auf diese Weise geklärt werden, wie die Kohorte auf Ereignisse reagiert oder wie sie in einem definierten Zeitraum denkt und sich verhält. Zur Datenerhebung eignen sich insbesondere Panels; es können aber auch repräsentative Einzelstichproben gezogen werden.

Die Kohortenanalyse ist ein strategisches Analyse- und Prognoseinstrument. Sie kann Markttrends aufzeigen, Einstellungs- und Verhaltensänderungen dokumentieren und somit wertvolle Prognosedaten für die zukünftige Entwicklung liefern.

6.3.5 Prognoseverfahren für neue Produkte

Eine besondere Bedeutung kommt der Prognose bei der Einführung neuer Produkte zu. D.h. es geht um die Frage, mit welchem Markterfolg neue Produkte im Markt rechnen können. Ohne hier auf einzelne Verfahren einzugehen, sei auf das Kapitel 4.2 (Tests und Testmarktforschung) hingewiesen, in dem Verfahren beschrieben sind (Markttest, Mini-Testmarktverfahren und Testmarktsimulation), die der Prognose einer zukünftigen Entwicklung neuer Produkte dienen.

LITERATURVERZEICHNIS / -EMPFEHLUNGEN

KAPITEL 1 STANDARDWERKE / GRUNDLAGEN DER MARKTFORSCHUNG

Aaker D.A./Day G.S.	Marketing Research, 3. Aufl., New York 1986
Behrens K.C.	Handbuch der Marktforschung, Wiesbaden 1974
Berekoven L. /	Marktforschung, Methodische Grundlagen + Praktische
Eckert W. /	Anwendung, 6. Auflage, Wiesbaden 1993
Ellenrieder P.	
Böhler, H.	Marktforschung, 2. Auflage, Stuttgart 1992
Green P.E. /	Methoden und Techniken der Marketingforschung, 2.Aufl.,
Tull P.S.	Stuttgart 1982
Hammann P./	Marktforschung, 2. Aufl., Stuttgart 1990
Erichson B.	
Heinzelbecker K.	Marketing-Informationssysteme, Stuttgart 1985
Hüttner M.	Grundzüge der Marktforschung, 4. Aufl., Berlin 1989
Kepper, G.	Qualitative Marktforschung, Wiesbaden 1994
Lehmeier H.	Grundzüge der Marktforschung, Stuttgart / Berlin 1979
Meffert H.	Computergestützte Marketinginformationssysteme, Wiesbaden 1975
Meffert H.	Marketingforschung und Kaufverhalten, 2. Aufl., Wiesbaden 1992
Meffert H.	Marktforschung, Wiesbaden 1986
Rogge H.-J.	Marktforschung, München / Wien 1981
Salcher E.F.	Psychologische Marktforschung, Berlin / New York 1978
Schäfer E./	Grundlagen der Marktforschung, 5. Aufl. Stuttgart 1978
Knoblich H.	
Schub v.Bossiatzky G.	Psychologische Marketingforschung, München 1992
Unger F.	Marktforschung, Grundlagen, Methoden und prakt. Anwendungen, Heidelberg 1988
Weis H.Ch./	Marktforschung, Ludwigshafen 1991
Steinmetz P.	
Wyss W.	Marktforschung von A - Z, Adligenswil 1991

KAPITEL 2 AUSWAHLVERFAHREN UND STICHPROBENFEHLER

Bausch Th.   Stichprobenverfahren in der Marktforschung, München 1990

Böltken F.   Auswahlverfahren, Stuttgart 1976

Borsel Th.   Stichprobenverfahren in der Marktforschung, München 1990

Cochron W.G.   Stichprobenverfahren, Berlin 1992

Kaplitza G.   Die Stichprobe in: Holm K.: Die Befragung Bd. 1, München
                        1975

Kellerer H.   Theorie und Technik des Stichprobenverfahrens, München
                        1963

Steger H.   Stichprobentheorie, Würzburg / Wien 1971

Steger H.   Stichproben, Heidelberg / Wien 1986

Wettschurek G.   Grundlagen der Stichprobenbildung in der demoskopischen
                        Marktforschung, in: Handbuch der Marktforschung von Beh-
                        rens K.C., Wiesbaden 1974

KAPITEL 3 METHODEN DER INFORMATIONSGEWINNUNG

1. Befragung

Atteslander P./ Kneubühler H.U.	Verzerrungen im Interview, Opladen 1975
Dillmann D.	Mail and Telephone Surveys, New York 1978
Frey J.H.	Survey Research by Telephone, Beverly Hills 1983
Gutjahr G.	Psychologie des Interviews, in: Praxis und Theorie, Heidelberg 1985
Hafermalz O.	Schriftliche Befragung, Möglichkeiten und Grenzen, Wiesbaden 1976
Holm K.	Die Befragung I, München 1975
König R.	Das Interview, 10. Aufl., Köln 1976
Nötzel R.	Erfahrungen mit der schriftl. Befragung, in: Planung und Analyse Nr. 4, 1987
Stroschein F.	Die Befragungstaktik in der Marktforschung, Wiesbaden 1965
Zentes J.	Neue Informations- und Kommunikationstechnologien in der Marktforschung, Berlin 1984

2. Beobachtung

Becker W.	Beobachtungsverfahren in der demografischen Marktforschung, Stuttgart 1973
Greiner K.-W.	Beobachtung, Stuttgart 1974
König R.	Beobachtung und Experiment in der Sozialforschung, Köln 1972

3. Test

Heidt P.E.	Experimentelle Marktforschung, Berlin 1977
Langkamp P.	Die Erfassung von Carry-Over-Effekten im Marketing, Frankfurt a.M. 1984
Rehorn J.	Markttests, Neuwied 1977
Zimmermann E.	Das Experiment in den Sozialwissenschaften, Stuttgart 1972

KAPITEL 4   SPEZIELLE ERHEBUNGS- UND UNTERSUCHUNGSVERFAHREN

1. Panelforschung

Bauer K.	Schriftliche Befragungen im Panel, in: Planung und Analyse, 15. Jhrg., 1988
Broder M.	Haushaltspanel, in: Poth L.: Marketing, Neuwied 1980
Hansen J.	Das Panel, Zur Analyse von Verhaltens- und Einstellungswandel, Opladen 1982
Huppert E.	Scanning: Elektronische Handels- und Konsumentenpanels, in: Zentes J.: Neue Informations- und Kommunikationstechnologien in der Marktforschung, Berlin / Heidelberg 1984
Litzenroth H.A.	Neue Perspektiven für die Panelforschung durch hochentwickelte Technologien, in: Jahrbuch der Absatz- und Verbrauchsforschung, Heft 3, 1986
Mann R.	Die Bedeutung des Handelspanels für das Marketing, Thun / Frankfurt 1983
Markus G.B.	Panel Data, Beverly Hills / London 1976
Ruppe H.	Handelspanel, in: Poth L., Marketing, Neuwied 1978
Sedlmeyer K.J..	Panelinformation und Marketingentscheidung, München 1983
Weismann A.	Verbraucherpanel-Informationen als Grundlage für Marketingentscheidungen im Einzelhandel, München 1983

2. Tests und Testmarktforschung

Bauer E.	Produkttests in der Marketingforschung, Göttingen 1981
Erichson B.	Tesi: Ein Test- und Prognoseverfahren für neue Produkte, in: Marketing ZFP Heft 3/1981
Erichson B.	Testmarktsimulation - Ein Vergleich zwischen TESI und ASSESSOR, Bochum 1985
GfK	GfK-BehaviorScan, Experimenteller Mikro-Testmarkt mit Targetable TV, Optimierung des Marketing-Mix, Nürnberg 1988
Hehl K.	Scanner-Marktforschung, in: Werbeforschung & Praxis, 31. Jhrg., Nr. 4, 1986
Hossinger M.P.	Pretest in der Marktforschung, Würzburg / Wien 1982
Irninger J.	Pretesting und Testmarkt, Frankfurt 1972

Milde H.   Neues aus der Scanning-Marktforschung, in: Marktforschung Nr. 3, 1986

Rehorn J.   Markttests, Neuwied 1977

Rupping U.   Der Produkttest in: Planung & Analyse, Nr. 4, 1986

Stoffels J.   Der elektronische Minimarkttest, Wiesbaden 1989

Zepp R.M.   Telerim - Härtetest für Marketing, in: Werbewirkungsforschung ex ante und ex post, Holm K.F., Hamburg 1986

3. Werbewirkungsforschung

Böcker F.   Blickaufzeichnungsgeräte - wie zuverlässig sind ihre Meßergebnisse, in: WWG-Information, Mai 1991

Ghazizadeh U.R.   Werbewirkungen durch emotionale Konditionierung, in: Europäische Hochschulschriften, Reihe V, Frankfurt a.M. 1987

Grole-Knapp E.   Die Messung physiologischer Aktivierungsindikatoren in: Schönpflug W.: Psychologisches Kolloquium Band VI, Bern / Stuttgart / Wien 1969

Hartmann K.D. / Koeppler K.-F.   Fortschritte in der Marktpsychologie, Frankfurt a.M. 1977

Heyder H.   Wie effizient sind die 15-Sekunden-Communcials wirklich, in: Marketing Journal 4/1986

Holm K.-F.   Werbewirkungsforschung ex ante und ex post, Bd. I und II, Hamburg 1986

Hossinger H.-P.   Pretests in der Marktforschung, Würzburg / Wien 1982

v. Keitz B.   Blickaufzeichnung - Werbung mit dem Auge des Konsumenten gesehen in: WWG-Information, Mai 1981

v. Keitz B.   Wirksame Fernsehwerbung, Würzburg / Wien 1983

v. Keitz B.   Psychobiologische Werbewirkungsforschung in: Werbeforschung & Praxis, Folge 2/1982

Koeppler K.-F.   Werbewirkungen definiert und gemessen, Braunschweig / Velbert 1974

Kroeber-Riel W.   Konsumentenverhalten, 4. Aufl. München 1990

Kroeber-Riel W.   Werbung mit Emotionen - Voraussetzung für den Werbeerfolg, in: WWG-Informationen Folge 70, II/1978

Leven W.   Werbewirkungsanalyse mittels Blickregistrierung, in: JdAuVF I/1986

Mayer H.   Werbepsychologie, 2. Aufl., Stuttgart 1993

Mayerhofer W.   Werbemitteltests, Wien 1990

Meyer-Hentschel G.   Aktivierungswirkung von Anzeigen, Würzburg / Wien 1983

Neibecker B.   Neue Medien und computergestützte Werbewirkungsana-
                        lyse, in: Planung und Analyse, Oktober 1985
Rehorn J.   Werbetests, Neuwied 1988
Salcher E.F.   Psychologische Marktforschung, Berlin / New York 1978
Spiegel B.   Werbepsychologische Untersuchungsmethoden, Experimen-
                        telle Forschungs- und Prüfverfahren, 2. Aufl., Berlin 1970
Steffenhagen H.   Ansätze der Werbewirkungsforschung, in: Marketing, ZFP,
                        1984
Weidling E.   Zur Messung des Involvements, in: W + P, Folge 5/1988

4. Einstellungs- und Imageforschung

Ahrens H.J.   Multidimensionale Skalierung, Stuttgart / Weinheim / Basel
                        1974
Bergler R.   Psychologie des Marken- und Firmenbildes, Göttingen 1963
Borg I.   Anwendungsorientierte Multidimensionale Skalierung, Berlin
                        1981
Dichtl E. /   Mehrdimensionale Skalierung - Methodische Grundlagen
Schobert R.   und betriebswirtschaftliche Anwendungen, München 1979
Fishbein M.   Readings in Attitude Theory and Measurement, New York
                        1967
Freter M.   Mehrdimensionale Einstellungsmodelle im Marketing, Ar-
                        beitspapier Nr. 12 der Uni Münster, Münster 1976
Green P.F. /   Research for Marketing Decisions, 3rd Edition, New York
Tull D.S.   1975
Green P.F. /   Methoden und Techniken der Marketingforschung, 4. Aufl.,
Tull D.S.   Stuttgart 1982
Holm K.   Zuverlässigkeit von Skalen und Indices, in: Kölner Zeitschrift
                        für Soziologie und Sozialpsychologie, Köln 1970
Johannsen U.   Das Marken- und Firmen-Image, Berlin 1971
Kruskal J.B. /   Multidimensionale Skalierung, Beverly Hills / London 1981
Wish M.
Likert R.   A Technique for the Measurement of Attitudes in: Archives of
                        Psychologie, Vol. 140, 1932
Luck H.E.   Testen und Messen von Eigenschaften und Einstellungen in:
                        Techniken der empirischen Sozialforschung, Bd. 5, München
                        1976
Magen K.   Was kann die Imageforschung in der Praxis leisten? in: Der
                        Marktforscher, Nr. 3, 1964

Osgood C.E./Suci G.J./ Tannenbaum P.H.	The Measurement of Meaning, Urbana / Chicago / London 1957
Roth E.	Einstellung als Determination individuellen Verhaltens, Göttingen 1967
Salcher E.F.	Psychologische Marktforschung, Berlin / New York 1978
Spiegel B.	Die Struktur der Meinungsverteilung im sozialen Feld, Bern / Stuttgart 1961
Süllwold F.	Theorie und Methodik der Einstellungsmessung in: Handbuch der Psychologie, Göttingen 1969
Triandis, H.C.	Einstellungen und Einstellungsänderungen, Weinheim / Basel 1975
Thurstone L.L	The Measurement of Values, Chicago 1959
Trommsdorff V.	Die Messung von Produktimages für das Marketing - Grundlage und Operationalisierung, Köln 1975
Wegner R.	Ratingmethode in: Techniken der empirischen Sozialforschung, Bd. 5, München 1976

5. Mediaforschung

Becker M.	Die Messung des Werbeerfolges in der Werbeträgerforschung, Würzburg / Wien 1976
Freter H.W.	Mediaselektion, Wiesbaden 1974
Hess E.M.	Leserschaftsforschung in Deutschland, Offenburg 1981
Hörzu / Springer Verlag AG	Media-Planung für Märkte, Hamburg 1992
Huth R.	Mediaanalyse und -planung, in: Praktisches Lehrbuch der Werbung, München 1976
Huth R. / Pflaum B.	Einführung in die Werbelehre, 4. Aufl., Stuttgart / Berlin / Köln 1991
Koschnik W.J.	Standard-Lexikon für Mediaplanung und Mediaforschung, München / London / New York / Paris 1988
Ruland J.	Werbeträger, 4. Aufl., Bad Homburg 1978
Stern / Verlag Gruner + Jahr	Anzeigen-Copytests - Erkenntnisse aus 10 Jahren Argus, Hamburg 1986

KAPITEL 5 AUSWERTUNGSVERFAHREN

1. allgemeine Statistik

Aaker D.A.	Multivariate Analysis, in: Marketing-Theory and Application, Belmont 1971
Backhaus K./ Erichson B./ Plinke W. / Weiber R.	Multivariate Analysemethoden, 7. Aufl., Berlin u.a. 1994/
Bleymüller J. / Gehlert G. / Gülicher H.	Statistik für Wirtschaftswissenschaftler, 5. Aufl., München 1988
Böhler H.	Multivariate Verfahren, in: Poth L.: Marketing, November 1979
Bortz J.	Lehrbuch der Statistik, Berlin u.a. 1985
Hartung J. / Elpelt B.	Multivariate Statistik, 3. Aufl.München / Wien 1989
Marinell A.	Multivariate Verfahren, 2. Aufl., München / Wien 1986
Sachs L.	Angewandte Statistik, 6. Aufl., Berlin u.a. 1984

2. Regressions-/Korrelationsanalyse / Diskriminanzanalyse / Varianzanalyse

Ahrens H.-J. / Läuter J.	Mehrdimensionale Varianzanalyse, 2. Aufl., Berlin 1981
Diehl J.M.	Varianzanalyse, 4. Aufl., Heidelberg 1983
Diller H.	Die Diskriminanzanalyse als Analyseinstrument des Marktforschers, in: Marktforscher Nr. 6, 1975
Eimer E.	Varianzanalyse, Stuttgart u.a. 1978
Massy, W.F.	Discriminant Analysis of Audience Characteristics, in: Multivariate Analysis in Marketing, Belmont 1971

3. Faktorenanalyse

Hofstätter P.R.	Faktorenanalyse, in: König R.: Handbuch der empirischen Sozialforschung, Bd. 3 a, 3. Aufl., Stuttgart 1974
Revenstorf D.	Lehrbuch der Faktorenanalyse, Stuttgart 1976

Überla K.	Faktorenanalyse, 2. Aufl., Berlin u.a. 1972
Weiber R.	Faktorenanalyse, St. Gallen 1984

4. Clusteranalyse

Bock H.H.	Automatische Klassifikation, Göttingen 1974
Eckes T. / Roßbach B.	Clusteranalysen, Stuttgart 1980
Everitt B.	Cluster Analysis, London 1974
Späth H.	Cluster-Analyse - Algorithmen zur Objektklassifizierung und Datenreduktion, München / Wien 1977
Späth H.	Fallstudien Cluster-Analyse, München 1977
Steinhausen D. / Langer K.	Clusteranalyse - Einführung in Methoden und Verfahren der automatischen Klassifikation, Berlin / New York 1977

5. Mehrdimensionale Skalierung

Ahrens H.J.	Multidimensionale Skalierung, Weinheim / Basel 1974
Borg D.	Anwendungsorientierte Multidimensionale Skalierung, Berlin u.a. 1981
Dichtl E. / Schobert R.	Mehrdimensionale Skalierung - Methodische Grundlage und betriebswirtschaftliche Anwendungen, München 1979
Kemper F.J.	Multidimensionale Skalierung, Bremen 1984
Kühn W.	Einführung in die Multidimensionale Skalierung, Stuttgart 1976

6. Conjoint Measurement

Hubel W.	Der Einsatz von Conjoint Measurement bei Unternehmens-Image-Aanalysen, in: Planung und Analyse, Nr. 1, 1988
Kreitemeyer H.	Die Conjoint-Measurement-Technik - ein neues Analyseverfahren, in: Der Nahverkehr, Düsseldorf 4/1990
Kucher E. / Simon H.	Durchbruch bei der Preisentscheidung: Conjoint Measurement, eine neue Technik zur Gewinnoptimierung, in: Havard Manager, Nr. 3, 1987
Stadtler K.	Conjoint Measurement, in: Planung und Analyse 4/93

KAPITEL 6 PROGNOSEVERFAHREN

Becker D.   Analyse der Delphi-Methode und Ansätze einer optimalen
                              Gestaltung, Frankfurt / Zürich 1974

Geschka H /   Die Szenario-Technik - ein Instrument der Zukunftsanalyse
v.Reibnitz U.   und der strategischen Planung, Frankfurt 1983

Gisholt O.   Marketing-Prognosen, Bern / Stuttgart 1981

Hausmann K.W.   Kurzlehrbuch Prognoseverfahren, Wiesbaden 1983

Hamman P. / Erichson B. Marktforschung, Stuttgart 1990

Hüttner M.   Markt- und Absatzprognosen, Stuttgart 1982

Meffert H. /
Steffenhagen H.   Marketing-Prognosemodelle, Stuttgart 1977

Meffert H.   Marketingforschung und Käuferverhalten, Wiesbaden 1992

Pepels W.   Marketingforschung und Absatzprognosen, Wiesbaden 1994

Scheer A.-W.   Absatzprognosen, Berlin 1983

Wöller R.   Absatzprognosen, Bamberg 1980

SACHWORTREGISTER